미래의 주가를 예측하는
일목균형표

미래의 주가를 예측하는
일목균형표

초판 1쇄 발행·2003. 4. 29
초판 17쇄 발행·2024. 11. 5

지은이　　김중근
발행인　　이상용, 이성훈
발행처　　청아출판사
출판등록　1979. 11. 13. 제9-84호
주소　　　경기도 파주시 회동길 363-15
대표전화　031-955-6031　팩스 031-955-6036
전자우편　chungabook@naver.com

ⓒ 김중근, 2003
ISBN 978-89-368-0627-9　03320

값은 뒤표지에 있습니다.
잘못된 책은 구입한 서점에서 바꾸어 드립니다.
본 도서에 대한 문의사항은 이메일을 통해 주십시오.

미래의 주가를 예측하는

일목균형표

일목균형표의 과학적 원리 완전 공개

김중근 지음

청아출판사

책머리에

미래의 주가를 예측하는 일목균형표의 매력을 여러분에게 보여드립니다

요즘 저는 일요일마다 〈개그콘서트〉라는 TV 프로그램을 즐겨봅니다. 특히 그 중에서도 생활사투리 코너 때문에 종종 배를 잡고 웃습니다. 전라도와 경상도 사투리를 적절하게 소개하는 코너인데 정말 기발한 아이디어가 넘쳐납니다.

재미있는 것은 전라도와 경상도 사투리에서 풍기는 뉘앙스랄까 접근방법이 서로 판이하게 다르다는 점입니다. 같은 현상을 놓고서 전라도에서는 다소간 간접적으로 표현하는데 경상도는 아예 직설적으로 표현합니다. 예컨대 "당신을 사랑합니다"라는 말을 전라도 사투리로는 "아따 거시기 하요?"라고 스스로 삭이는 듯한 표현으로 하지만, 경상도 사투리로는 아예 직설적으로 "내 아이를 낳아줘"라고 말합니다.

주식시장에는 매일같이 수많은 정보들이 쏟아져 나오고, 주식에 대한 전망, 코멘트 등이 홍수를 이룹니다. 그런데 앞날을 예측하기 어려워서인지 혹은 나중에 책임지기 싫어서인지 모르겠지만, 대부분의 코멘트나 예측 자료에 사용된 표현들이 다소 애매합니다. 해석하기에 따라서 주식전망이 긍정적일 수 있고, 혹은 부정적일 수도 있는 표현들이 많습니다. 그런데 저는 출신이 경상도라서 그런지 생활사투리 코너에서처럼 직설적으로 표현하는 경향이 있습니다. 그리고 사실을 말한다면 예컨대 사라는 건지 팔라는 건지 흐리멍텅한 표현은 체질적으로 싫습니다. 똑 부러지게 제 생각을 전하는 쪽입니다.

이 책에서 저는 일목균형표에 대한 모든 것을 담으려 하였습니다. 일목균형표는 말 그대로 시장에서 매수세와 매도세간의 균형을 일목요연하게 나타내고자 하는 표입니다. 당연히 단순하고 명백합니다. 그러기에 저 역시 일목균형표의 이론과 특성을 설명하면서 쉽게 독자들에게 전달할 수 있도록 노력하였습니다.

우리들은 미래의 일을 미리 알고 싶어합니다. 그리고 사실 그렇게만 된다면 세상에 남부러울 일이 없습니다. 미래의 일만 알 수 있다면 주가가 어떻게 될지, 과연 지금이 매수할 시기인지 매도할 시기인지 고민할 필요가 없을 것입니다. 우리의 경험으로 미루어 보아 미래를 손바닥 들여다보듯 예측하는 일은 거의 불가능한 일이기도 합니다.

그럼에도 불구하고 우리는 미래의 주가를 예측하고 싶어합니다. 기술적 분석기법을 연구하고, RSI나 이동평균선 같은 지표들을 만들고, 엘리어트 파동이론을 파고 들어가는 것도 궁극적으로는 주가를 예측하고, 미래의 일을 미리 알아내어서 수익을 남기고자 하기 때문입니다.

저는 《기술적 지표 백과사전》이라는 책을 가지고 있습니다. 대단히 두꺼우면서 그 안에는 온갖 기술적 분석방법이 총망라되어 있습니다. 그처럼 두꺼운 백과사전으로 만들어질 만큼 수많은 기술적 분석기법이 존재한다는 것은 역설적으로 말하여 어떤 분석기법도 완전하지 않다는 것을 뜻합니다. 만일 완전한 기법이 존재한다면 사람들은 그걸 사용하였지 굳이 기술적 분석가들이 머리를 싸매고 새로운 방법들을 만들지도 않았을 것입니다.

그런 의미에서 본다면 일목균형표도 지금까지 개발된 수많은 기술적 분석기법 중의 하나로 평가절하될 수도 있습니다. 그러나 일목균형표가 그처럼 평범하고도 수많은 기술적 분석기법과 다른 점은 시간의 가치를 강조하고 있다는 점입니다. 주가와 시간과의 관계를 일목균형표만큼 명쾌하게 설명하고 있는 기법은 없습니다. 과거의 주가움직임이 현재의 주가움직임을 지배하고, 현재의 주가움직임이 미래의 주가움직임에 영향을 준다는 생각이 일목균형표를 지배하고 있는 사상입니다. 이것이야말로 우리로 하여금 시장을 분석하고 미래의 주가를 예측하는 데 결정적으로 도움이 되는 발상입니다.

저는 일목산인이 우리에게 전하고자 하였던 가르침, 다시 말하여 시간과 주가와의 상관관계를 쉽고 명쾌하게, 그러면서도 일목산인의 뜻에 충실하게 설명하고자 하였습니다. 여러분들이 이 책을 한 페이지, 한 페이지씩 넘기면서 일목산인의 가르침을 피부로 체감할 수 있다면 저로서는 대성공인 셈입니다.

프랑스 콩트에 《황금두뇌를 가진 사나이》라는 작품이 있습니다. 우연하게 자신의 머리가 황금으로 되어 있다는 사실을 발견한 이 사나이는 이후 아무 것도 하지 않고 머릿속을 조금씩 파내어 생활합니다. 그러다가 급기야 더 이상 파낼 황금이 남아 있지 않게 되자 그 사나이는 죽고 맙니다. 고등학교 때 읽은 꽁트였는데 얼핏 지금 그 생각이 납니다.

이 책은 저자의 일곱 번째 결실입니다. 그런데 처음에는 멋모르고 내가 체득한 혹은 경험한 지식을 세상에 알린다는 생각으로 책을 출간하였습니다. 그런데 그게 하나둘씩 늘면서 점차 부담스러워지기 시작하였습니다. 마치 황금두뇌를 가진 사나이가 급기야 자신의 머릿속을 다 파먹고 더이상 파낼 것이 없어 죽어버리는 것처럼 이러다가 저 역시 실력이 들통나지는 않을까 하는 두려움이 앞섰습니다.

사실 저는 일목균형표에 매료되었고 언젠가는 그것을 책으로 내고 싶다는 생각은 있었지만, 선뜻 감행할 수 없었습니다. 바쁘고 시간이 없다는 등의 핑계를 대었습니다만 자신이 없었던 것도 사실입니다.

이런 저를 독려해 책이라는 결실을 맺게 해주신 많은 분들에게 감사를 표합니다. 특히 저의 사랑하는 아내 미선과 아들 광일에게 사랑과 감사를 전합니다. 무엇보다도 지금의 저를 있게 해주신 나의 부모님에게 깊은 감사를 드립니다. 한없는 사랑으로 돌보아주신 부모님에 대한 감사를 어찌 글로 다 표현할 수 있겠습니까. 아버지 어머니, 감사합니다. 그리고 사랑합니다.

2003년 4월

김중근

1st CLASS

일목산인과 일목균형표

　일목산인의 생애 _ 16
　일목균형표의 특징 _ 19

2nd CLASS

일목균형표의 구성

　일목균형표의 구성 요소 _ 27
　기준선 _ 33
　전환선 _ 41
　기준선과 전환선의 교차를 이용한 거래기법 _ 50

3rd CLASS

스팬(Span)

　스팬이란? _ 65
　선행스팬 _ 69
　지지선이나 저항선으로서의 구름대 _ 76
　구름대를 이용하는 거래기법(1) _ 81
　구름대를 이용하는 거래기법(2) _ 88
　구름대를 이용하는 거래기법(3) _ 97
　후행스팬 _ 103
　일목균형표의 괘선 이용법(종합) _ 111

CONTENTS

4th CLASS
시간론(時間論)
- 가격보다도 시간 _ 137
- 기본 수치 _ 140
- 기본 수치의 이용 _ 144
- 대등수치 _ 151
- 변화일의 개념 _ 157
- 변화일에서의 추세전환 여부 _ 161
- 변곡점 _ 165

5th CLASS
파동론(波動論)
- 파동에 대하여 _ 179
- 기본 파동 _ 183
- 중간 파동 _ 189
- 파동의 인식 _ 196
- 파동의 파탄과 S파동 _ 202
- 추세 전환 _ 208
- 파동수 세는 법 _ 214

6th CLASS
가격론(價格論)
- 기본적인 가격목표 _ 224
- 중간 파동의 가격목표 _ 231
- 기본가격 목표와 응용가격 목표 _ 238

7th CLASS
형보론(型譜論)
- 형보론의 개념 _ 245
- 양련과 음련 _ 249
- 형보론의 이용법 _ 253
- 일목균형표 이용시 주의사항 _ 260

1st CLASS

일목산인과 일목균형표

일목균형표란, 날 일(日)에 눈 목(目)자를 쓰는 것이 아니라
한 일(一)에 눈 목(目)자를 씁니다.
즉 일목요연(一目瞭然)이라고 할 때의 바로 그 일목(一目)입니다.
실제로도 일목균형표의 일목은 일목요연하다는 의미를 담고 있습니다.

SMALL TALK

S·M·A·L·L T·A·L·K

이·유·있·는·한·마·디

 이런 이야기로 강의를 시작합니다. 이집트의 유적에서 글씨가 발견되었습니다. 고고학자들이 이를 해독해보니 "요즘 젊은 것들이 버릇이 없어…"라는 내용이었다고 합니다. 요즘도 어른들은 "요즘 젊은 것들은…"으로 시작되는 잔소리를 늘어 놓습니다. 어른들의 그런 버릇은 오래 전 고대 이집트에서도 있었던 모양입니다. 일목균형표에 대한 강의를 한다고 해서 아마도 여러분은 잔뜩 기대를 하고 있으리라 생각됩니다만 제가 뜬금없이 이집트 이야기를 하고 있습니다. 본론으로 들어가지요. 물론 저는 마음만은 20대라고 철석같이 믿고 있습니다. 그러나 역시 나이는 속이지 못하는 법인가 봅니다. 마치 고대 이집트의 어른들처럼 강의를 시작하기도 전에 잔소리부터 하고 싶으니 말입니다.

 저는 바야흐로 일목산인이 만든 일목균형표가 무엇인지, 어떻게 만드는지를 설명하고 이를 이용하는 거래방법을 이야기하고자 합니다. 그러나 일목균형표에 대하여 말하는 틈틈이 주식투자에 긴요하다고 여겨지는 경험들이나 저자의 생각, 노하우 등을 전하고자 합니다. 그것들은 어찌 보면 잔소리로 들릴지도 모르겠습니다. 그러나 예로부터 어른들 말씀에 틀린 것 없는 법, 잔소리라고 생각하지 말고 피가 되고 살이 되는 노하우라고 받아들인다면 그만큼 여러분에게 득이 될 것입니다.

본격적으로 일목균형표에 대하여 설명하기 전에 첫 번째 잔소리부터…
 사람들은 '책 속에 길이 있다' 라고 말합니다. 물론 옳은 이야기입니다. 그런데 아무리 책 속에 길이 있고, 진리가 있다손 치더라도 책을 읽지 않으면 아무 소용없는 일이 됩니다. 사실 책 한 권을 쓰기 위하여 저자가 들이는 노력과 고생은 독자들이 상상하는 것 이상입니다. 이 글을 쓰고 있는 저는 저서라고 말할 수 있는 책을 6권 세상에 내놓았으니 저자들이 겪는 고생과 노력을 나름대로는 잘 알고 있다고 생각합니다. 하지만 저자가 노력과 고생 끝에 책이랍시고 무언가를 세상에 척 하니 내놓았는데 그것이 읽혀지지 않는다면 저자의 노력과 고생은 다 헛것이 되고 맙니다.

 길게 말할 것도 없이 책을 쓰는 저자들의 소망은 책이 처음부터 끝까지 다 읽히는 것에 있습니다. 책이 읽히지 않은 채 그저 책장에 장식하는 용도로 사용되는 것은 상상만 해도 슬픈 일입니다. 그러기에 잔소리처럼 들릴지도 모르겠지만 제발 이 책을 처음부터 끝까지 다 읽으시라고 부탁드립니다. 저자로서 이 책을 쓰는 데 들인 노력과 고생을 생각한다면 이 책을 읽는 여러분의 독자로서의 의무는 이 책을 끝까지 다 읽는 것입니다.

 물론 아무리 읽으라고 강요할지라도 따분하거나 혹은 대체 무엇을 이야기하고자 하는지 초점이 흐리다면 읽기 어려운 일입니다. 하지만 그건 걱정하지 않아도 됩니다. 만일 여러분이 이 글을 여기까지 술술 읽었다면 끝까지 읽는 것도 간단해집니다.

저는 종종 이런 이야기를 하는데, 저자가 별거 아닙니다. 왕년의 독자가 좀 자라서 저자가 되는 법. 그러니 독자이기도 한 저자인지라 여러분이 무슨 생각을 하고 있는지 저로서는 잘 안다고 자부합니다.

제가 원하는 것은 단지 여러분의 시간과 노력입니다. 시간만 투자하십시오. 장담할 수 있는 것은 절대로(!) 글이 지루하다거나 재미없어서 읽지 못한다는 불평은 없게끔 하리라는 점, 그리고 읽어내려 가기만 하면 그 내용도 누구나 쉽게 이해할 수 있으리라 확신합니다. 글 쓰는 것은 저에게 맡기고 그저 여러분은 마음을 열고 읽어 주십시오. 그러기 위하여서는 약간의 시간만 투자하는 것으로 충분합니다.

마지막으로 이 책은 일목균형표의 내용, 사상, 거래방법 등을 설명하는 목적이 있으며 강의 형식을 빌었습니다. 어떻게 하면 여러분이 쉽고, 재미있게, 그리고 쏙쏙 이해할 수 있도록 책을 써내려 갈까 궁리한 끝에 생각해낸 아이디어입니다. 물론 저는 일목균형표를 주제로 하여 강의한 경험도 무지하게 많습니다. 강의하면서 접하였던 학생들의 질문들, 의문점, 그리고 어떻게 설명하니까 학생들이 잘 이해하더라 등, 저로서는 노하우인 셈인데 뭐 그런 경험도 이 책에 다 녹아 있습니다.

이제 강의를 시작해 보겠습니다. 우선 일목균형표를 만든 일목산인은 어떤 분인지를 살피는 일부터 출발해볼까요?

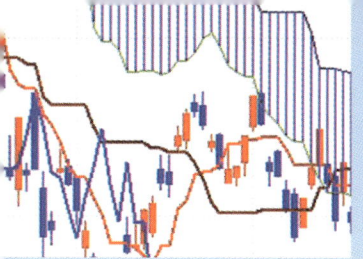

일목산인의 생애

　김혜자라는 이름은 서슬 퍼렇던 군사독재 시절, '연예인들의 영어 이름을 금지한다'는 조치에 따라 그 전까지 패티김으로 알려진 가수가 한동안 사용했던 그의 본명입니다. 그리고 유명한 디자이너의 본명이 김봉남이라는 사실은 몇 해 전 나라를 떠들썩하게 하였던 고급 옷 로비 청문회에서 드러난 바 있습니다. 덕택에 한동안 김봉남이라는 이름은 애들 사이에서 유머의 소재로 사용되기도 하였지요. 하지만 우리는 김봉남이라는 이름보다는 앙드레 김이, 김혜자보다는 패티김이라고 할 때 더 친근함을 느낍니다. 마찬가지로 일목산인의 본명이 무엇인지 굳이 알려고 하기보다는 그냥 일목산인이라는 자연인으로 생각하여도 무리는 없을 것입니다. 이름이라는 것은 결국 그 사람의 인격이나 특성까지도 담고 있다는 주장도 있고, 그래서 일부에서는 성명학이라는 것으로 사람의 운세를 점치기도 합니다. 그런즉 일목균형표를 만들고 개발한 사람의 본명을 굳이 알려고 하기보다는 차라리 일목산인이 훨씬 더 친근하고 어울립니다.

　일목균형표를 만든 일목산인의 본명은 호소다 코이치〔細田悟一〕입니다.

본명이 그리 중요한 것은 아니지만 어쨌건 일단 일목산인이 아니라 호소다 코이치라는 자연인이 먼저 있었고 그가 필명을 일목산인(一目山人)이라고 스스로 지었다는 정도만 알아두어도 충분합니다. 지금이야 인터넷 시대로 필명을 쓰는 일이 흔한 일입니다만 인터넷이 없던 당시에 필명을 쓴 것은 다소 특이한 일입니다.

그는 1898년에 일본에서 태어났습니다. 26세 때 미야코 신문사〔都新聞社, 훗날 도쿄 신문사로 바뀌었음〕에 입사한 이후 주로 증권난을 담당하였습니다. 그런데 신문의 증권 시황란을 작성하면서 특히 증권시장의 움직임을 독자들에게 체계적으로 설명하고 또한 그 나름대로 파악하기 위하여 그는 무언가를 독자적으로 만들었습니다. 그것이 우리가 지금 관심을 가지고 있는 일목균형표입니다.

일목균형표는 1935년, 완전하지 못한 형태이긴 하나 신동전환선(新東轉換線)이라는 이름을 달고 미야코 신문의 지면을 빌어 부분적으로 세상에 발표됩니다. 여기서 신동전환선이라고 할 때 '신동' 이라는 이름은 당시 증권시장에서 거래되던 중요한 주식종목을 말하는 것이었습니다. 요즈음 말로 바꾸면 예컨대 '삼성전자 전환선' 이 되는 셈입니다. 그러나 그때만 하더라도 일목균형표라는 이름도 아직 명확하지 않았을 뿐더러 그는 중요한 핵심 내용을 공개하지 않았습니다. 대체로 이런 것이 있다는 정도였을 뿐, 어떻게 만들어지는지, 그리고 어떤 식으로 읽고 해석하고 거래하는지에 대하여서는 밝히지 않았던 것입니다. 또한 1935년에 일부, 부분적으로 발표하기는 하였지만 정작 중요한 핵심은 그후로도 30여 년간 극비였습니다. 심지어 친한 친구들이 무언가 주식시장의 핵심을 읽는 비법이 있다는 사실을 눈치채고 일목산인에게 내용을 알려줄 것을 간절히 요청하지만 그는 절친한 친구에게도 가르쳐주지 않았습니다. 결국 청에 못이겨 내용을 가르쳐주긴 하였는데, 그것도 친구임에도 불구하고 거액을 받고, 향후 10년간은 절대로 공개하지 않는다는 조건을 달아 가르쳐줄 정도였습니다. 그만큼 일목산인은 일목균형표에 대하여 자신감을 가지고 있었다고 생각됩니다.

이처럼 비밀스럽게 간주되었으니 자칫 일목산인이 돌아가면 그와 함께 일목균형표도 사라져버릴 수도 있었습니다. 그러나 일목산인은 70세가 되던 해, 중대한 결심을 하게 됩니다. 자신이 앞으로 살 날이 얼마 남지 않았다고 여겼기에 그동안 겪고 느꼈던 모든 것들을 책으로 남겨 후대에 이용하게끔 해야겠다고 생각하였던 것이지요. 나중에 다시 이야기하겠습니다만 일목산인은 불교신자였습니다. 불교에서는 전생에 쌓은 업보가 현세에 영향을 미치고, 현세에 쌓은 공덕이 내세에 가서 사람의 인생을 좌우한다고 생각합니다. 아마 일목산인이 평생에 걸쳐 연구하였던 일목균형표를 책으로 남기고자 결심하였던 것은 불교에서 말하는 대로 덕을 쌓고자 함이 아니었던가 하는 생각도 해봅니다. 하여간 그는 일목균형표의 모든 것을 공개하여 책으로 엮어냅니다. 그때가 1969년이었습니다.

일목균형표에 대한 초판본은 모두 7부작인 것으로 알려져 있을 뿐 세월이 지나 지금은 절판되어 남아 있지 않습니다. 이후 재판에 들어간《일목균형표》,《완결편》,《주간편》그리고《형보론》의 4권이 현재 남아 있습니다. 일목산인은 자신의 생이 희수(喜壽, 77세)까지라고 생각하였는데, 실제로는 그보다 조금 더 오래 살았고 85세를 일기로 타계하였습니다.

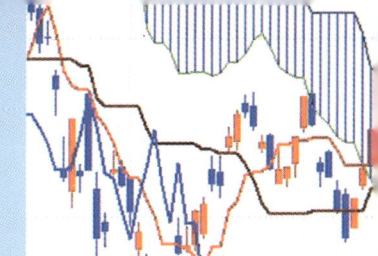

일목균형표의 특징

일목균형표가 우리나라에 들어온 이후 종종 잘못 쓰이는 경우를 보는데, 특히 주간차트를 일목균형표로 만들고는 이를 주목(週目)균형표, 그리고 월간차트를 만들고는 월목(月目)균형표 운운하는 일이 대표적인 것입니다. 그런 것을 볼 때마다 저는 소름(!)이 끼칩니다. 그야말로 무식함이 백일하에 드러나는 것이기 때문입니다. 일목균형표를 말하면서 대체 '일목'이 무엇을 뜻하는지도 몰랐기에 주목이니 월목 운운하는 것이겠지요. 그런데 유감스럽게도 일목균형표라고 할 때의 일목은 날 일(日)에 눈 목(目)자를 쓰는 것이 아니라 한 일(一)에 눈 목(目)자를 씁니다. 즉 일목요연(一目瞭然)이라고 할 때의 바로 그 일목(一目)입니다. 실제로도 일목균형표의 일목은 일목요연하다는 의미를 담고 있습니다.

일목요연, 한눈으로 척 보아도 알 수 있을 정도로 간단하다는 것입니다. 물론 일목균형표를 처음 대하는 사람으로서는 일목균형표가 매우 복잡해 보일 것입니다. 우리가 통상적으로 접하는 차트와는 전혀 다르고, 온통 선들이 이리저리 그려져 있으며 차트 중간에는 구름인지 뭔지 잘 알기 어려운 것들이 버티고 있기도 합니다. 하지만 눈에 익숙해지면 세상에 일목균형표처럼 시장의 균형을 잘 표현하는 방법도 없다는 것을 느낄 것입니다.

일목산인은 그의 저서에서 시장은 항상 상승하거나 하락하거나 횡보하는 세 가지 형태를 반복하지만 거래하는 것으로 본다면 사거나 파는 것뿐이라고 말하고 있습니다. 그리고 위 아래 두 가지밖에 없으므로 이처럼 간단한 것도 없으되 사람들이 시장을 어려워하는 이유는 너무 여러 가지를 생각하기 때문이라고도 말하고 있습니다. 또한 그는 이렇게도 설파하고도 있는데 초보 투자자들이 큰 수익을 얻는 시장에서 전문가라는 사람들이 오히려 손해를 보는 경우도 있으며 그것은 결국 전문가들이 과거의 지식이나 경험에 너무 얽매이기 때문이라고요. 복잡하게 생각해 보았자 아무 소용이 없으며 결국 간단한 것이 최고라는 뜻도 됩니다.

일목산인은 심지어 친구에게까지 거액을 받고, 몰래 알려줄 정도로 애지중지하였던 그의 비법을 70세 되던 해에 비로소 공개하기로 결심합니다. 그는 불교신자였고, 현세에 쌓은 업보로 내세에서 화를 당하지 않기 위하여 자신이 쓴 책으로 인하여 손해를 입은 사람이 없기를 간절히 바랐습니다. 만일 일목산인이 쓴 책을 읽고 투자하였다가 손해를 본다면 그 사람들의 원망이 고스란히 일목산인에게 전해져 그의 내세가 편안치 못할 것이라고 생각하였던 것이지요. 그런즉 그는 '일목균형표를 완전히 자기 것으로 한 다음에야 비로소 거래에 사용하라'고 신신 당부하고 있습니다. 그렇다고 하여 일목균형표를 다른 사람들이 알아볼 수 없을 정도로 복잡하게 만든 것도 아닙니다. 오히려 그는 복잡한 것은 다 제외하고 지극히 단순한 것으로만 일목균형표를 만들었습니다.

다시 한 번 이야기하지만 복잡하게 생각할 필요가 없습니다. 그건 일목산인이 바라는 바가 아닙니다. 단순하게, 일목요연, 한눈으로 쓱 보고 판단할 수 있으면 그것으로 족합니다.

　이제는 '균형' 이라는 의미에 대하여 이야기하겠습니다. 주식거래를 처음 하는 초보자이거나 혹은 일반투자자들이 주식시장을 이해할 때 잘못 알고 있는 것이 많습니다. 그 중에서도 특히 누가 매수하니 주가가 오르더라는 식으로 판단하는 것이 가장 위험하고도 잘못된 발상입니다. 예컨대 외국인들이 매수하니까 주가가 오른다고 말하는 식입니다. 하지만 주식시장에서 누가 산다면 반드시 다른 한편에서는 매도하는 사람이 있게 마련입니다. 파는 사람이 없어서는 절대로 매수할 수 없습니다. 그러니 외국인들이 매수한다면 반드시 일반인이건 국내기관이건 매도하고 있는 셈이 됩니다. 결국 외국인들이 매수하니 주가가 오른다고 하였는데 이를 뒤집어 다른 편의 입장에서 일반인들이(혹은 기관들이) 매도하니 주가가 오른다고도 표현할 수도 있습니다. 누가 매도하니 주가가 오른다고 말하는 것 좀 이상하지 않나요?

　그렇습니다. 주식시장에서는 항시 파는 사람과 사는 사람이 공존하게 되어 있으며 그러기에 누가 산다고(혹은 판다고) 주가가 움직이지 않습니다. 중요한 것은 누가 매수하는지 혹은 매도하는지가 아니라 매수하는 측 혹은 매도하는 측이 얼마나 더 적극적이냐입니다. 매수하는 측에서 아무리 가격이 비싸더라도 지속적으로, 그리고 높은 값이라도 흔쾌히 지불하겠다고 달려든다면 주가는 올라가게 되어 있는 것이며 거꾸로 매도하는 측에서 가격에 불문하고 빨리 팔아 버리겠다고 덤비면 주가는 하락할 수밖에 없습니다. 결국 누가 사느냐 혹은 파느냐가 문제가 아니라 어느 쪽에서 적극적인지, 다시 말해 매수세와 매도세력간의 균형이 어느 쪽으로 쏠려 있는지가 주가의 향방을 좌우합니다. 매수세가 적극적이라면 시장에서의 힘의 균형은 매수하는 쪽으로 쏠리게 마련이며 이럴 경우 주가는 오릅니다.

　일목균형표는 시장의 균형을 알려주는 역할을 합니다. 그 균형을 일목균형표에서 어떻게 읽어 나갈지에 대하여서는 차차 설명할 것이니 여기서부터 서두를 필요는 없겠지요. 일단 일목균형표에서 균형이 의미하는 바를 알 수 있다면 지금으로서는 만족할 일입니다.

마지막으로 표에 대해서 말해 보겠습니다. 사람은 본시 머릿속으로 생각하는 것보다는 그림으로 표현하여 시각을 동원하면 그 생각을 더욱 더 구체화할 수 있습니다. 예컨대 농구 경기할 때 감독이 작전타임을 부르고 선수들 앞에서 새로운 작전을 열심히 설명합니다. 이때 그냥 말로 하지 않고 농구 코트 모형에 바둑돌로 각각의 선수들을 나타내는 것을 여러분은 TV에서 보았을 것입니다. 그러면 선수들은 훨씬 더 작전의 이해도가 빠릅니다. 일목균형표도 마찬가지. 시장의 세력균형을 그냥 관념적으로, 말로서 표현하는 것이 아니라 바로 표로, 즉 그림으로 나타내는 것입니다.

결론적으로 일목균형표는 시장에서의 이러한 매수세와 매도세간의 세력균형을 일목요연하게 나타내는 표라고 정의할 수 있습니다.

엉뚱한 이야기가 길어졌습니다. 사실 첫 시간과 둘째 시간에 설명한 것은 그리 중요한 이야기는 아닙니다. 일목균형표를 불쑥 설명하기보다 일종의 워밍업으로 말한 것입니다. 다음 시간부터는 그야말로 본격적인 이야기로 들어갑니다. 일목균형표를 샅샅이 살피고 분해하고 깡그리 뜯어볼 터이니 이제 여러분도 정신 바짝 차리길 부탁드립니다. 하지만 뭐 굳이 제가 그렇게 정신차리시라고 경고하지 않아도 될 듯합니다. 서점에서 혹은 인터넷을 이용하여, 이 책을 사기로 결정하였을 때부터 여러분은 이미 마음의 준비가 되었을 것으로 믿어지니까요.

이·유·있·는·한·마·디

바보 호떡 먹기

　옛날, 옛날에 바보가 한 사람 살고 있었습니다. 어느 날 그는 길을 가다가 몹시도 배가 고파서 호떡집에 호떡을 사 먹으러 들어갔습니다. 한 개를 먹었습니다. 하지만 워낙 시장하였던 터라 전혀 기별도 가지 않아, 한 개를 더 사먹었습니다. 그러나 역시 먹은 둥 만 둥 했습니다. 그래서 또 한 개를 더 사먹었습니다. 하지만 여전히 요기도 되지 않았습니다. 그렇게 하여 한 개 먹고 또 한 개 먹고 하는 일을 반복하다보니 바보는 호떡을 모두 여섯 개까지 먹었습니다. 이제는 조금 먹은 듯하였지만 그래도 아직 배는 부르지 않았습니다. 그래서 또 한 개를 더 사먹었는데, 이상하게도 일곱 개째의 호떡은 채 반도 먹지 않았지만 벌써 배가 불렀습니다.

　바보는 몹시 후회하며 스스로 자기의 머리를 때리며 어리석음을 자책하였습니다. "아이구, 이런 바보야. 고놈의 일곱 번째 호떡이 반만 먹어도 배가 부른줄 진작에 알았더라면 먼저 그놈을 사 먹었을텐데…. 그걸 몰라서 괜히 호떡 여섯 개 값만 날려버렸네. 아이구 아까워."

일층 없는 이층이 있을 수 없듯이 기초가 부실한 빌딩은 무너질 수밖에 없습니다. 주식도 마찬가지입니다. 우리들은 모두 주식투자에서 수익을 얻기를 바랍니다. 그리고 주가가 상승하기를 바랍니다. 하지만 주가가 상승하려면 먼저 회사가 부도나지 않을 정도로 튼튼해야 하고, 영업이 잘 되어 수익성도 좋아야 하며, 향후의 성장 전망도 밝아야 할 것이고, 또 무엇보다도 전체적인 우리나라 경기가 좋아져야 합니다. 그렇지만 많은 사람들은 이러한 가장 기본적인 사항은 망각한 채 그저 주가가 오를 주식만을 찾으려고 애씁니다. 회사의 내용이야 어떠한지도 모르고, 수익성이 어떤지, 재무구조가 어떤지 관심도 없이 오직 주가가 오를 종목을 찾는 데 혈안이 되어 있습니다.
　반만 먹고도 배부른 호떡은 이 세상에 없습니다. 그런데도 사람들은 자꾸 그런 호떡을 찾지 못하여 안달하고 있습니다.

2nd CLASS

일목균형표의 구성

일목균형표는
기준선, 전환선, 선행스팬1, 선행스팬2, 후행스팬, 봉차트로 구성됩니다.
이것들은 앞으로 두고두고
주가를 예측하는 데 요긴하게 쓰입니다.

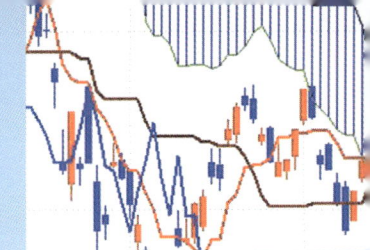

일목균형표의 구성 요소

앞에서도 말한 바 있습니다만 일목균형표를 처음 대하는 사람은 우선 일목균형표가 복잡하기 그지 없다는 첫인상을 받을 것입니다. 이 글을 읽는 여러분을 무시해서가 아닙니다. 솔직히 일목균형표에 대하여 모든 것을 알고 있는 양 이 책을 쓰고 있는 저 역시 이전에는 여러분과 마찬가지의 입장이었음을 고백합니다. 제가 처음 일목균형표를 접하였을 때 대단히 어리둥절하였습니다. 저는 1995년경에 처음으로 일목균형표를 접하였는데, 대체 뭐가 뭔지 도무지 모르겠더군요. 차트에는 온통 이런 저런 곡선들이 복잡하게 얽혀 있고, 차트를 관통하여 구름대가 그려져 있었고, 더구나 황당하였던 것은 그 구름대라는 것이 저항선이나 지지선으로 작용한다는 주장을 펴고 있었으니…. 솔직히 말씀드리거니와 저 역시 처음에는 믿기 어려웠습니다. 그래서 집어 던졌지요. 뒤돌아보지도 않았습니다.

그러다가 최근에야 다시 일목균형표를 집어들었습니다. 얼마 전부터 제 책장 속에서 먼지 쌓인 채 방치되었던 일목균형표 관련 서적을 꺼내어 조금씩 연구하였고 그걸 실전에 적용하게 되었는데 세상에… 기가 막히게 잘 들어맞는 것입니다. 이제 와서 보니 무지하게 후회되었습니다. 진작에 일목균형표를 처음 접하였을 때, 좀더 깊이 연구하였더라면 '인생이 바뀌지 않았을까' 하는 생각도 해보았습니다. 제가 외환 딜러라는, 좀 전문적인 일을 하였기에 다른 사람에 비하여 일목균형표를 빨리 접할 수 있었는데, 그 기회를 진작에 살리지 못하였던 것이 참으로 애석하였습니다. 혹시 여러분이 이 책을 읽으시다가 '뭐 이런 복잡하고 황당한 이론이 다 있냐'고 생각하신다면, 그리고 저처럼 더 깊이 읽어보지도 않고 일찌감치 포기하고 던져버린다면, 그건 정말로 나중에 크게 후회하실 일이라는 말입니다. 제 경험이 실증하고 있습니다.

하여간 뭐 그러다가, 일목균형표에 대한 책을 읽고, 감탄하고 그리고 실전에 적용하다가 결국은 이 책을 쓰고 있습니다. 아이쿠 또 엉뚱한 소리를 늘어놓고 있습니다. 본론으로 돌아갑니다.

일목균형표를 구성하는 요소라면 다음과 같이 정리할 수 있습니다.

첫째로 기준선

둘째로 전환선

셋째로 선행스팬1

넷째로 선행스팬2

다섯째로 후행스팬

그리고 마지막으로 봉차트까지 포함하여 이들 여섯 가지 요소(이를 일목균형표의 괘선罫線이라고 말합니다)가 일목균형표를 구성합니다.

봉차트에 대하여서는 이미 많은 분들이 잘 아실 것이기에 여기서는 긴 이야기를 하지 않고 그냥 넘어갑니다. 그 나머지 각각의 구성요소에 대하여서는 좀 길고, 구체적으로 알아둘 필요가 있습니다. 우선은 그것들이야말로 일목균형표의 구성요소이니 당연히 알아두어야 할 일입니다. 또한 각각의 구성요소들, 즉 괘선들은 앞으로 두고두고 주가를 예측하는 데 도움이 됩니다. 그러니 반드시, 그리고 잘 알아두어야 합니다.

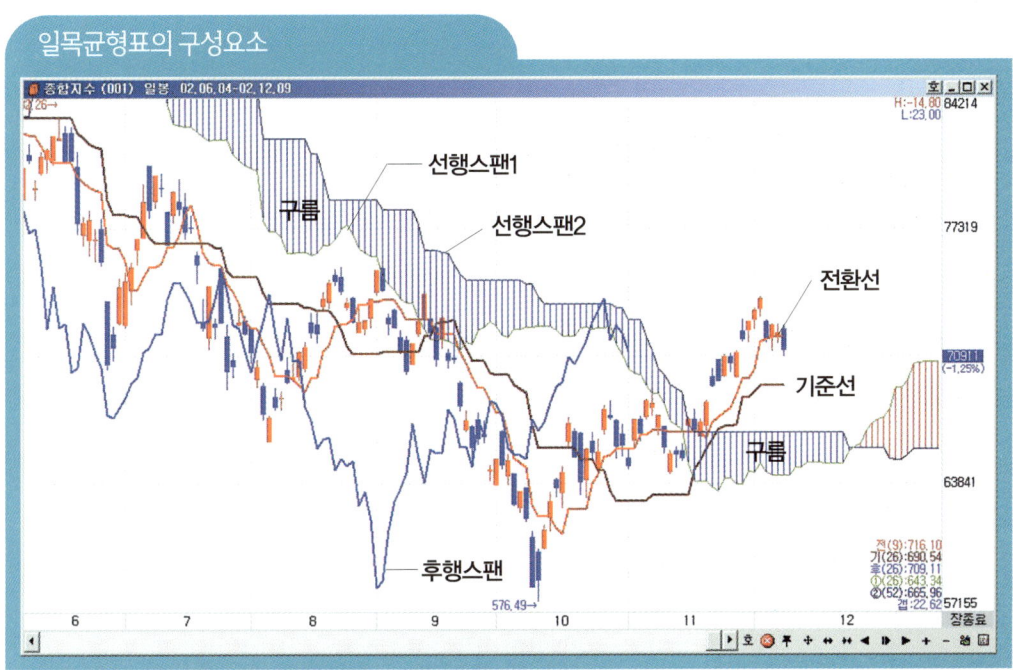

일목균형표는 기준선, 전환선, 선행스팬1, 선행스팬2, 후행스팬 그리고 마지막으로 봉차트까지 포함하여 여섯 가지 요소(일목균형표의 괘선罫線)로 구성됩니다.

우선 각 구성요소들을 구하는 방법에 대하여 설명하고, 나중에 하나씩 각각의 구성요소가 가지는 의미, 해석법, 활용방식 등에 대하여 이야기하도록 하겠습니다.

첫째로 기준선은 당일을 포함하여 과거 26일 동안의 최고치와 최저치의 중간값으로 구해집니다.

여기서 제가 기준선을 구하는 방법을 길게 말로써 이르길 '당일을 포함하여 과거 26일 동안의 최고, 최저치의 중간값'이라고 하니 여러분의 입장에서는 얼른 무슨 뜻인지 감이 오지 않을 듯합니다. 그러면 수학공식을 만들어 보겠습니다.

$$기준선 = \frac{(과거\ 26일\ 동안의\ 최고치) + (과거\ 26일\ 동안의\ 최저치)}{2}$$

그런데 반드시 언급하고 넘어가야 할 것이 두 가지 있습니다. 첫째로 중간값이라는 말이고, 두 번째로는 당일을 포함하여 과거 26일간이라는 말입니다. 이들의 뜻을 반드시 이해하고 다음 단계로 넘어가야 합니다. 왜냐하면 이것은 앞으로도 두고두고 나오는데다 일목균형표의 처음부터 끝까지 관통하는 중요한 개념이기 때문입니다. 반드시 꼭 알아두어야 합니다.

우선 일목균형표에서는 유난히 중간값이 많이 사용됩니다. 예컨대 바로 다음에 설명하게 될 전환선, 선행스팬1, 선행스팬2 역시 중간값으로 구해집니다. 일목균형표를 구성하는 요소 중에서 중간값이 아닌 것은 후행스팬뿐입니다.

중간값이란 평균과 비슷한 의미입니다. 그런데 중간값은 통계학에서 대표값으로서 사용되기는 하지만 모든 변수들을 일일이 더하여 구해지는 평균(average)에 비하여 계산방식도 간편합니다. 특히 기준선의 경우(나중에 나올 전환선의 경우도 마찬가지입니다) 모든 변수를 일일이 더하지 않고, 최고치와 최저치의 중간값으로 구하는 특성을 가지므로 그 값을 예측할 수 있는 장점도 있습니다. 무슨 말인지는 조금 있다가 다시 설명하겠습니다.

여기서 중요한 사실은 중간값은 그것이 구해지는 기간을 대표하는 대표값이라는 점, 그리고 이동평균선에 사용되는 평균과는 달리 기간중의 최고치, 최저치 두 수치만 있으면 구할 수 있습니다. 그런즉 최고, 최저치가 아닌 값은 무시하여도 된다는 점입니다.

그리고 당일을 포함한 26일 동안이라는 말도 대단히 중요합니다. 일목균형표에서는 항상 날짜를 계산할 때 당일을 포함합니다. 여기서는 그냥 개념을 알아두시라고만 하는 정도로 그치겠습니다만 나중에 시간론을 다룰 때 왜 당일을 포함하는 것이 중요한지 다시 한 번 느끼실 수 있습니다.

둘째, 전환선은 당일을 포함하여 과거 9일 동안의 최고치와 최저치의 중간값으로 구해집니다. 앞서 설명한 기준선과 전환선의 차이는 구하는 기간이 전환선은 9일간, 그리고 기준선의 경우는 26일간이라는 것 밖에 없습니다. 둘 다 중간값이고, 당일을 포함하는 기간의 최고, 최저치로 구해집니다. 나중에 의미도 자세하게 설명하겠습니다. 지금은 그냥 구하는 방법을 말하겠습니다.

역시 수학공식처럼 전환선을 구하는 방식을 표현한다면;

$$전환선 = \frac{(과거\ 9일\ 동안의\ 최고치) + (과거\ 9일\ 동안의\ 최저치)}{2}$$

셋째, 선행스팬1은 앞에서 구한 기준선과 전환선의 중간값으로 구해집니다. 앞에서 설명한 방식으로 오늘의 전환선을 계산할 수 있을 것이고 동시에 같은 요령으로 기준선도 계산할 수 있겠지요. 그러면 선행스팬1은 간단하게 산출됩니다. 기준선과 전환선을 서로 합하여 중간값을 구하면 됩니다.

$$\text{선행스팬1} = \frac{(\text{오늘의 전환선}) + (\text{오늘의 기준선})}{2}$$

넷째, 선행스팬2는 앞에서 설명한 전환선이나 기준선과 같은 개념의 중간값이지만 구하는 기간이 다소 깁니다. 선행스팬2는 당일을 포함하여 과거 52일간의 최고, 최저치의 중간값으로 구해집니다. 즉 선행스팬2는 전환선이나 기준선을 구하는 기간에 비하여 최소한 2배 이상의 기간의 최고, 최저치의 중간값입니다.

$$\text{선행스팬2} = \frac{(\text{과거 52일 동안의 최고치}) + (\text{과거 52일 동안의 최저치})}{2}$$

마지막으로 후행스팬은 일목균형표를 구성하는 요소들 중에서 유일하게 중간값이 아닌 요소입니다. 후행스팬은 바로 오늘의 종가가 됩니다.

나중에 각 항목을 설명하는 시간에 구체적으로 보는 법, 사용하는 법, 거래하는 법, 해석하는 법 등을 설명하겠습니다. 지금은 일단 계산하는 방식에 대하여서만 알아두기로 합니다.

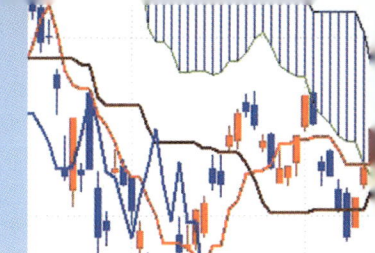

4

기준선

앞서 설명하였듯이 기준선은 오늘을 포함하여 과거 26일간의 최고, 최저치의 중간값으로 구해집니다. 중간값이라는 것은 누구나 쉽게 이해할 수 있는 개념입니다만 조금 더 설명하기로 합니다. 예컨대 오늘부터 따져 26일간의 과거를 돌아볼 때, 그간의 주가움직임 중에서 최고치가 15,000원, 그리고 최저치가 10,000원으로 나타나 있다고 합시다. 물론 최고치와 최저치가 아닌 주가로는 11,000원, 12,000원, 13,000원 등도 있을 수 있습니다. 하지만 우리가 구하고자 하는 것은 최고치와 최저치만 있으면 됩니다. 이동평균을 구하려면 기간중의 모든 주가가 필요하지만 중간값을 구하려면 최고치와 최저치가 아닌 것은 그 어떤 숫자라도 깡그리 잊어도 됩니다.

하여간 초등학교 학생일지라도 누구나 기간 중의 최고치와 최저치가 무엇인지는 분간할 수 있습니다. 그리고 최고치 15,000원과 최저치 10,000원의 중간값은 12,500원이라는 계산이 나옵니다. 이게 바로 기준선입니다.

기준선은 추세 혹은 시장균형의 기준이 되는 역할을 합니다. 단순하게 말하여 기준선이 상승세라면 현재의 추세도 상승세임을 의미하게 되며, 거꾸로 기준선이 하락하고 있으면 현재의 추세도 하락세임을 의미하게 됩니다. 왜 그렇게 되는지는 쉽게 이해할 수 있을 것입니다. 예컨대 지금의 추세가 상승세라면 의당 최고점의 수준도 날이 갈수록 치솟을 것이고 또한 저점의 수준도 올라설 것입니다. 그러면 당연히 최고점과 최저점의 중간값으로 구해지는 기준선의 값도 시간이 지날수록 상승하게 됩니다. 그러기에 지금의 추세가 상승세면 기준선의 추세도 상승하게 되고, 거꾸로 기준선의 추세가 상승세라면 주가의 추세도 상승세가 됩니다.

다시 강조합니다만 기준선은 문자 그대로 추세의 기준이 되는 곡선이라는 점을 반드시 익혀두어야 합니다.

기준선이 상승세이면 현재의 주가도 상승세이고, 기준선이 하락세이면 현재의 추세도 하락세가 됩니다.

다시 말해 기준선이 가지는 기준의 의미를 확대한다면 기준선이야말로 추세의 방향을 가늠하게 하는, 조타수의 역할을 하는 곡선이라고 말할 수 있습니다. 그런즉 기준선이 상승하면 추세는 상승세이고, 기준선이 하락하면 추세는 하락세가 됩니다. 사실 추세라고 말합니다만 매일매일의 주가움직임을 열심히 들여다본다고 하여 추세가 읽혀지는 것도 아닙니다. 일직선으로 움직이는 주가는 없는 법, 상승할 때라도 하루도 빠짐없이 상승하는 법은 없습니다. 며칠 동안은 상승하다가도 또 며칠은 조정을 보이기도 합니다. 이럴 때 매일매일의 주가움직임에 현혹된다면 며칠 오를 때에는 추세가 상승세인 듯하다가 또 며칠 조정을 받을 때에는 추세가 하락세인 것으로 느껴지기도 합니다. 이래서는 도무지 추세를 판단할 수 없습니다. 하지만 기준선은 이런 문제를 단순화하여 해결합니다. 그저 기준선의 방향을 살피면 그것으로 추세를 가늠할 수 있습니다.

또 기준선은 추세의 기준이 되는 선이므로 주가가 기준선 위에 있으면 현재의 추세가 상승세, 그리고 주가가 기준선 아래에 위치하면 현재의 추세는 하락세라고 말할 수 있습니다. 이것은 기준선이 추세의 기준이 되는 선이라는 말을 약간 응용한 것에 지나지 않습니다만 대단히 중요한 의미를 가집니다. 왜냐하면 단순히 현재의 주가가 기준선과 관련하여 어떤 위치에 있는지 살피는 것만으로도 충분히 지금의 추세의 방향을 읽을 수 있기 때문입니다.

마지막으로 기준선은 추세의 기준이 되는 곡선이므로 기준선 그 자체가 지지선이나 저항선으로 작용한다는 것입니다. 왜냐하면 주가가 기준선을 넘어서는 순간, 추세가 바뀌는 셈이니 그냥 쉽게 주가가 기준선을 넘나들기는 어렵기 때문입니다. 결국 기준선은 지지선이나 저항선의 역할을 톡톡히 하리라는 것을 쉽게 예상할 수 있습니다.

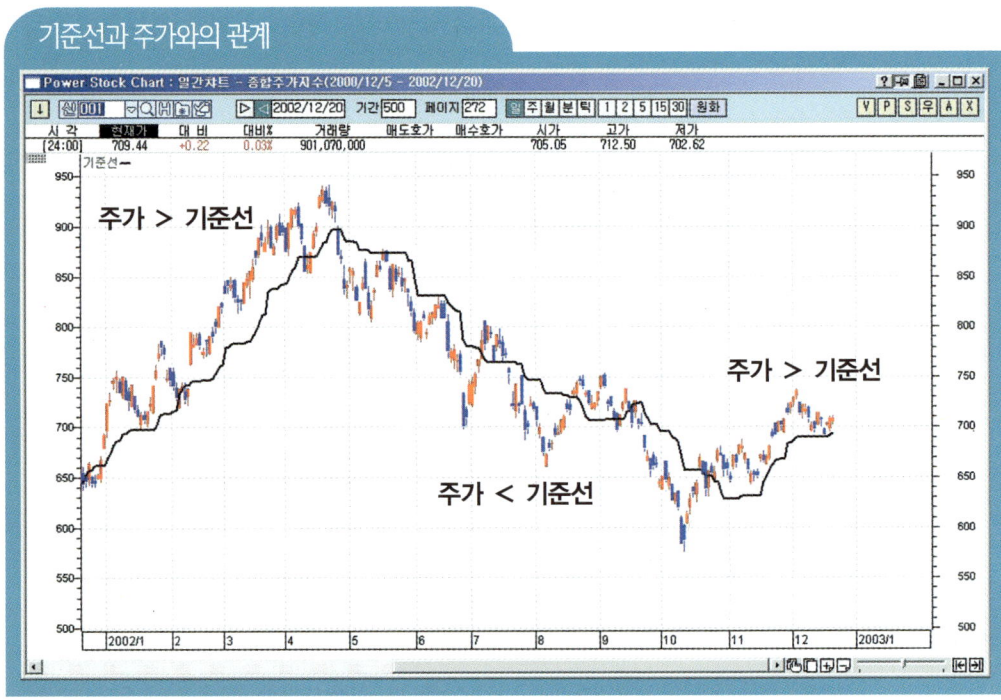

주가가 기준선 위쪽에 위치하면 현재의 추세는 상승세, 반대로 주가가 기준선 아래에 위치하면 현재의 추세는 하락세라고 말할 수 있습니다. 단순히 주가가 기준선의 어느 쪽에, 즉 위쪽에 위치하고 있는지 혹은 아래쪽에 위치하고 있는지에 따라 추세의 방향을 가늠할 수 있습니다.

앞서 말한 사실들은 대단히 중요합니다. 기준선과 주가와의 관계를 따져 지금의 추세가 상승세인지 아닌지 판단할 수 있고, 또한 기준선의 방향을 보고서도 현재의 추세를 가늠할 수 있습니다. 그리고 기준선이 어디에 위치해 있는지를 알면 지지선(혹은 저항선)이 대략 어느 정도에 걸쳐 있는지도 역시 예상할 수 있게 됩니다. 그림을 보면 기준선의 방향을 보고 추세를 판단할 수 있다라거나 혹은 기준선이 각각 지지선이나 저항선의 역할을 하는 경우를 발견할 수 있습니다.

저는 일목산인이 일목균형표를 만들면서 기준선이나 전환선의 값을 평균(average)이 아닌 중간값(median)으로 설정한 데 대해 경탄을 금치 못합니다. 중간값이란 아시다시피 기간중의 최저치와 최고치를 서로 더하여 2로 나누는 그야말로 단순한 방법입니다. 하지만 여기에 심오한 철학이 담겨 있습니다.

기간(기준선의 경우 26일) 중의 최저치라면 결국 매수세가 매도세에 의하여 궁지에 몰린 최후의 수준이라고 말할 수 있겠습니다. 언제건 시장에서는 매수세와 매도세가 공방을 벌이게 마련입니다. 그런데 최저점이라면 그

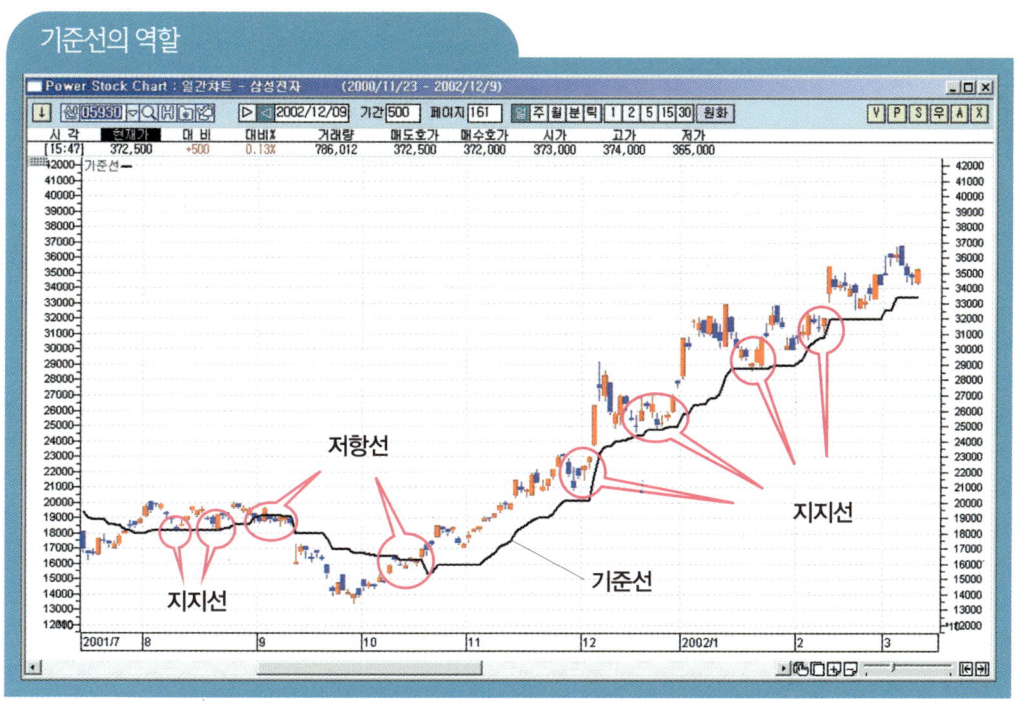

기준선의 역할

기준선은 추세의 기준이 되는 곡선이기에 그것 자체로 지지선이나 저항선의 역할을 수행하게 됩니다. 또한 기준선의 방향으로도 추세를 판단할 수 있습니다. 삼성전자의 경우 기준선이 절묘하게 지지선 혹은 저항선의 역할을 감당하고 있습니다.

수준에 이르도록 매도세가 훨씬 막강하게 작용하였고 매수세는 도무지 힘을 쓰지 못하였다는 이야기가 됩니다. 그리고 최저점은 매수세가 몰리고 몰리다가 최후로 버틴 수준이기도 하며 동시에 매수세가 싼값에 사들이기에는 최적이었던 수준이 됩니다. 같은 논리를 기간 중의 최고치에 적용할 수 있습니다. 최고치라면 결국 매도세가 매수세에 의하여 끝이 없이 몰린 최후의 보루라고 말할 수 있습니다. 또한 매도세의 입장에서는 비싼 값에 매도하기에 딱 좋은 수준이었던 것. 그리고 중간값은 바로 이러한 최고점과 최저점을 더하여 둘로 나눕니다.

여기까지 이해하였다면 중간값이 바로 균형점이라는 논리를 전개하여도 될 듯합니다. 일목균형표는 시장에서 매수세와 매도세의 균형이 어떤 상태인지를 따져보는 표라고 앞에서 설명한 바 있습니다. 그런데 바로 그 균형이 중간값으로 표현되고 있습니다. 기간 중의 최저치는 매수세를 대표한다고 말할 수 있으며 동시에 기간중의 최고치는 바로 매도세를 대표한다고 말할 수 있습니다. 그러므로 이 두 값의 중간값은 바로 매수세와 매도세가 팽팽하게 겨루고 있는 바로 그 균형값이 되는 것입니다.

이런 예를 생각해 봅시다. 미국 사람들이 좋아하는 프로 스포츠라면 농구, 야구 그리고 미식축구를 꼽을 수 있겠지요. 그 중에서도 특히 미식축구는 좀 심하게 말하여 땅따먹기 같은 인상을 받습니다. 비단 모든 스포츠가 마찬가지겠으나 특히 미식축구의 경우, 경기 내내 공격팀과 수비팀이 서로 밀고 밀리는 치열한 다툼을 벌입니다. 경기 방식은 단순합니다. 공격팀이 볼을 가지고 수비팀 진영으로 돌격하고 그러다가 수비팀의 저항에 부딪쳐 볼이 땅에 닿으면 그 지점에서 새로운 공격이 시작되는 것이 바로 미식축구의 경기방식입니다. 공격팀이 새로운 공격을 시작하는 곳, 그곳이 바로 직전에 수비와 공격이 균형을 만들었던 지점이 되는 셈이지요. 공격팀이 막강하다면, 그래서 수비팀의 저항을 이겨낼 수 있다면, 볼은 내내 수비팀의 진영에 머물게 될 것입니다.

일목균형표의 경우도 마찬가지입니다. 중간값으로 만들어지는 기준선이 위치하는 곳, 그곳이 바로 직전까지 매수세와 매도세간의 균형이 이루어졌던 수준이 됩니다. 그리고 그 균형점이 어떻게 진행되느냐가 바로 매수세와 매도세 중에서 어느 쪽이 막강한지를 나타내게 됩니다.

그런데 어떤 경우에 기준선이 상승합니까? 뭐 생각해볼 것도 없이 세 가지 경우중의 하나가 되겠지요. 즉 1) 최저점은 그대로 있는데 최고점이 상승하거나, 2) 최고점은 그대로 있는데 최저점이 상승하거나, 3) 최고점과 최저점 모두 동시에 상승하면 기준선은 상승하게 되어 있습니다.

그렇다면 다시 생각합니다. 만일 기준선이 상승하고 있다면 그것이 무슨 의미를 가질까요? 역시 길게 생각할 것도 없이 시장의 균형이 무너지고 있으며 또한 균형이 점차 매수세에 유리한 쪽으로 전개되고 있다고, 즉 매수세가 우위를 점하는 시장이 되고 있다고 말할 수 있게 됩니다. 최고점이 상승하고 있다는 것은 결국 매도세가 저항하는 최후의 보루가 더 위쪽으로 올라섰음을 뜻하고, 또한 최저점이 상승하였다는 것은 매수세가 힘을 내어 한 발자국 앞으로 전진하였음을 의미합니다. 즉 균형이 더 위쪽으로 옮겨가고 있다는 증거가 됩니다. 미식축구와 마찬가지인 셈입니다.

    이게 바로 상승추세입니다. 기준선이 상승하면 상승추세, 반대로 기준선이 하락하면 하락추세입니다. 기준선의 방향으로 추세를 알 수 있다는 말이 무슨 의미를 가지는지 이해되십니까?

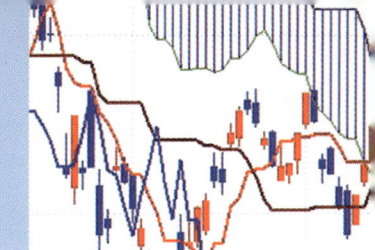

5

전환선

전환선은 기준선보다 짧은 기간(기준선은 26일간, 전환선은 9일간)의 최고치, 최저치의 중간값으로 구해집니다. 그러므로 기준선이 추세의 방향을 보여주는 선이라고 할 때, 이보다 짧은 기간으로 만들어지는 전환선은 기준선보다 훨씬 빨리 추세방향을 알려줄 것이라고 생각됩니다. 실제로 기준선은 추세의 방향을 가늠하는 기준이 되는 선이라고 말한다면 전환선은 문자 그대로 추세의 전환을 일러주는 곡선이 됩니다.

사실 우리는 추세가 언제 바뀌는지 미리 알고 싶어 합니다. 그런데 이제까지 우리가 알고 있는 통상적이고 전통적인 기술적 분석기법에 의하면 추세가 어떻게 바뀌었고 당시 무슨 거래를 하는 것이(즉 사거나 파는) 옳았던 것인지를 뒤늦게 설명하는 경우가 많습니다. 다시 말하여 추세전환을 미리 예상하는 것이 아니라 추세가 전환된 다음에 뒤늦게 신호를 나타냅니다. 하지만 이처럼 기술적 지표 혹은 기술적 분석기법이 뒤늦게 신호를 내는 것, 즉 시차문제를 안고 있는 것은 근본적으로 기술적 지표나 분석방법이 태생적인 한계를 가지고 있기 때문입니다.

주식시장에서 주가는 항시 움직입니다. 오르기도 하고, 내리기도 하고, 그리고 횡보하는 경우도 있습니다. 주가가 움직이는 이유야 여러 가지가 있겠지요. 뉴스가 있거나 누군가가 강력하게 사들이거나 혹은 재료에 의하여, 경기전망에 의하여, 정부 정책에 대한 기대감으로, 또는 매수-매도세간의 균형 등등 여러 가지 이유에 의하여 주가가 움직입니다. 그리고 이같은 주가의 움직임을 가공하여야만 비로소 무언가 기술적 지표들이 만들어집니다. 예컨대 과거 5일간의 종가를 이용하여 5일 이동평균선을 만든다거나 혹은 12일간의 주가움직임으로 RSI를 계산하는 것들이 좋은 예입니다. 그리고 나서 우리는 이동평균선의 움직임 혹은 RSI의 수준을 살피고 추세전환이나 매수, 매도의 타이밍 등을 말합니다.

무슨 이야기냐면 일차적으로 먼저 주가가 움직이고, 그런 다음에 기술적 지표를 계산하지, 기술적 지표가 먼저 만들어지고 그런 다음에 주가가 움직이는 것은 아니라는 이야기입니다. 반드시 주가가 먼저 움직인 연후에 기술적 지표가 만들어지므로 아무리 세상에 둘도 없는 기발한 방식으로 기술적 지표를 계산하더라도 이들은 태생적으로 한계를 가질 수밖에 없습니다. 그런즉 후행성, 시차라는 한계를 내포할 수밖에 없습니다.

그러나 일목균형표의 경우는 다릅니다. 물론 일목균형표 역시 다른 기술적 분석기법처럼 이미 움직인 주가를 토대로 지표를 만듭니다. 예컨대 지나가 버린 과거 26일 동안의 주가움직임을 토대로 기준선을 계산합니다. 혹은 9일 동안의 주가움직임으로 전환선을 구합니다. 하지만 일목균형표가 다른 기술적 분석 방법과 완전히 다른 것은 시간적으로 언제부터 추세가 전환될 것인지를 미리 예측하는 방법을 제공한다는 점입니다.

지금부터 그것을 설명하고자 합니다. 대단히 중요한 개념이므로 정신 똑바로 차리고 잘 들으시기 바랍니다. 우리나라에 나와 있는 어느 책에서도

이 방법을 설명하지 않고 있습니다. 그야말로 저의 독창적인 방법입니다. 그리고 분명히 말하건대 제가 생각해내긴 하였으되 일목산인의 참뜻을 훼손하는 것은 아닙니다.

우선 전환선의 의미는 추세의 전환을 제시하는 데 있습니다. 아래의 그림에서 확인할 수 있듯이 실제로 전환선이 상승하면 추세가 상승세로 전환하고 반대로 전환선이 하락하면 추세가 하락합니다. 그러니 현실적으로 가장 단순한 거래방법으로 '전환선이 상승하면 매수하고, 전환선이 하락하면 매도한다'는 원칙을 사용하면 대단히 효과적입니다.

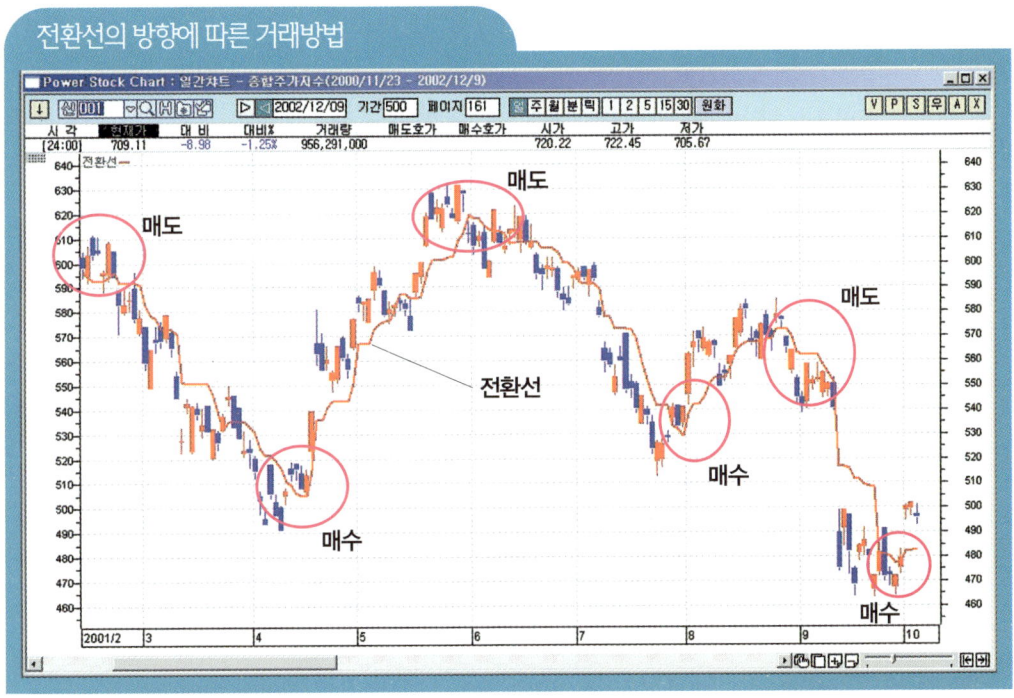

전환선의 방향에 따른 거래방법

전환선의 방향이 상승세이면 주가는 상승하고, 전환선의 방향이 하락하면 주가는 하락합니다. 그러기에 가장 단순한 거래방법으로 전환선이 상승하면 매수하고, 하락하면 매도한다면 대단히 효과적일 수 있습니다.

그런데 저는 일목균형표의 전환선은 다른 기술적 분석기법과는 달리 미리 방향을 예측할 수 있다고 하였습니다. 전환선의 방향이 상승할 것으로 예상되면 미리 매수해두고, 전환선의 방향이 하락할 것으로 예상되는 시기에는 고점에서 미리 매도하는 식입니다. 생각만 하여도 꿈같은 일일지 모르나 일목균형표의 전환선 움직임을 미리 예측할 수 있다면 시장 움직임에 보다 더 능동적으로, 그리고 빨리 대처할 수 있습니다.

전환선의 방향을 미리 예측할 수 있는 것은 전환선이 바로 중간값이기 때문에 가능하게 됩니다. 전환선은 앞에서 설명하였듯이 당일을 포함하여 과거 9일간의 최고치와 최저치의 중간값으로 결정됩니다. 또한 하루가 지나갈 때마다 가장 오래된 과거의 데이터가 하나 제외되고 가장 최근의 주가(즉 당일의 주가)가 전환선의 계산에 사용되기 위하여 추가됩니다. 그런데 전환선은 기간중의 최고치와 최저치의 중간값이므로 최고치와 최저치가 아닌 나머지 7일간의 주가움직임은 전환선의 계산에 전혀 영향을 미치지 못합니다. 그러므로 하루가 지날 때마다 제외되는 가장 오래된 9일 전의 주가가 최고치나 최저치가 아니었다면 전환선은 변하지 않습니다. 그리고 마찬가지의 논리로 새롭게 추가되는 가장 최근의 주가, 즉 당일의 주가가 기간 중의 최고치나 혹은 최저치가 아니라면 역시 전환선은 변하지 않습니다.

자 이런 정도의 기초지식을 익혔다면 다음의 경우, 내일의 전환선은 오를까요? 내릴까요?

해답보고 문제 푸는 것만큼 바보 같은 일은 없습니다. 그러니 여러분은 아래에 있는 문제 풀이과정을 보지 말고 여러분 스스로 문제를 풀기 위하여 노력하여야 합니다. 해답을 보고 나면 '아하 그렇구나' 라고 이해되는 듯하지만, 실제로 여러분이 주식시장에서 살 것인지 팔 것인지 같은 문제에 맞닥뜨리면 해답보고 문제 푼 사람과 자기 스스로 문제 풀려고 노력한 사람은

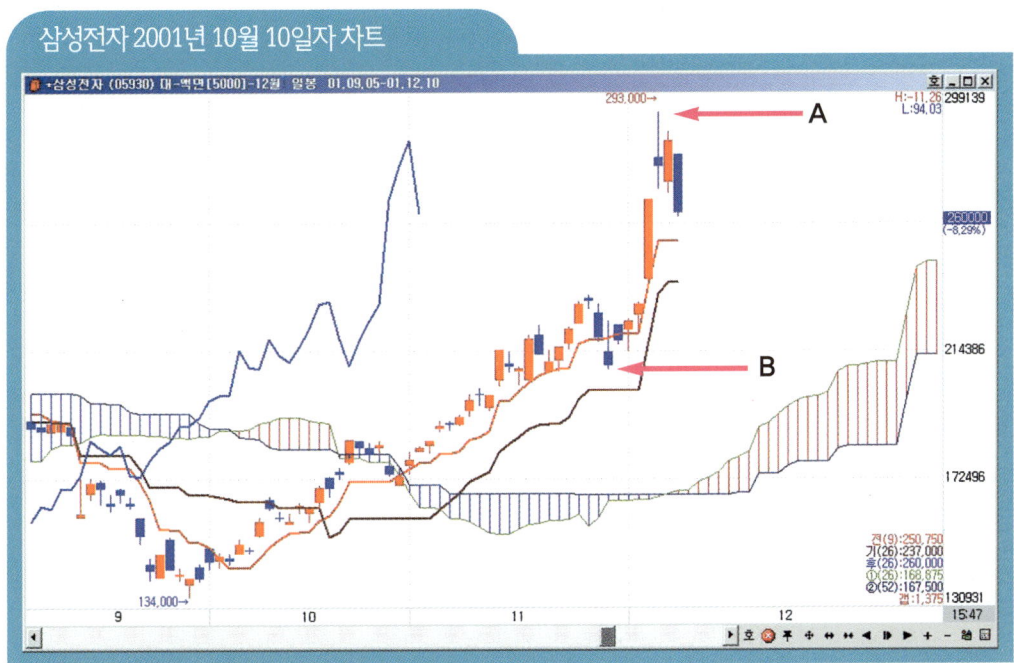

그림을 보고 내일의 전환선이 상승할지 하락할지를 판단하십시오.

극명하게 차이가 나게 되어 있습니다. 최소한 여러분이 문제를 풀기 위하여 생각하는 시늉이라도 하여야 합니다.

뭐 이렇게까지 이야기하였으니 불쑥 해답부터 보는 사람은 없으리라 믿습니다. 그러기에 여기서는 모범답안을 제시합니다.

내일의 전환선이 상승할 것인지 하락할 것인지를 판단하기 위하여서는 여러 가지 상황을 요모조모 따져보아야 합니다. 즉,

1. 내일이 되면 과거 9일 전의 주가는 전환선을 계산하는 기간에서 제외됩니다.
2. 그런데 과거 9일 전의 주가는 기간중의 최고치나 최저치가 아니었기에

9일 전의 주가가 제외된다고 해도 전환선에는 별 변화가 없습니다.

3. 내일의 주가가 어떻게 될지 아직은 알 수 없으나 만일 기간중의 최고치였던 A 수준을 넘어서기만 한다면 그 즉시 전환선은 상승세로 돌아설 것입니다. 왜냐하면 최고치가 이전에 비하여 상승하므로 최저치는 그대로 있더라도 '(최고치＋최저치)/2'로 구해지는 전환선의 값은 당연히 상승합니다.

4. 그리고 내일 당장 장중의 최고치가 이전의 최고치를 넘어서지 못하는 경우라고 할지라도 미래가 비관적인 것은 아닙니다. 하루가 지나면 가장 먼 9일 전의 주가 데이터가 전환선 계산의 대상기간에서 제외됩니다. 그래서 앞으로 사흘이 지나면 이제까지 기간중의 최저치로서 전환선의 계산에 적용되었던 B점이 대상기간에서 저절로 제외됩니다. 그렇게 되면 최저치의 값은 상승하고 전환선의 값도 상승하게 됩니다. 전환선이 상승한다면 결국 추세는 상승한다고 판단하는 것이 합리적입니다.

다음은 삼성전자의 주가로 2001년 10월 10일 이후의 주가 차트입니다. 우리가 연습문제로 풀어보았던 사례인데 그 이후의 주가가 전환선이 상승하면서 실제로 어떻게 움직였는지 확인해 보십시오. 이처럼 전환선의 방향을 미리 예상할 수 있다는 것은 대단히 유용한 무기가 됩니다. 당시 삼성전자의 주가가 바닥에서 꽤 올랐다고 지레 짐작하여 냉큼 팔아치운 사람은 얼마나 억울할까요?

우리는 매수의 경우만을 연습문제로 생각해 보았습니다만 매도의 경우도 같은 논리로 따져볼 수 있습니다. 즉 이번에는 전환선이 언제 하락하느냐에 매도의 타이밍을 맞추어야 하겠지요.

전환선의 방향을 미리 예측하고, 그에 따라 거래하는 방법에 대하여 이야기해 보았습니다. 알고 보면 간단한 내용입니다만 여러분에게 좀더 자세하게 설명하려다보니 어찌 시간이 좀 길어졌습니다.

하지만 시간이 길어졌다고 하여 우리가 배워야 할 것을 덜 배우거나 빼먹고 갈 수는 없겠지요. 기왕 시간이 길어진 것, 이참에 전환선의 기능을 조금만 더 살펴보겠습니다.

앞서 기준선을 살필 때 우리는 기준선이 1) 추세의 기준이 되는 선이며, 2) 주가와 기준선의 관계를 따져 주가가 기준선 위에 있으면 상승세, 주가

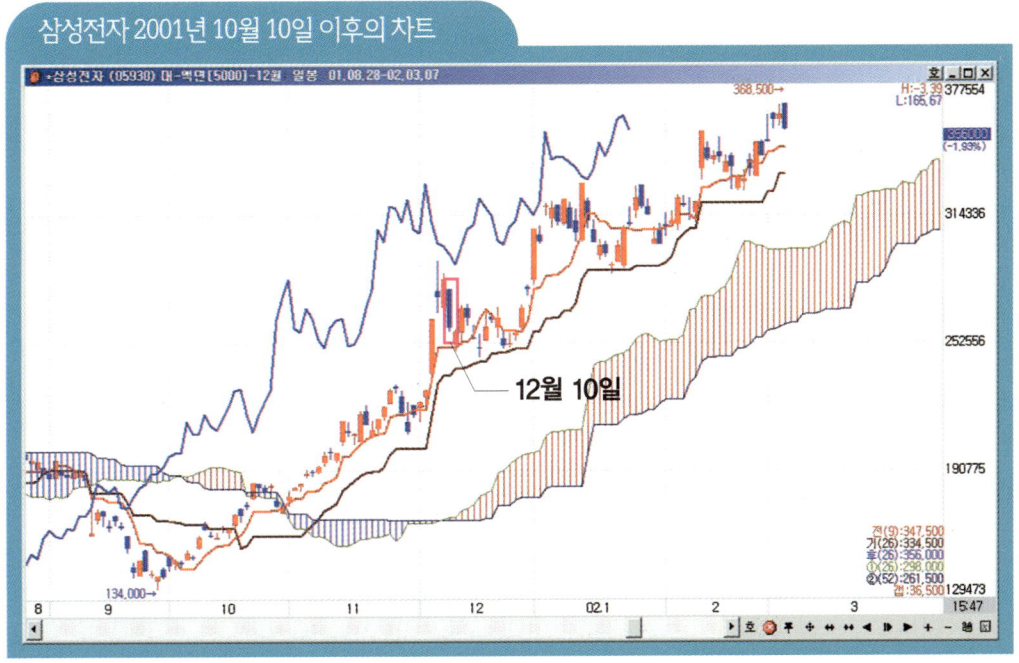

삼성전자 2001년 10월 10일 이후의 차트

실제로 전환선은 이후 예상대로 상승하였고, 그러기에 주가는 더욱 더 상승세를 이어갔습니다. 전환선의 방향을 미리 예측하지 못하였던 사람이라면 삼성전자의 주가가 꽤 올랐다고 판단하여 서둘러 팔아버렸을 공산이 높습니다. 당연히 실패작입니다. 이렇듯 전환선의 방향을 미리 예측하는 일은 대단히 유용합니다.

가 기준선 아래에 있으면 하락추세로 인식하고, 3) 기준선은 지지선이나 저항선으로서의 역할을 한다는 사실을 배웠습니다. 그런데 전환선의 경우에도 기준선과 똑같은 특징이 적용됩니다. 다만 구하는 기간이 차이가 날 뿐입니다.

전환선의 방향으로 추세의 향방을 가늠한다는 것은 이 시간 내내 제가 길게 설명한 것이고, 심지어 추세의 방향을 미리 알아보기 위하여 전환선의 방향을 예비계산하는 방법도 설명하였습니다.

두 번째로 주가와 전환선의 관계는 주가와 기준선의 관계와 같습니다. 주가가 전환선 위에 있으면 상승세, 전환선 아랫쪽이면 추세가 하락세입니다.

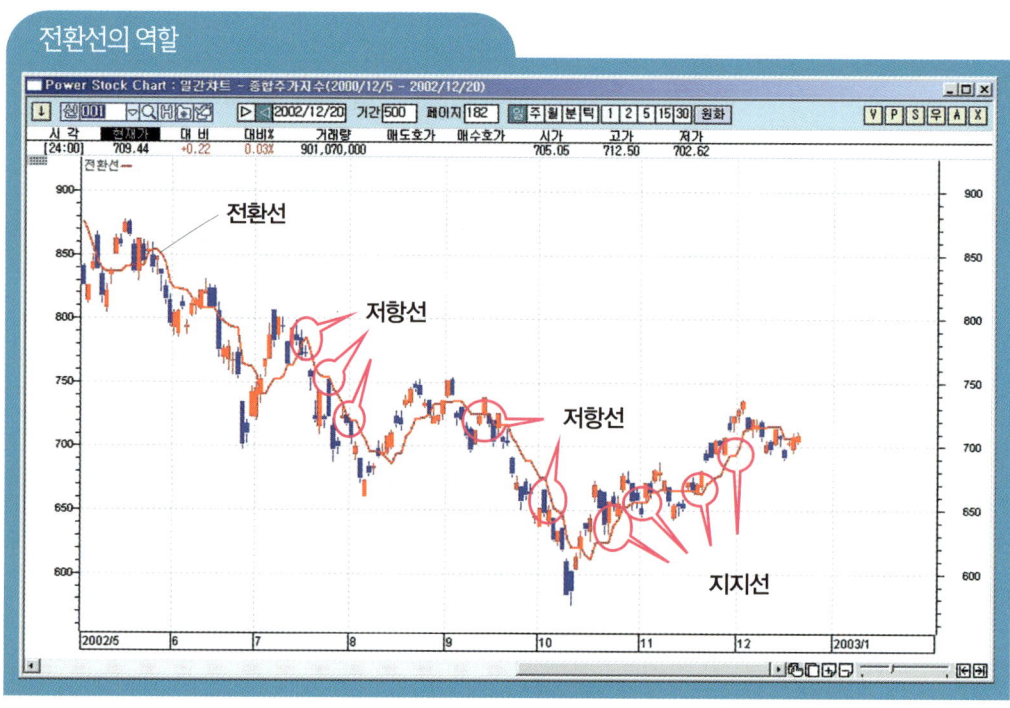

전환선도 훌륭하게 지지선이나 저항선으로서의 역할을 수행합니다.

그런데 기준선의 경우와는 달리 전환선은 비교적 단기간에 구해지는 것이라 주가의 움직임에 예민합니다. 따라서 단순히 주가와 전환선과의 위치를 살펴 추세를 단정하는 데에는 다소 속임수에 빠져들 위험이 있습니다. 신중하라는 말입니다. 그리고 세 번째로, 전환선 역시 지지선이나 저항선의 역할을 수행합니다. 다만 기준선의 경우는 강력한 지지선이나 저항선이지만, 전환선의 경우는 그 강도가 조금 약할 뿐입니다.

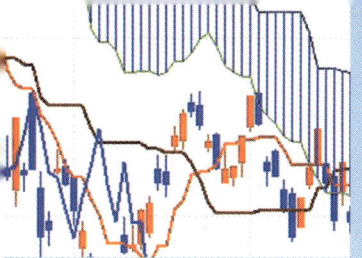

기준선과 전환선의 교차를 이용한 거래기법

앞에서 단순하게 전환선의 방향을 예측하여 거래하는 방법에 대하여 알아보았습니다. 지금은 다른 거래기법을 살펴보도록 하겠습니다. 전환선의 방향을 예측하여 거래하는 방법에 비해서 다소 매매타이밍을 알려주는 시기가 늦은 반면에 그만큼 훨씬 안정적인 기법을 소개하고자 합니다. 이미 우리가 배웠던 기준선을 이용하는 방법입니다.

앞에서 우리가 전환선의 방향으로 추세를 가늠하기 위하여 보았던 그림, 삼성전자의 차트를 자세히 살피면 전환선의 방향이 바뀔 때마다 추세가 바뀐 경우가 대단히 많았습니다. 하지만 전환선의 방향이 바뀌었다고 하여 추세가 무조건적으로, 그리고 반드시 변하였던 것은 아닙니다. 몇몇 경우는 전환선의 방향은 바뀌었으나 추세는 온전하게 바뀌지 않고 일시적인 현상에 그쳐버려 괜스레 전환선의 방향만을 믿고 거래하였다가 높은 값에 사고, 헐 값에 팔아치우는 결과를 낳기도 하였습니다. 이를 기술적 분석용어로는 휩소(whip-saw)라고 합니다. 잘못된 매매신호라는 뜻입니다.

기술적 분석기법에 따른 모든 매매신호가 다 그렇습니다만 다른 것들에 비하여 조금 일찍 매매신호를 나타내는 방법의 경우, 타이밍이 빠르다는 장점은 있지만 반면에 매매신호가 불안정하다는 약점을 가집니다. 그리고 반대로 상당히 안정적인 매매신호를 제시하는 기술적 분석기법은 안정적이라는 장점에 버금가게 신호를 내는 시기가 너무 늦다는 단점이 있습니다. 즉 매매신호가 빠르다는 장점이 있으면 불안정하고, 반대로 안정적이라는 장점이 있으면 매매신호가 늦다는 단점을 가지는 것이 일반적입니다. '세상에 공짜 점심은 없다(There is no free lunch)'라는 속담이 있는데 바로 이를 두고 하는 말일 듯합니다. 어느 한편이 일방적으로 좋고 유리하기만 한 일은 세상에 없습니다. 매매신호의 신속성과 안정성은 서로 반비례(트레이드 오프, trade off) 관계를 가집니다. 신속하면 불안정하고, 안정적이면 늦습니다.

일목균형표의 경우도 마찬가지입니다. 전환선의 방향을 미리 예측하여 거래하는 일이 매우 빠르고 그러기에 얼핏 보기에 막강한 매매 방법인 듯합니다만 이것 역시 단점은 숨길 수 없습니다. 불안정하다는 약점을 가지고 있습니다.

엉뚱한 이야기가 되고 말았는데 다시 본론으로 돌아갑니다. 기준선과 전환선은 모두 중간값입니다. 차이가 있다면 구하는 기간이 기준선의 경우는 26일이고, 전환선은 9일간이라는 것밖에 없습니다. 그런데 지금의 추세가 상승세라고 가정해 봅시다. 추세가 상승세라는 것은 결국 시간이 지날수록 저점과 고점이 차례차례 상승하는 것을 말합니다. 물론 기술적 분석 교과서에서는 상승추세를 저점이 지속적으로 상승하는 것이라고 정의하고 있긴 합니다. 그렇지만 상승추세일 때에는 저점은 물론이거니와 결국 고점도 지속적으로 상승합니다. 그러므로 지금부터 따져 과거 9일간의 짧은 기간 중의 최고치, 최저치의 중간값으로 구해지는 전환선의 값은 마땅히 26일간의 최고, 최저치의 중간값으로 구해지는 기준선에 비하여 커야 합니다. 그건 상식적으로도 알 수 있는 일입니다.

지금의 추세가 상승세라면 최근 9일 동안의 최고치와 최저치가 그보다 먼, 그래서 아직 주가가 덜 오른 상태인 과거 26일간의 최고치와 최저치에 비해서 높을 수밖에 없습니다. 거꾸로 이야기하여 지금이 하락세라면 가까운 과거, 즉 이미 내릴대로 내린 최근 9일간의 주가를 기준으로 계산되는 전환선의 값은 기준선의 값보다 적을 수밖에 없습니다.

따라서 전환선이 기준선보다 위쪽에 있으면(값이 크면) 지금의 추세는 상승세이고, 반대로 전환선이 기준선 아래쪽에 있으면(값이 적으면) 지금의 추세를 하락세라고 판단하여야 합니다.

전환선과 기준선의 위치를 생각하여 전환선이 기준선보다 위에 있으면 상승추세, 반대로 전환선이 기준선 아래에 있으면 하락추세라고 말할 수 있다는 것은 이제 여러분도 이해하셨을 겁니다. 그렇다면 같은 논리로 기준선과 전환선이 서로 그 방향을 바꿀 때가 바로 적절한 매매타이밍이 될 것입니다.

이동평균법을 이용하는 거래(물론 기준선이나 전환선은 이동평균선과는 그 성격이 다릅니다)에서도 단기 이동평균선이 장기 이동평균선을 상향돌파할 때를 골든크로스라고 하여 매수의 신호로 인식하고, 반대로 단기 이동평균선이 장기 이동평균선을 하향돌파할 때, 이를 데드크로스라고 하여 매도의 신호로 인식합니다.

마찬가지로 9일간의 중간값으로 구해지는 전환선은 단기 이동평균선과 유사하고 26일간의 중간값으로 구해지는 기준선은 장기 이동평균선과 유사합니다. 따라서 이동평균법에서 사용되는 기법이 여기서도 적용될 수 있습니다. 기준선과 전환선이 서로 교차할 때가 바로 매매타이밍이 됩니다.

그런데 일목산인은 기준선과 전환선이 서로 교차하는 것에 대하여 설명하기는 하였습니다만 이를 골든크로스 혹은 데드크로스라고 지칭하지는 않았습니다. 다시 한 번 강조합니다만 기준선이나 전환선은 중간값이지 이동평균은 아닙니다. 중간값과 이동평균은 비슷할 수는 있지만 결코 같은 것은 아닙니다. 그런즉 일목균형표를 말하면서 기준선과 전환선이 서로 '골든크로스 되었다'라고 말하는 것은 마치 주간차트를 그려놓고 주목균형표라고 일컫는 것과 같이 무식한 소치입니다. 일목균형표에서는 골든크로스 혹은 데드크로스라는 용어를 사용하지 않습니다. 기준선과 전환선이 서로 '호전되었다' 혹은 '역전되었다' 라고 말합니다.

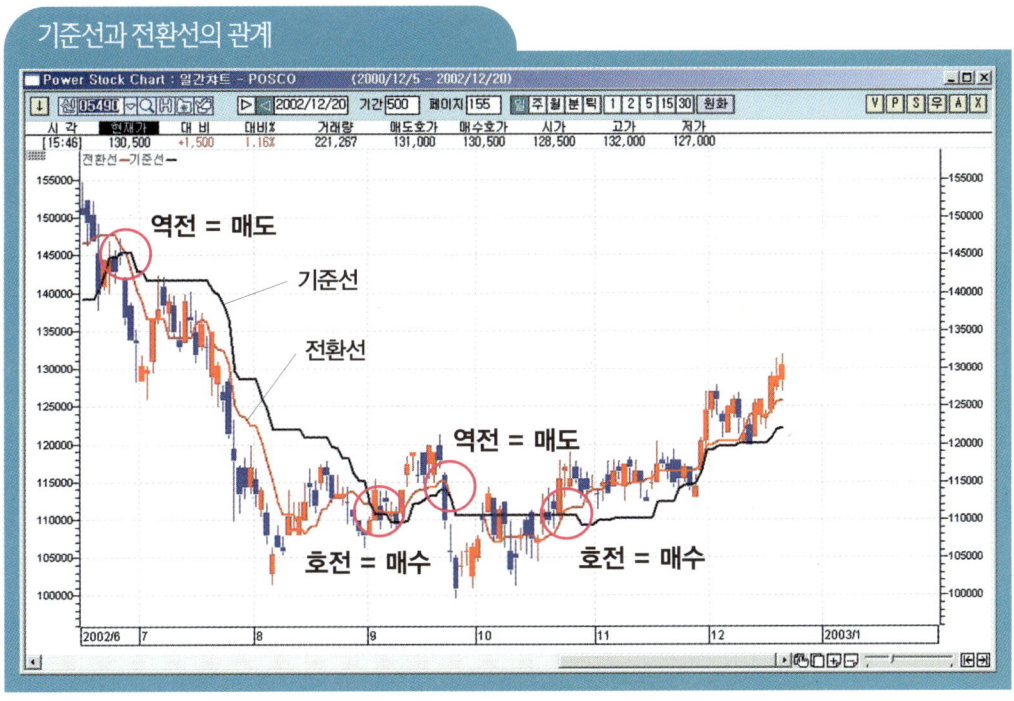

기준선과 전환선이 호전되면 매수신호이고, 기준선과 전환선이 역전되면 매도신호로 인식합니다.

사실 좁은 의미로 말할 때, 기준선과 전환선의 관계가 바로 균형표가 됩니다. 균형표란 결국 시장에서 매수세력과 매도세력간의 세력균형을 보여주는 표입니다. 그것을 통하여 매수세가 강력한지 매도세가 강력한지 알 수 있고 그런즉 동시에 추세의 방향도 예측할 수 있습니다. 의당 기준선을 중심으로 하여 전환선이 위쪽에 위치할 때 균형표는 호전된 상태이며 추세는 상승세가 되는 것입니다. 거꾸로 전환선이 기준선 아래쪽에 위치해 있을 때, 균형표는 역전된 상태이고 추세는 하락세라고 판단하여야 합니다.

사실 여기까지 이해하는 것은 별로 어려운 것이 아닙니다. 기계적으로 기준선과 전환선이 서로 교차하는지 어떤지만 확인하고, 그 결과에 따라 거래하면 되기 때문입니다. 여기에도 약간의 변형 혹은 예외가 존재합니다.

이런 경우는 어떻게 될까요? 우리는 앞서 기준선의 방향이 위쪽으로 향하면 지금의 추세도 상승세, 반대로 기준선의 방향이 아래로 향하면 지금의 추세는 하락세라고 판단해야 한다고 배운 바 있습니다. 그런데 기준선과 전환선이 서로 호전되려면, 즉 매수신호가 나타나려면 기준선과 전환선은 어떻게 되어야 하는지 여러분 한번 생각해보셨는지요?

전환선이 기준선 위쪽으로 올라서기 위하여서는, 첫째 기준선은 상승하지 못하고 그저 수평을 유지하고 있지만 전환선이 상승하여 기준선을 상향돌파하는 경우, 둘째 기준선도 상승하고 전환선도 상승하는데 상승하는 각도에 있어 전환선의 상승각도가 훨씬 더 가팔라 전환선이 기준선을 상향돌파하는 경우, 그리고 셋째 기준선은 하락하지만 반대로 전환선은 상승하여 저절로 전환선이 기준선을 상향돌파하게 되는 경우 – 이렇게 세 가지 경우로 나누어 생각할 수 있습니다.

그런데 처음과 두 번째의 경우는 별 문제가 아닐지라도 마지막 세 번째의 경우, 다시 말하여 기준선은 하락하지만 반대로 전환선은 상승하여 저절로 전환선이 기준선을 상향돌파하게 되는 경우마저도 호전되었다고 간주해야 하는지는 좀 생각해보아야 합니다. 일단 우리가 배우기로는 기준선의 방향이 하락세라면 지금의 추세 역시 하락세라고 판단하는 것이 옳습니다. 그러기에 단순히 기준선과 전환선이 교차하였다는 이유로, 즉 전환선과 기준선이 서로 호전되었다는 이유로 덜컥 매수해서는 자칫 낭패를 보게 될 수도 있습니다. 기준선과 전환선은 서로 교차하였지만 기준선의 방향이 아래로 향하고 있는 한 지금의 추세를 상승세라고 말할 수는 없기 때문입니다.

그러기에 냉정하게, 그리고 엄밀한 의미로 말한다면 기준선과 전환선이

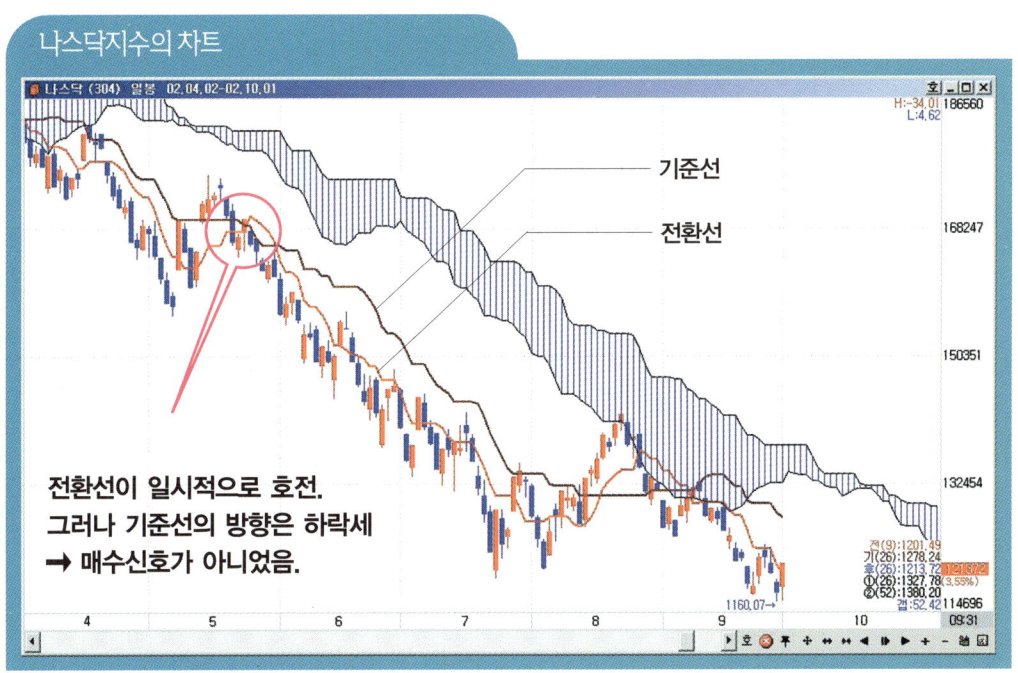

지난 5월 하순에 전환선이 일시적으로 호전되었습니다. 그러나 단순히 호전되었다는 이유로 덜컥 매수하였다면 낭패를 당했을 것입니다. 호전되기는 했지만 기준선의 방향은 당시 여전히 하락세였기에 완벽한 매수신호는 아니었습니다.

서로 호전되어 매수신호를 나타내려면 단순히 전환선이 기준선을 상향돌파하는 것으로는 부족합니다. 거기서 한발 더 나아가 기준선의 방향이 상승세로 바뀔 때가 명실공히 매수신호이고 안정적인 상승세를 예고하는 신호가 됩니다.

현실적으로 따진다면 상당히 많은 경우가 여기에 해당합니다. 즉 기준선은 하락하는데, 전환선이 상승하면서 기준선과 전환선이 저절로 교차하는 예가 많다는 말입니다. 조금 더 느긋할 필요가 있습니다. 물론 기준선과 전환선이 서로 호전되었다면 그것으로도 매수할 이유는 충분합니다만 우리는 지금 조금 늦긴 하지만 그만큼 안정적인 매수신호를 찾고 있습니다. 조금 빠른 매수신호를 얻으려면 굳이 기준선과 전환선이 서로 호전되는 것을 기다릴 필요가 없습니다. 앞에서 살펴보았듯 그저 전환선의 방향만으로도 충분히 매매의 신호는 포착할 수 있습니다.

결국 제가 강조하고자 하는 것은 대체 우리가 무슨 신호를 찾고 있는지 그 목적을 명확하게 하라는 말입니다. 빠른 신호를 얻고자 하면 전환선의 방향을 이용할 것이며, 안정적인 신호를 추구하는 사람이라면 기준선과 전환선이 서로 교차하고, 그런 연후에 기준선의 방향이 상승세로 돌아서는 것까지 확인하여야 할 것입니다.

또한 단순히 기준선과 전환선이 서로 호전되고 또한 기준선의 방향이 상승할지라도 다 끝난 것은 아닙니다. 종종 호전되었다고, 즉 이제는 추세가 확연하게 상승세이고, 매수하여도 될 것이라고 생각하고 있다가 추세가 급격하게 하락세로 바뀌어 낭패를 당하는 경우도 있습니다. 지속적으로 추세가 안정적인 상승세를 유지하려면 앞서 설명하였듯 기준선의 방향이 위쪽으로 향해야 합니다. 또 호전된 이후에는 반드시 종가가 기준선을 하회하면 안 됩니다.

왜 그런 조건이 필요한지 잠시 생각해 봅시다. 앞에서 기준선을 설명할 때, 우리는 기준선이 추세의 기준이 되는 곡선이며 동시에 지지선 혹은 저항선으로서의 역할을 수행한다는 사실을 살핀 바 있습니다. 물론 추세가 상승세일 때 기준선은 지지선의 역할을 하게 됩니다. 따라서 지금의 추세가 상승세이려면, 즉 전환선이 호전되어 매수신호가 나타나고 그것이 유지되려면, 최소한 지지선으로서의 역할을 하는 기준선이 제 역할을 하고 있어야 합니다. 기준선 이하로 주가가 밀린다면 곤란한 일입니다. 만일 종가가 기

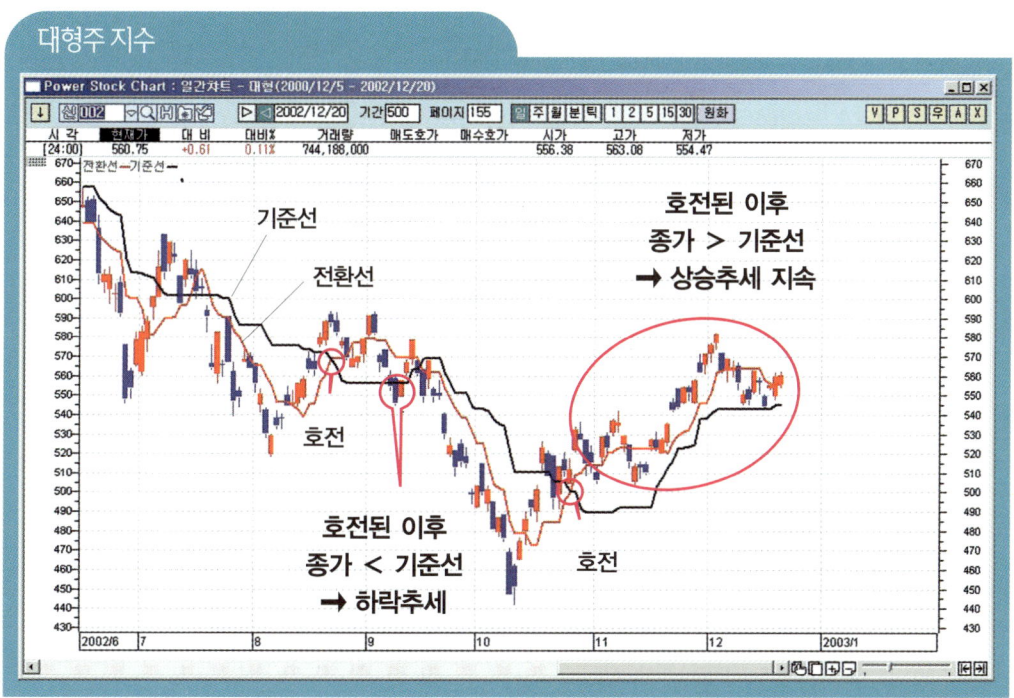

지난 8월 중순, 호전된 바 있습니다. 그런데 9월 초 급락하면서 종가가 기준선을 하회하는 결과가 초래되었습니다. 이후 약간의 반등이 있었으나 결국 역전되는 일이 뒤따랐고, 주가는 주루룩 밀린 것을 알 수 있습니다. 호전된 이후에는 반드시 종가가 기준선 위에 위치해야 합니다. 반면 10월 하순에 호전된 이후에는 종가가 기준선 위에 항시 머무르고 있고, 그러기에 상승추세는 지속되고 있음을 발견할 수 있습니다.

준선 아래로 내려섰다는 것은 지지선으로서의 기준선이 가지는 역할이 무너졌다는 뜻이며 결국 지금의 추세가 상승세라는 사실이 뿌리에서부터 흔들리는 결과가 됩니다.

따라서 호전되었을 때는 반드시 종가가 기준선 위에 위치하여야지 기준선 아래로 내려서면 안 됩니다.

이제까지 우리는 설명의 편의를 위하여 매수신호가 나타나는 경우만을 살펴보았습니다. 하지만 매도신호의 경우에 이런 신호들이 적용되지 않는 것은 물론 아닙니다. 이제까지 설명한 것을 거꾸로 뒤집으면 매도신호가 됩니다. 즉 전환선이 기준선을 하회할 때를 역전이라고 일컬어 매도신호로 인식합니다. 또한 단순하게 전환선이 기준선을 하회하는 것에서 더 나아가 기준선의 방향이 하락하여야 엄밀한 의미에서의 역전이라고 말할 수 있습니다. 또한 매도신호를 지속적으로 유지하려면 역전된 이후 종가는 기준선을 상회하여 결정되어서는 안 됩니다.

지금까지 우리가 배운 것을 요약해 봅시다. 단순히 기준선과 전환선이 서로 교차한 것을 호전 혹은 역전이라고 말하지만 안정적인 매수, 매도신호로서 인식되려면 거기에다 약간의 조건이 필요하다고 배웠습니다. 그 조건은 첫째, 기준선의 방향이 매매신호를 내는 방향과 일치하여야 하고(예를 들어 매수신호이려면 기준선이 상승해야 하고 반대로 매도신호이려면 기준선의 방향이 하락해야 합니다), 둘째, 종가와 기준선과의 관계에 있어서 기준선이 지지선이나 저항선의 역할을 충실하게 수행하여야 한다는 점입니다. 예를 들어 매수신호가 발생된 이후에는 반드시 종가가 기준선 아래로 내려서서는 안 되며, 반대의 경우 매도신호가 발생한다면 종가는 반드시 기준선 위로 올라서서는 안 됩니다.

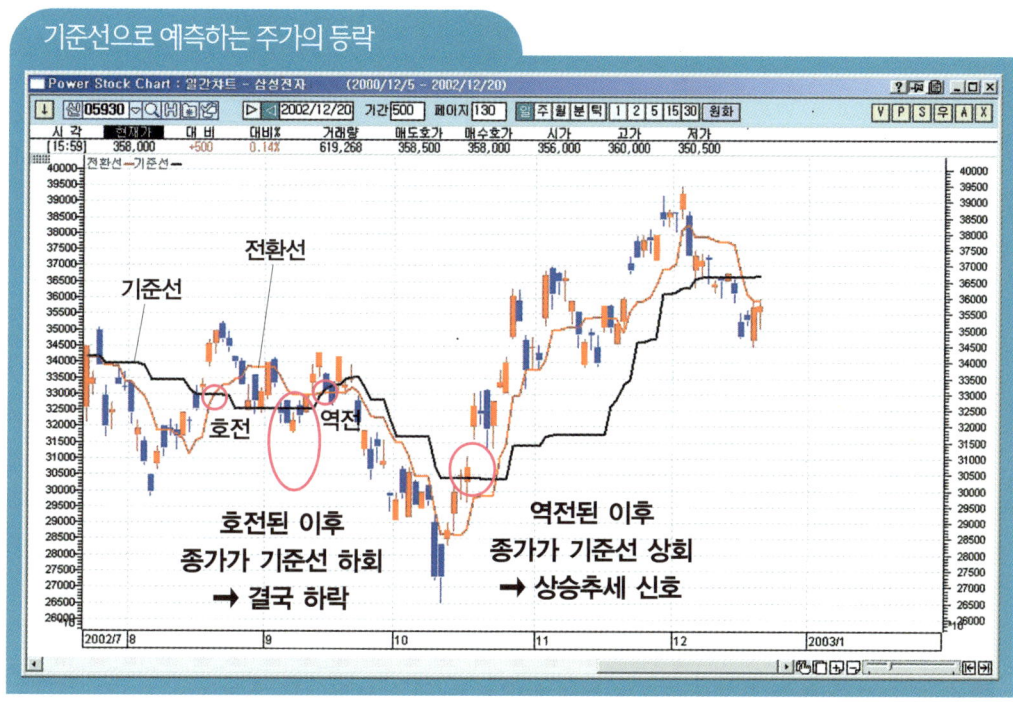

호전된 이후 종가가 기준선을 하회하면 안 되는 이치처럼 역전된 이후 종가가 기준선을 상회하면 안 됩니다. 삼성전자의 경우 역전된 이후 종가가 기준선을 상회하였는데 그것을 매수신호로 간주하여도 됩니다. 물론 그 이후 호전되면서 매수신호를 재확인하였습니다. 또한 그 이후 호전되고 나서 종가가 먼저 기준선을 하회하면서 매도신호를 만들고 있습니다.

3rd CLASS

스팬(Span)

스팬은 엄지와 새끼 손가락을 벌린 정도의 거리,
또는 다리나 아치의 기둥과 기둥 사이의 거리입니다.
즉 스팬은 일정한 거리이며 시간입니다.

SMALL TALK

S·M·A·L·L T·A·L·K

이·유·있·는·한·마·디

　최근 인간의 행동을 근간으로 그것을 통해 주식시장을 분석하려는 움직임이 나타나고 있습니다. 주식투자는 심리전쟁이라는 말은 일찌감치 나돌기도 하였습니다만 이처럼 인간의 심리가 주식시장에 미치는 영향에 대하여 학문적으로 연구하게 된 것은 최근의 일입니다. 행동재무학(Behavioral finance)이라고 명명되는 새로운 학문은 이를테면 경제학과 심리학을 혼합한 형태가 됩니다. 리차드 탈러(Richard Thaler) 교수를 중심으로 하는 시카고 대학이 행동재무학 연구에 두각을 드러내고 있습니다.

　행동재무학은 심리학 이론을 적용하여 시장의 비효율성을 설명하는 방법입니다. 사람들이 바로 자신의 돈이 걸려 있는 문제이면서도 종종 바보 같은 실수를 저지르거나 혹은 비논리적인 생각에 빠져든다는 사실을 확인하고, 탈러 교수를 포함한 여러 학자들은 사람들의 비합리적인 행동을 설명하기 위하여 심리학에 접근해 탐구해 나갔습니다. 그들의 연구결과 매우 유익한 사실을 알아낼 수 있었습니다.

　사람들이 잘못 판단하는 것은 대부분 너무 과신하였기 때문이라는 사실이 밝혀졌습니다. 사람들이 얼마나 과신하고 있는지에 대한 사례는 이루 헤아릴 수 없습니다. 예컨대 다수의 사람들로 구성된 표본을 대상으로 스스로의 운전실력이 평균 이상이라고 생각하는 사람이 얼마나 되는지 조사해 보았더니, 거의 절대다수가 스스로의 운전실력이 뛰어난 수준이라고 생각하고 있었다고 합니다. 그러면 대체 서투른 운전자는 누구일까요? 또 다른 사례도 있습니다. 의사들은 스스로 폐렴을 90퍼센트의 정확도로 진단할 수 있다고 말하고 있습니다. 하지만 통계에 따르면 의사들이 폐렴을 정확하게 진단한 것은 50퍼센트에 불과합니다.

냉정하게 말해 자신감 자체가 나쁜 것은 아닙니다. 그러나 특히 돈이 걸려 있는 문제에서 과신하는 것은 치명적인 결과로 이어지는 경우가 많습니다. 투자자들은 자신만은 다른 사람들에 비하여 똑똑하고, 또 수익을 낼 수 있는 주식을 잘 고를 수 있다고 믿습니다. 자신만은 예외적인 존재가 될 것이라고 생각합니다. 하지만 과연 그렇던가요?

사람들은 자신이 가지고 있는 지식이나 경험을 과대 평가하는 경향이 많습니다. 그들은 자신이 믿고자 하는 바를 확인해주는 정보에는 의존하지만 자신이 믿고자 하는 것과 정반대의 정보는 대체로 무시해 버립니다. 결국 과신은 수많은 투자자들이 손해를 입는 이유인 것입니다. 사람들은 자신이 믿는 정보를 너무 과신하고 있으며 또 자신들이야말로 옳다고 믿어 의심치 않습니다. 하지만 바로 그것에서부터 문제가 발생합니다. 근본적으로 정보가 틀리다면, 그리고 자신이 옳다고 믿어 의심치 않는 것이 그릇된 것으로 밝혀진다면 결과는 참담할 수밖에 없습니다.

잔소리처럼 들리겠습니다만 제가 말하고자 하는 것은, 즉 한 번쯤은 내가 생각하고 믿고 있는 것이 혹시 틀릴지 모른다는 생각을 해보시라는 이야기입니다. 이처럼 유연한 사고방식을 가진다면 성공할 확률이 훨씬 큽니다. 그런데 너무 확신에 찬 나머지 심지어 시장이 틀렸고 내가 옳다고 주장하는 사람도 있습니다. 그건 어리석은 생각입니다. 시장이 틀렸다고 주장하면 기분이 좋을지는 몰라도 거래에서는 손해를 볼 수밖에 없습니다. 우리는 싫건 좋건 시장에서 거래할 수밖에 없는 운명이므로 틀린 시장일지라도 맞상대하여야만 합니다.

스팬이란?

일목산인은 일목균형표에서 스팬(span)이라는 독특한 개념을 도입하고 있습니다. 우리는 앞서 기준선, 전환선에 대하여 살펴보았습니다만 그에 못지않게 일목균형표에는 선행스팬, 후행스팬이라는 요소도 존재합니다. 특히 일목산인은 스스로 스팬이란 단어에 대하여 잘 선택하였다고 만족하고 있기도 합니다. 스팬은 엄지와 새끼 손가락을 벌린 정도의 거리(한 뼘의 뜻)이며, 또한 다리나 아치 등에 있어서 기둥과 기둥 사이의 거리라고도 일목산인은 말하고 있습니다. 즉 스팬이란 일정한 거리, 시간을 뜻합니다. 그는 스페이스(space)라는 단어를 사용하기도 하였으나 결국 스팬이라는 단어가 그의 생각을 가장 잘 표현하고 있다고 판단, 최종적으로 선택하게 되었습니다.

그는 스팬에 대하여 모두 5가지의 관점에서 설명하고 있습니다.

첫 번째의 스팬은 매일 매일의 시세에서 나타나는 것입니다. 예를 들어 어느 날 주가가 1,000원 올랐다고 합시다. 그리고 또 며칠 뒤에 1,000원이 상승하였다면 처음의 1,000원 상승과 두 번째의 1,000원 상승 사이에 시간상으로 일정한 간격, 즉 스팬이 존재하게 됩니다. 일목산인은 두 번째 나타나는 주가상승이 첫 번째의 상승과 연관이 있다고 생각하였습니다. 처음의 상승과 두 번째의 상승 사이에 5일이건 7일이건 혹은 13일, 17일 등 며칠이 걸려도 상관없지만 결국 처음의 상승과 두 번째의 상승세간의 스팬, 즉 주가의 힘과 습성을 보고 정확한 변동폭을 예측할 수 있습니다.

두 번째의 스팬은 선행스팬입니다. 선행스팬1은 당일 만들어지는 기준선과 전환선의 중간값을 오늘로부터 26일 앞에다(선행) 표시하는 것이고, 선행스팬2는 오늘로부터 과거 52일간의 최고치와 최저치의 중간값인데 이것 역시 당일자에 표시하는 것이 아니라 오늘로부터 26일 앞에다(선행) 표시하게 됩니다. 결국 지금이 아닌 앞으로 26일후, 이미 만들어져 있는 선행스팬과 실제로 그날이 되었을 때의 주가와의 관계에서 스팬의 영향력을 발견할 수 있습니다.

세 번째의 스팬은 후행스팬입니다. 선행스팬을 당일보다 26일 앞으로 선행하여 그려둔다면 후행스팬은 당일보다 26일 과거로 거슬러가서, 즉 후행하여 표시합니다. 일목산인은 다른 모든 스팬 중에서 후행스팬이 가장 중요하다고까지 말하고 있습니다. 일목균형표 중에서 무엇 하나라도 중요하지 않은 것이 없고 특히 그 전체적인 것들이 모두 중요하지만 만약 그 대부분을 알지 못하여도 반드시 후행스팬만은 결코 잊어버리지 말라고 당부하고 있습니다. 후행스팬을 이용하여 시세의 큰 변화, 특히 큰 상승이나 큰 하락의 순간을 정확히 알아챌 수 있습니다.

네 번째의 스팬은 시세의 등락 그 자체에 있습니다. 일정한 기간, 즉 예를 들어 5, 9, 13, 17, 26 등의 기본수치에다 33, 42 등과 같은 복합수치(기본수치와 복합수치가 무엇인지, 무슨 의미를 가지는지 등에 대하여서는 나중에 시간론에서 자세히 다룰 예정입니다)를 반복하면서 주가는 오르고 혹은 내리기도 합니다. 예컨대 상승한 지 5일째 되는 날부터 하락하기 시작하였다면 5일간이 스팬, 즉 일정한 기간이 됩니다. 이때 일목산인은 당일로부터 5일째 혹은 9일, 13일, 17일, 26일 등에 해당되는 날에 미리 표시를 해두면 정작 그때가 되었을 때 주가가 어떻게 바뀌는지 관찰하면 시세의 변화를 알 수 있다고 말하고 있습니다.

마지막 다섯 번째의 스팬은 앞서 설명한 모든 것의 종합편입니다. 구체적으로 말하여 등락의 가격폭과 시간과의 관계인데, 일목균형표에서 강조하는 변화일과 파동론을 잘 이해하면 알 수 있습니다.

다소간 두루뭉실하게 설명하였기에 다시 한 번 똑 부러지는 말로 요약하겠습니다. 첫 번째의 스팬은 주가의 움직임간에는 일정한 간격이 있다는 뜻으로 이해되고, 두 번째 스팬은 선행스팬 바로 그 자체를 설명한 것이니 알아듣는 데 별 문제가 없습니다. 그리고 세 번째 스팬은 일목산인이 강조하기도 하였으며 실제로도 역시 대단히 유용한 후행스팬을 일컫습니다. 네 번째 스팬은 시간론에서의 기본수치, 복합수치 그리고 변화일과 관련되는 일입니다. 그리고 마지막으로 다섯 번째 스팬이라는 것은 결국 변화일과 가격폭과의 관계를 종합적으로 판단하는 것이라고 설명할 수 있습니다.

그러면 이제 일목균형표를 구성하는 요소로서 후행스팬과 선행스팬을 알아보고 그것들을 이용하여 거래하는 방법도 다루고자 합니다.

일목산인은 불교신자였습니다. 그러기에 불교사상이 은연중에 일목균형표에 녹아 있습니다. 심지어 일목균형표의 원전에는 불경이 실려 있기도 합니다. 사실 저는 불교에 대하여 잘 모릅니다만 불교사상에 의하면 전생과 현세, 그리고 내세가 서로 밀접하게 관련이 있다고 합니다. 그걸 윤회사상이라고 하지요. 전생에 쌓은 업보가 현생에 영향을 미치고, 현세에 덕을 쌓아야 내세에 가서도 잘 산다고 불교에서는 말하고 있습니다. 이런 불교사상이 선행스팬이나 후행스팬에서도 고스란히 녹아 있습니다. 심지어 일목산인은 다른 사람들이 자신이 쓴 일목균형표를 잘못 이해하고 사용하는 통에 손해를 입게 되면 그 화가 자신에게 미칠 것을 우려하였습니다. 그래서 일목산인은 일목균형표 원전의 군데군데마다 '일목균형표를 철저하게 연구하라, 100번 이상씩 읽으라, 완전하게 이해할 수 있도록 공부하라'는 식으로 당부하고 있기도 합니다.

 이야기가 다소 빗나갔습니다만 하여간 불교사상이니 뭐니 하여도 사실 우리가 일목균형표를 공부하는 것은 뭐 학교에서처럼 이론적이거나 혹은 학문적인 목적에서 비롯되지 않습니다. 일목균형표를 요모조모 심도 있게 알고자 하는 목적은 결국 일목균형표를 이용하여 '언제 사고, 언제 파느냐'를 판단하는 데 있습니다.

8

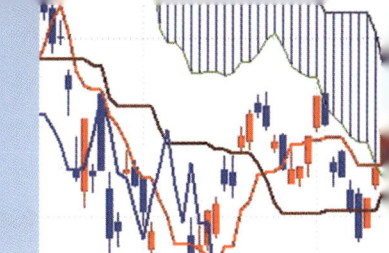

선행스팬

선행스팬에는 선행스팬1과 선행스팬2의 두 가지가 있습니다. 선행스팬1은 당일의 기준선과 전환선의 중간값으로 구해지며 선행스팬2의 경우는 당일을 포함하여 과거 52일간의 최고, 최저치의 중간값으로 계산된다는 것은 앞에서 일목균형표의 각 요소들을 설명하면서 이미 밝힌 바 있습니다.

$$선행스팬1 = \frac{(오늘의\ 전환선) + (오늘의\ 기준선)}{2}$$

$$선행스팬2 = \frac{(과거\ 52일동안의\ 최고치) + (과거\ 52일동안의\ 최저치)}{2}$$

그런데 여기서는 단순히 구하는 법이 아니라 선행스팬1, 선행스팬2가 각각 무슨 의미를 가지는지에 대하여 깊이 있게 다루고자 합니다.

첫 번째로 선행스팬이 그려지는 위치부터 알아보십시다. 통상적으로 우리에게 익숙한 서양식 차트는 그날 그날의 주가움직임으로 무언가 기술적 지표들 – 예를 들어 RSI이거나 혹은 stochastics – 을 산출합니다. 그리고는 그것을 그날자에 표시합니다. 하지만 일목균형표에 있어 선행스팬은 당일 당일의 주가움직임 – 예컨대 선행스팬1의 경우 기준선과 전환선의 중간값 – 으로 구해집니다만 그것을 당일자에 표시하지 않습니다. 여기에 일목균형표의 묘미가 있고, 그런즉 일목균형표를 처음 대하는 사람에게 익숙해 보이지 않는 것입니다.

선행스팬은 당일이 아니라 앞쪽으로, 즉 선행하여 표시합니다. 나중에 나올 후행스팬의 경우는 당일이 아니라 뒤쪽으로, 즉 후행하여 표시합니다. 일목균형표에서 자주 사용되는 스팬은 결국 26일을 뜻하는데, 선행스팬은 오늘로부터 따져 26일째 앞에 표시합니다.

예컨대 오늘의 기준선과 전환선의 중간값을 구하여 선행스팬1을 계산할 수 있습니다. 그런데 그 값을 오늘자에 표시하는 것이 아니라 26일 앞에 표시하는 것입니다. 특히 주의할 일은 당일을 포함하여 26일째라는 점입니다. 또한 선행스팬2의 경우도 마찬가지입니다. 당일부터 과거 52일간의 최고치, 최저치의 중간값을 구하고, 그렇게 구해진 값을 선행스팬2라고 칭합니다. 그런데, 선행스팬2는 역시 당일이 아니라 앞으로 26일째 되는 날에다 표시합니다.

그러고보면 일목균형표에서 우리는 그날 그날 선행스팬1과 선행스팬2를 만나게 되지만 사실은 선행스팬들이 당일의 주가움직임으로 만들어진 것이 아닙니다. 그것들은 과거 26일전에 만들어져서, 그때로부터 26일앞에다 미리 표시되어 있던 것인데, 그 선행스팬1과 선행스팬2를 지금에야 만나게 되는 것입니다. 나중에 설명하겠습니다만 선행스팬1과 선행스팬2의 사이에다 빗금을 치고 구름대라고 말합니다. 그리고 구름대는 저항선이나 지지선으로 작용하는 등 상당히 중요한 의미를 가집니다. 다시 말하여 오늘의 주가와, 선행스팬1, 2로 구성되는 구름대와의 관계를 따지는 것이 대단히 중요한 일로 다가옵니다.

하지만 앞에서 이야기하였듯 당일당일 만나는 구름대는 그날의 주가움직임이 아니라 과거 26일전에 미리 만들어져 있던 것입니다. 일목균형표에서는 과거의 주가(즉 구름대로 만들어진)가 현재의 주가에 영향을 미치는 것입니다. 물론 오늘의 주가움직임으로 만들어진 선행스팬1과 선행스팬2는 앞으로 26일후에 또한 당시의 주가에 영향을 미칩니다.

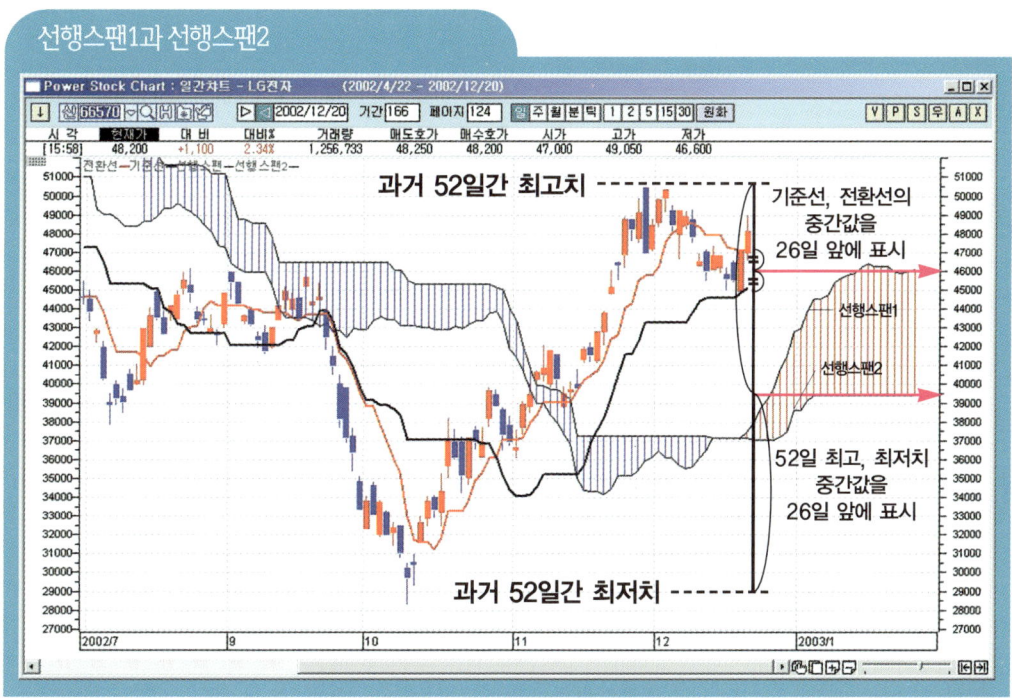

선행스팬1은 당일의 기준선과 전환선의 중간값을, 26일 앞에 선행하여 표시합니다. 그리고 선행스팬2는 과거 52일간 최고, 최저치의 중간값을 역시 26일 앞에 선행하여 표시합니다.

두 번째로 선행스팬1과 선행스팬2의 의미에 대하여 생각해봅니다.

이 책은 수학책이 아닙니다. 하지만 아주 간단한 수학(따지고 보면 굳이 수학이라고 거창하게 이야기할 것도 아닙니다. 초등학교 산수 실력만으로도 충분합니다) 문제를 하나 풀어보도록 합시다. 우리는 선행스팬1을 기준선과 전환선의 중간값이라고 하였는데, 이를 주가의 형식으로 풀어쓴다면 어떻게 될까요? 기준선은 과거 26일 동안의 최고치와 최저치의 중간값, 그리고 전환선은 과거 9일 동안의 최고치와 최저치의 중간값입니다. 따라서 선행스팬1을 풀어쓴다면;

선행스팬1 = [{(과거 26일 동안의 최고치)+(과거 26일 동안의 최저치)}/2 + {(과거 9일 동안의 최고치)+(과거 9일 동안의 최저치)}/2]/2

= (과거 26일 동안의 최고치)/4 + (과거 26일 동안의 최저치)/4 + (과거 9일 동안의 최고치)/4 + (과거 9일 동안의 최저치)/4

이렇게 됩니다.

다소 복잡하게 보일지 모르겠으나 그렇지도 않습니다. 풀어쓴 공식에서 알 수 있듯이 선행스팬1을 계산하는 데 과거 26일 동안의 최고치와 최저치 그리고 과거 9일 동안의 최고치와 최저치가 각각 1/4씩 영향을 미칩니다.

그런데 선행스팬2의 경우는 단순하게 과거 52일 동안의 최고치와 최저치의 중간값으로 구해집니다. 결국 선행스팬1과 선행스팬2를 서로 풀어서 살펴보면 확연하게 선행스팬1을 구하는 데 사용되는 기간이 선행스팬2를 구하는 데 사용되는 기간에 비하여 짧다는 것을 알 수 있습니다.

제가 강조하는 것은 선행스팬1은 길어야 26일간의 범위에 들어가는 최고치, 최저치로 구해진다는 것, 반면 선행스팬2는 52일간의 범위에 들어가는 최고, 최저치의 중간값이라는 점입니다. 그런즉 선행스팬1과 선행스팬2를 구하는 기간으로 따져볼 때, 선행스팬1은 단기간의 중간값, 그리고 선행스팬2는 최소한 선행스팬1의 기간보다는 길게 나타나는 중, 장기간의 중간값이 됩니다.

앞서 우리는 전환선의 위치가 기준선의 위치보다 높은 곳에 있을 때 추세를 상승추세라고 말하였습니다. 왜냐하면 전환선은 9일간의 중간값이고 기준선은 26일간의 중간값이므로 상승추세일 때에는 가장 최근, 즉 과거 9일간의 중간값이 높을 수밖에 없기 때문입니다. 같은 논리를 선행스팬1과 선행스팬2에도 적용할 수 있습니다. 제가 간단한 공식을 길고도 복잡하게 풀어 쓴 이유가 바로 여기에 있습니다. 선행스팬1을 구하는 기간은 짧고, 선행스팬2를 구하는 기간은 길다는 것이 확인되었습니다. 그런데 전환선을 구하는 기간은 짧고, 기준선을 구하는 기간은 깁니다.

따라서, 앞서 설명한 기준선과 전환선의 관계에서처럼 선행스팬1의 위치가 선행스팬2보다 높은 곳에 있을 때 추세는 상승세라고 말할 수 있습니다. 거꾸로 말하여 선행스팬1의 위치가 선행스팬2보다 낮을 경우, 추세는 하락세라고 판단할 수 있습니다.

일목균형표에서 중간값을 사용하는 것은 결국 그것이 균형을 의미하기 때문입니다. 전환선은 단기적으로 매수세와 매도세간의 균형점을 의미하며 기준선은 중기적으로 매수세와 매도세간의 균형점을 의미하게 됩니다. 같은 논리로 선행스팬1과 선행스팬2 역시 각각 매수세와 매도세간의 균형점을 의미한다고 말할 수 있습니다. 앞에서 우리는 기준선과 전환선이 추세를 가늠하는 지표가 되는 동시에 각각 지지선으로 작용하거나 혹은 저항선으로 작용한다는 사실을 살펴본 바 있습니다. 마찬가지로 선행스팬1이나 선행스팬2도 각각 지지선이나 저항선으로 작용하게 됩니다. 특히 선행스팬1과 선행스팬2가 지지선이나 저항선으로 작용한다는 것은 대단히 중요한 사항이니 반드시 기억해둘 필요가 있습니다.

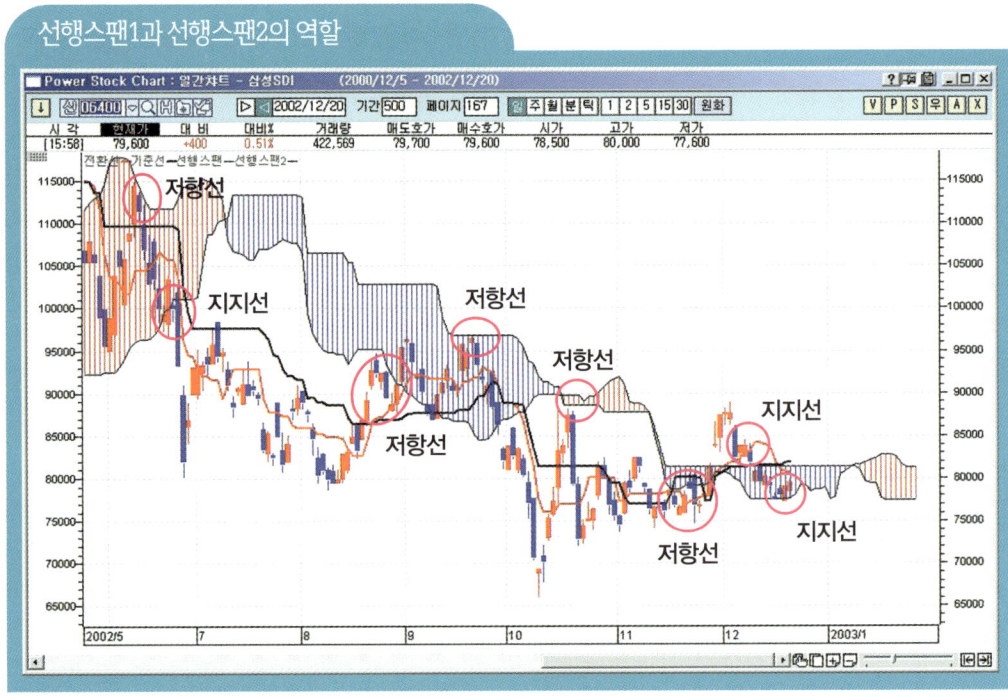

선행스팬1과 선행스팬2는 각각 지지선이나 저항선으로 작용합니다.

 세 번째로 선행스팬1과 선행스팬2로 둘러싸인 구간에 빗금을 치고 이를 구름대라고 표현합니다. 선행스팬1과 선행스팬2가 각각 지지선이나 저항선의 역할을 하는 만큼 구름대도 지지선이나 저항선의 역할을 한다는 것은 당연한 이야기입니다. 그리고 앞에서 살펴보았듯 선행스팬1은 단기간의 중간값이고 선행스팬2는 중, 장기간의 중간값이 되며 그러기에 선행스팬1의 위치가 선행스팬2보다 위에 있을 때 상승추세라고 말합니다. 따라서 선행스팬1이 선행스팬2보다 위에 있을 때, 그 구름대를 양운(陽雲)이라 하고, 선행스팬1이 선행스팬2보다 아래에 있을 때, 이를 음운(陰雲)이라고 합니다.

구름대의 역할

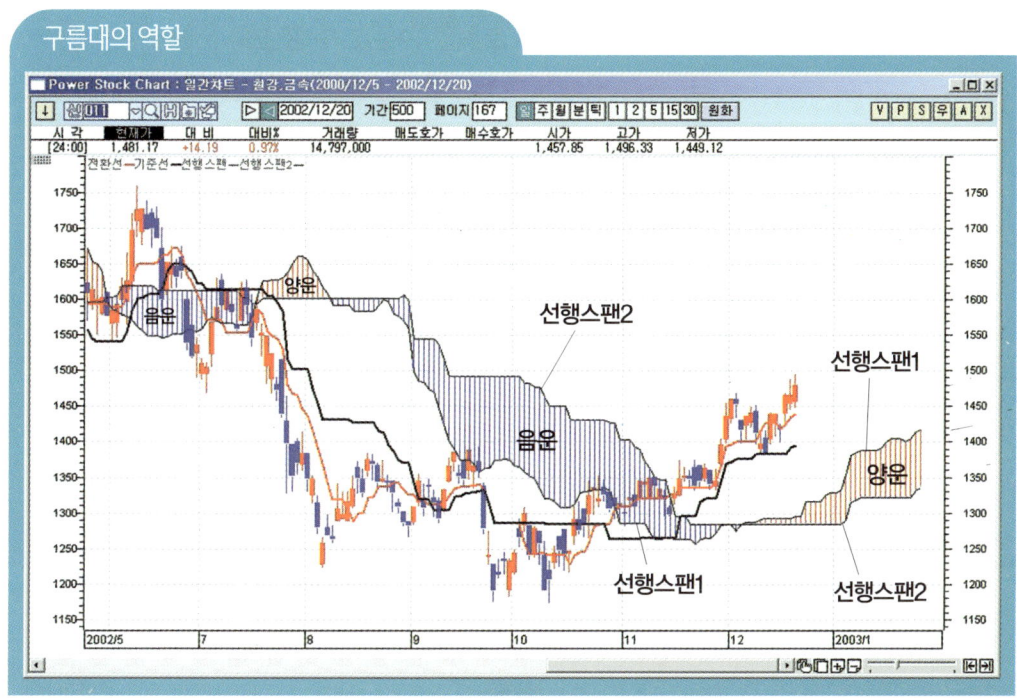

선행스팬1의 위치가 선행스팬2보다 위쪽에 있을 때를 양운이라 하며, 반대로 선행스팬1이 선행스팬2보다 아래에 있을 때를 음운이라고 합니다. 그러나 양운이건 음운이건 구름대의 색깔은 그리 중요하지 않습니다.

그러나 구름대의 색깔이 양운이냐, 음운냐는 그리 큰 의미가 아닙니다. 그것보다 오히려 더 중요하게 여겨야 하는 것은 구름대가 지지선이나 저항선으로 작용한다는 점과 구름대의 색이 양운에서 음운으로 바뀔 때가 바로 추세가 전환되는 시기이라는 사실입니다. 그 외에도 구름대의 기능이나 역할에 대하여서 살펴볼 것들이 많습니다. 다음 시간에 다루겠습니다.

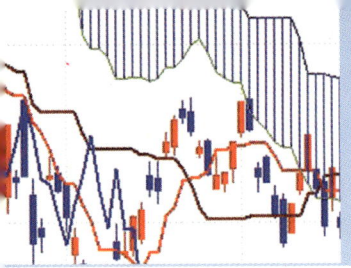

지지선이나 저항선으로서의 구름대

 일목균형표를 구성하는 각 요소들은 한결같이 중간값(나중에 설명할 후행스팬만이 유일하게 중간값이 아닙니다)입니다. 중간값(median)은 평균(average)을 구하는 방법과는 서로 다릅니다. 그런데 그 성격은 서로 엇비슷합니다. 평균이건 중간값이건 모두 어떤 표본을 대표하는 대표값이라는 점에서는 공통점을 가집니다. 서로 똑같지는 않지만, 엇비슷한 성격을 가지고 있기에 이동평균선을 해석하는 방법을 기준선, 전환선 혹은 선행스팬1, 선행스팬2 등을 해석하는 데 원용할 수 있으리라 생각됩니다.

 통상적으로 추세가 안정적인 상승세로 접어들 때면 이동평균선들이 기간별로 일정하게 순서를 가지고 늘어서게 됩니다. 이를테면 단기 이동평균선이 가장 위쪽에 위치하게 되고, 바로 그 아래쪽에 중기 이동평균선이, 그리고 장기 이동평균선이 가장 아래쪽에 위치하게 됩니다. 이는 이동평균선을 구하는 기간과 밀접한 관계가 있습니다. 지금의 추세가 상승세라면 가장 최근의 주가가 항상 비쌀 것이고 반대로 가장 오래된 과거의 주가가 가장 쌀 것임은 익히 알 수 있는 일입니다. 그러기에 이동평균을 구하는 기간이 최근일수록(단기일수록) 이동평균의 값이 높을 수밖에 없습니다. 결국 단기이동평균선 〉 중기이동평균선 〉 장기이동평균선의 순으로 배열되게 됩니다. 이런 배열을 정배열이라고 칭합니다. 물론 주가는 단기 이동평균선보다 더 위쪽에 위치하게 됩니다.

반대로 전반적인 추세가 하락세라면 가장 최근의 주가를 토대로 만들어지는 단기 이동평균선의 값이 가장 낮을 수밖에 없습니다. 물론 장기 이동평균선은 하락해 있는 현재의 주가 영향을 그래도 덜 받았습니다. 그러므로 이동평균선의 배열을 살피면 가장 위쪽으로 장기 이동평균선이 위치하고 그 아래로 중기 이동평균선이, 그리고 그 아래로 단기 이동평균선이 위치하게 됩니다. 현재의 주가가 맨 아래쪽에 위치하게 된다는 것은 역시 당연한 이야기입니다. 그리고 이를 이동평균선의 역배열이라고 지칭합니다.

일목균형표로 되돌아와서 생각해봅시다. 구하는 기간으로 말한다면 가장 단기간으로 구해지는 것이 전환선입니다. 아시다시피 전환선은 과거 9일 동안의 최고, 최저치의 중간값입니다. 그 다음으로는 기준선, 그리고 선행스팬1, 선행스팬2의 순서입니다. 따라서 앞선 이동평균선의 예에서처럼 현재의 추세가 상승세이고 그것이 안정적일 경우, 일목균형표에서의 배열은 가장 위쪽으로 주가가 위치하게 되고 그 아래로 각각 전환선 〉 기준선 〉 선행스팬1 〉 선행스팬2의 순서가 됩니다. 이때 전환선이 기준선보다 위쪽에 위치하게 되는 것을 호전이라고 말한 바 있으며 동시에 선행스팬1이 선행스팬2보다 위쪽에 위치하게 될 때, 만들어지는 구름대를 양운이라고 말한다는 것도 역시 앞에서 다룬 바 있습니다. 또 현재의 추세가 하락세라면 일목균형표에서의 배열은 상승세일 때와는 반대로 됩니다. 즉 선행스팬2가 가장 위쪽에 위치하게 되고 그 아래로 선행스팬1 〉 기준선 〉 전환선 그리고 가장 아래쪽에 현재의 주가가 자리잡게 됩니다.

앞에서 기준선, 전환선 등을 설명하면서 우리는 그것들이 각각 지지선이나 저항선의 역할을 한다는 사실을 알고 있습니다. 그러기에 같은 논리로 구름대도 지지선이나 저항선의 역할을 하게 됩니다. 상승추세에 있을 때에 주가가 제일 위쪽에 위치하게 되며 바로 그 아래쪽에 자리잡고 있는 전환선이 1차적인 지지선의 역할을 하게 되고, 그 다음으로는 기준선, 그리고 선행스팬1, 선행스팬2가 각각 다음 순서에 따라 지지선으로 작용하게 됩니다.

그러기에 결과적으로 모든 지지선들이 다 붕괴된다면 이제까지의 상승추세는 더 이상 추세로서의 의미를 상실하게 됩니다. 그런데 제일 마지막까지

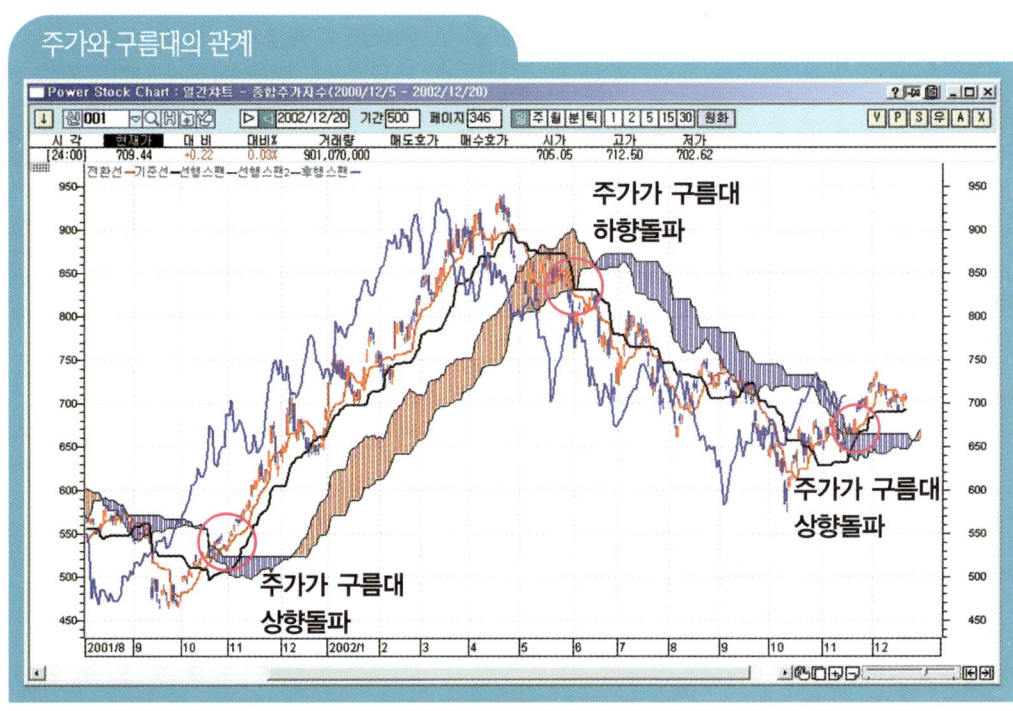

주가와 구름대의 관계

주가가 구름대를 아래쪽으로 하향돌파하면 추세는 하락추세로 전환되며, 반대로 주가가 구름대를 상향돌파하면 추세가 상승세로 전환됩니다.

남아서 지지선으로서의 소임을 다하는 것은 선행스팬2입니다. 따라서 바로 그 앞에서 버티고 있던 선행스팬1까지 통털어 이야기할 때, '주가가 구름대 아래쪽으로 하향돌파하면 추세는 이제 하락추세로 전환하였다'고 규정할 수 있게 됩니다. 물론 하락추세에서 상승추세로 바뀌는 경우라면 결국 선행스팬2가 상향돌파되고 마지막으로 선행스팬1이 돌파되는 결과가 나옵니다. 그러므로 주가가 구름대를 상향돌파하면 추세가 상승세로 전환된다고 말할 수 있습니다.

그런데 일목균형표를 실전에서 다루다보면 종종 재미있는 사실을 경험하게 됩니다. 다음에 나오는 차트에서 바로 그런 현상이 나타나고 있습니다. 우선 차트를 살펴보면 후행스팬이 구름대의 지지를 받고 있는 것을 확인할 수 있습니다. 다음에 후행스팬을 설명할 때 자세히 이야기하겠습니다만 후행스팬은 현재의 종가를 26일 과거로 되돌린 것입니다. 그러기에 후행스팬과 만나고 그래서 지지선이나 저항선으로 작용하는 당시의 구름대는 오늘 만들어진 것이 아니라 오늘로부터 52일전에 미리 만들어져서 당시로부터 26일 앞에다 선행하여 그려진 것입니다. 다시 말해 오늘로부터 52일전에 만들어져서 그때부터 26일 앞에다 표시되었다는 말은 결국 오늘로부터 과거 26일전 위치에 표시되어 있는 셈입니다. 그런데 그 구름대와 오늘 만들어진 후행스팬이 서로 만나고 있는 것입니다.

그러므로 후행스팬과 구름대는 사실 커다란 시간상의 갭이 존재합니다. 하지만 그럼에도 불구하고 후행스팬이 구름대를 만날 때 종종 그것이 지지선 혹은 저항선으로 작용하게 됩니다. 이는 일목균형표만의 독특한 시간론까지 이해한다면 충분히 설명할 수 있는 사실이긴 합니다. 간단하게만 설명하지요. 26일은 선행스팬이나 후행스팬에도 공통적으로 사용되듯이 일목균형표의 근간을 이루는 기본수치입니다. 일목균형표에서는 26일을 하나의 시간마다로 생각하고 있습니다. 그러기에 지금으로부터 26일전 혹은 52일 전의 주가움직임이 서로서로 관련이 되어 지지선이나 저항선으로 작용하게 됩니다.

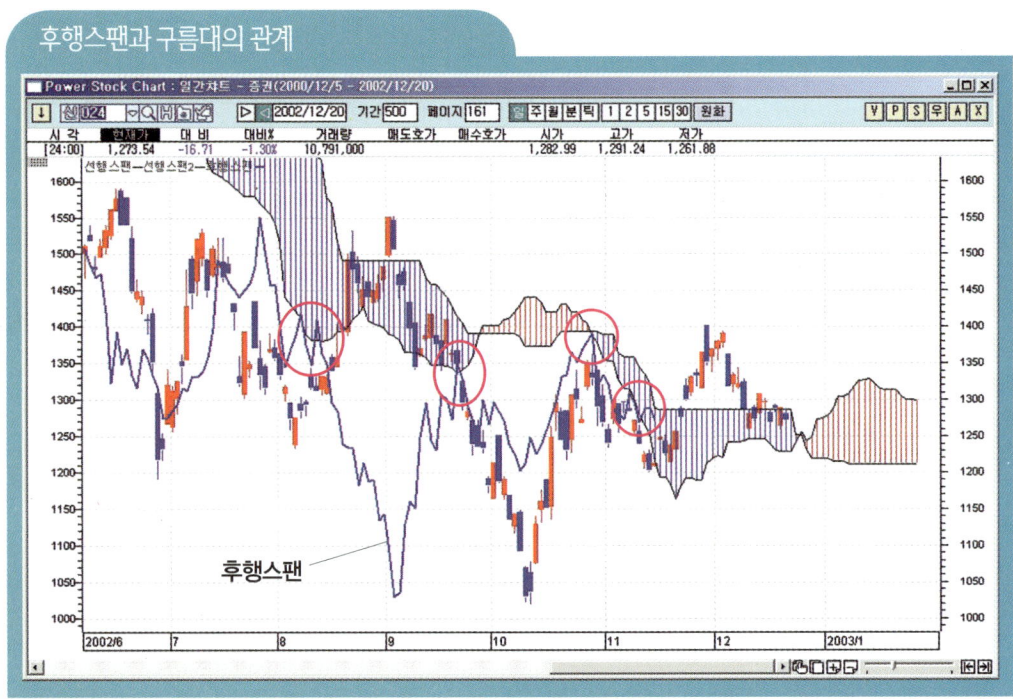

후행스팬과 구름대의 관계

선행스팬1과 선행스팬2로 구성되는 구름대는 주가에 대하여 지지선과 저항선으로 작용합니다. 그런데 구름대가 후행스팬에 대하여서도 종종 지지선이나 저항선으로 작용되는 사실을 발견할 수 있어서 흥미롭습니다. 구름대와 후행스팬과의 관계를 보다 잘 살피기 위하여 기준선과 전환선은 나타내지 않았습니다.

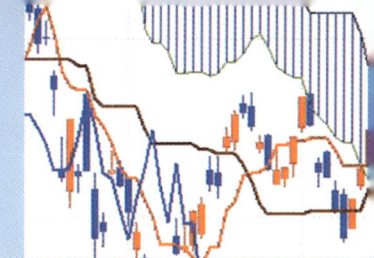

10

구름대를 이용하는 거래기법(1)

앞에서 구름대가 지지선이나 저항선으로 작용한다는 사실을 살펴보았습니다. 구름대를 이용하는 거래방법은 구름대가 지지선이나 저항선으로 작용하는 것을 알면 쉽게 거래할 수 있습니다. 우리가 이미 알고 있는 지지선이나 저항선을 이용하는 거래방법을 그대로 이용하면 됩니다.

좀 안다는 분들에게는 쉽고 따분한 이야기가 될지도 모릅니다. 하지만 구름대가 지지선이나 저항선으로 작용하는 것만이 전부가 아닙니다. 구름대가 지지선이며 저항선의 역할을 하는 것은 그야말로 빙산의 일각입니다. 앞으로 훨씬 더 중요한 기능과 특징이 있습니다.

첫 번째로 지지선이나 저항선을 말하기 앞서서 다른 것부터 살핍니다. 추세 이야기부터 하겠습니다. 사실 주식투자에서 성공을 거두려면 무엇보다도 지금의 추세가 무엇인지 확인하는 것이 중요합니다. 그런데 일목균형표에서 구름대와 주가와의 관계를 살피면 지금의 추세가 어느 쪽인지를 쉽게 판단할 수 있습니다. 앞 강의에서 이동평균, 그리고 구름대의 각 요소들간에 정배열과 역배열을 한참동안 길게 말한 바 있기도 합니다. 그 기억을 떠

올리면 쉽게 이해할 수 있습니다.

여기서는 기준선이며 전환선 같은 다른 요소들은 일단 제외하고 단순히 주가와 구름대와의 관계만 살핍니다. 앞에서 설명한 것처럼 지금의 추세가 상승세라면 주가는 구름대 위쪽에, 그리고 지금의 추세가 하락세라면 주가는 구름대 아래쪽에 위치하게 됩니다. 굳이 외울려고 노력하기보다 간단하게 우리가 살고 있는 자연현상과 똑같다고 이해하면 쉽습니다. 구름이 덮이면 그늘이 져서 구름 아래에 있으면 춥고 어둡습니다. 반대로 구름 위로 올라서면 따뜻한 햇빛이 비쳐서 따뜻하고 밝습니다.

따라서 주가가 구름 아래에 있을 때면 하락세이고 어둡고 춥다는 느낌으로 설명할 수 있을 것이고 반대로 주가가 구름을 벗어나 구름을 발 아래에

구름대로 종목 고르기 1

구름대로 종목 고르기 2

구름대와 주가와의 관계를 살펴서, 주가가 구름대 위쪽에 있는 종목을 선택하여야 합니다. 일목균형표상으로 구름대 위쪽, 즉 양지에 있는 종목이라면 상승세라고 판단할 수 있습니다. 주식시장에는 수많은 종목들이 있는데 굳이 음지에 있고 하락세인 종목을 선택할 이유는 없겠지요. 위 두 종목의 같은 기간 중의 움직임이었는데, 주가가 구름대 위에 위치하였느냐 아래에 위치하였느냐에 따라 추세가 180도 다릅니다.

둔다면 햇살을 받으며 밝고 따뜻한 느낌을 가질 수 있습니다. 그러면 주가는 상승하게 됩니다. 그러기에 주식투자에서 종목을 고를 때, 가장 단순한 방법은 구름대 아래에 위치한 종목은 아예 쳐다보지도 않는 방법입니다.

원론적으로 일목균형표 이론에 충실한다면 종목 선택이나 거래 타이밍의 결정에도 기준선, 전환선 등을 가지고 복합적으로 판단하여야 합니다. 그러기에 오로지 구름대만으로 종목을 선택하는 것은 단순하고 간편하긴 하되, 반면에 너무 흑백논리에 치우치고 다른 요소들을 무시하는 일이 됩니다. 차라리 그럴 바에야 일목산인이 일목균형표의 다른 요소들을 굳이 개발할 이유가 없었을 터입니다. 하지만 일목균형표의 모든 요소들을 종합적, 복합적으로 고찰하여 판단하려면 그래도 일목균형표를 좀 알아야 합니다. 그러기에 일단 초보자들은 구름대와 주가와의 관계를 살펴서 구름대 위쪽, 즉 양지에 위치한 종목만을 선택하는 것이 두말할 나위 없이 간편하고도, 정확한 방법입니다.

구름대의 두 번째 특징을 살펴봅니다. 앞에서 주가가 구름대 위에 위치할 때와 아래쪽에 위치할 때를 따져보았습니다. 그런데 만일 주가가 구름대의 위도 아니고 아래도 아닌 곳, 즉 구름대 속으로 들어가 버렸다면 이를 어떻게 해석해야 할까요? 어찌보면 곤란한 문제인 듯합니다. 하지만 그리 겁 먹을 일은 아닙니다.

구름대를 설명하면서 자연현상과 같다고 말한 바 있기에 이번에도 역시 자연현상과 빗대어 생각할 수 있습니다.

비행기를 생각해봅니다. 일반에게 통용되는 상식에 비추어본다면 비행기 사고가 가장 많이 나는 시기는 이륙할 때와 착륙할 때의 각각 5분간이라고 합니다. 그러기에 비행기 조종사로서도 이륙할 때, 그리고 착륙할 때는 온 정신을 집중하게 되고 긴장합니다.

따라서 조종사는 이륙할 때 가장 긴장하게 됩니다. 그리고 비행기가 점차 고도를 더 높여 구름대를 벗어나게 되면 그때부터 비행기는 안정을 찾게 됩니다. 승객들에게 '좌석벨트를 풀어도 좋다' 라는 사인이 나는 시기도 구름대를 벗어나 고도가 안정되었을 때입니다.

비행기 운항을 조금만 더 생각해봅니다. 비행기가 구름을 벗어나 고도를 잡고, 안정화된 다음에는 비교적 순탄한 운항을 이어갑니다. 국제선 여객기의 경우는 영화도 상영하고 식사도 제공합니다. 그리고 어느 정도 시간이

흘러 착륙할 때가 되었습니다. 착륙할 때에도 마찬가지로 구름을 지납니다. 이제까지 비행기는 구름대 위에 있으면서 비교적 안정적이었는데 착륙하기 위하여 고도를 낮추면 비행기는 서서히 구름대 안으로 접어들게 됩니다. 구름대를 지나면서 비행기가 다소 흔들리기도 합니다. 그러다가 결국 비행기는 땅에 닿습니다.

이처럼 비행기가 구름대 밖에 있을 때에는 비교적 자유롭게 움직이다가도 막상 구름대 안에 들어서게 되면 비행기도 흔들리고 조종사도 긴장하게 됩니다. 승객으로서는 좌석벨트를 꼭 매야 하는 때입니다. 마찬가지로 일목

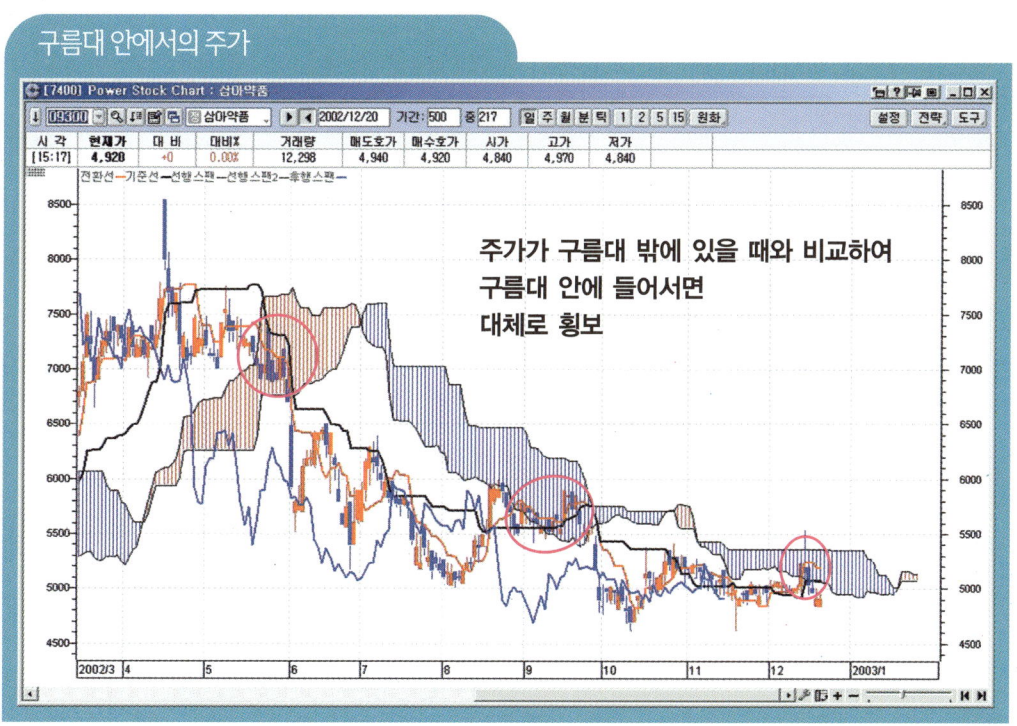

구름대 안에서의 주가

주가가 구름대 안으로 들어가 버리면 통상적으로 횡보하는 경향을 띱니다. 이는 구름대의 상단과 하단이 각각 저항선과 지지선으로 작용하기 때문입니다.

균형표에서도 주가가 구름대를 벗어날 때에 비하여 주가가 구름대 안에 들어가 있을 때, 다시 말하여 구름대를 통과하게 될 때는 다소 특수합니다. 일반적으로 구름대 안에서 이리저리 흔들린다는 말입니다.

그 이유는 일목균형표에서 이론적으로 설명할 수 있습니다. 구름대를 구성하는 선행스팬1과 선행스팬2는 각각 지지선이나 저항선으로 작용합니다. 그런데 주가가 구름대 안으로 접어들었다면 선행스팬1이건 선행스팬2건 하나는 돌파하였다는 말도 됩니다. 예컨대 상승추세였다가 주가가 구름대 안으로 접어들었다고 칩시다. 그러면 그간 지지선으로 작용하던 구름대의 상단은 돌파된 상태입니다. 그런데 기술적 분석에서 말하는 지지선과 저항선의 역전원리에 의하면 일단 돌파된 지지선은 역할을 바꾸어 저항선으로 작용하게 되는 법입니다. 그러기에 지금부터는 구름대의 상단은 지지선이 아니라 저항선의 구실을 하면서 주가가 상승하는 일을 막아내는 역할을 수행합니다.

반면 아직 돌파되지 않은 구름대의 하단은 여전히 지지선으로서의 역할을 다하게 됩니다. 결과적으로 아래로는 지지선이 버티고 있고 위로는 저항선이 버티고 있기에 주가는 지지선과 저항선 사이를, 즉 구름대 안을 오락가락 횡보하게 됩니다.

세 번째로 구름대는 당연히 지지선이나 저항선으로서의 역할을 수행합니다. 이를 이용하는 거래방법은 쉽습니다.

주가가 구름대 위에 위치하고 있는데 슬슬 하락하여 구름대 상단에 근접한다고 합시다. 이럴 경우, 구름대 상단이 지지선으로 작용하리라 기대되기에 구름대 상단 근처에서 매수하면 됩니다. 예상대로 주가가 지지선을 만들고 반등하면 성공입니다. 그런데 간혹 주가가 지지를 받지 못하고 구름대 상단을 하향돌파할 수도 있습니다. 만일 그런 사태가 벌어지면 즉각 손절해야 합니다.

　앞서 살폈듯 일단 주가가 구름대 안으로 접어들게 되면 대체로 구름대 안을 횡보하면서, 다시 상승세로 돌아설 가능성이 그만큼 낮아지므로 손절매를 서두르는 것이 옳습니다. 또한 최악의 경우 주가가 구름대 안을 횡보하는 데 그치지 않고 더 하락하여 구름대 하단마저 하향돌파해 버리면 추세는 영영 하락세로 접어들고 맙니다. 그때 가서 손절하기에는 너무 늦습니다. 그러니 구름대 상단의 지지를 기대하여 매수할지라도 구름대 상단의 지지력이 붕괴되는 순간, 즉각 손절한다는 원칙은 반드시 지켜야 합니다.

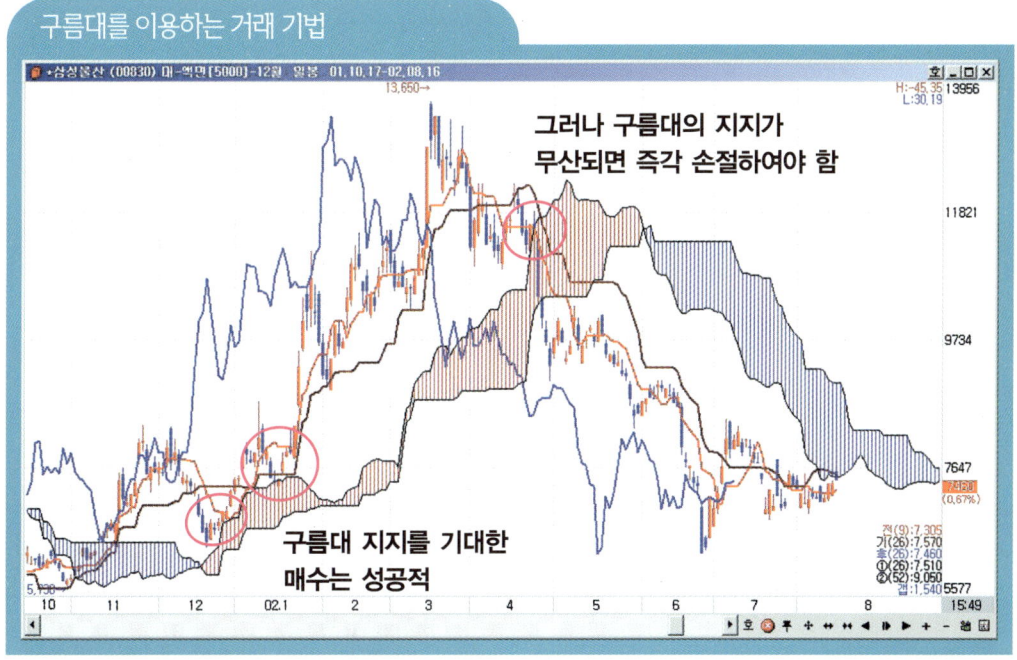

구름대를 이용하는 거래 기법

주가가 구름대에 근접할 때, 구름대 상단의 지지를 기대하며 매수하는 전략은 좋습니다. 구름대 상단의 지지를 받고 반등한다면 성공입니다. 그런데 만일 기대와는 달리 주가가 구름대 상단의 지지를 무너뜨리고 구름대 안으로 들어가 버리면 즉각 손절하여야 합니다. 앞에서 보았듯이 그럴 경우 통상적으로 횡보하는 경향을 띠는 데다 최악의 경우 추세가 하락세로 바뀔 우려도 있기 때문입니다.

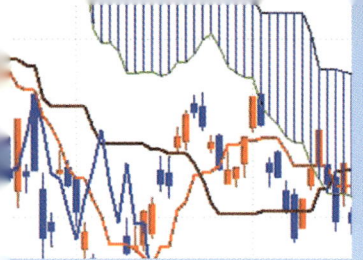

구름대를 이용하는 거래기법(2)

　구름대에 대하여 이야기를 하노라면 의문이 새록새록 피어납니다. 그저 단순하게 지지선이나 저항선의 역할을 한다고 말하면 그만일 듯합니다만 조금만 더 깊게 파고 들어가 보면 더 알고 싶은 것들이 많습니다(저만 그런 가요? 여러분은 의문점이 생기시지 않습니까?). 예컨대 주가가 구름대 안으로 들어가면 어떻게 해석해야 하는지, 그리고 주가와 구름대의 위치만을 살피면 또 어떻게 되는지 등 흥미있는 사항들이 있습니다.

　그런데 혹시 여러분은 일목균형표에서 구름대의 두께로 인하여 벌어지는 일은 생각해보셨습니까? 구름대의 두께와 주가의 관계는 어떨까요? 또한 구름대의 모양이 길다랗게 옆으로, 즉 횡(橫) 구름의 형태로 나타날 때도 있을 것이고, 혹은 폭이 좁은 채 위 아래로 두터운 종(縱) 구름의 형태로 나타날 때도 있을 것입니다. 이것은 주가와 별 관계가 없을까요? 또 구름대의 색깔은? 현실적으로 구름대가 항상 양운이거나 음운이지는 않습니다. 어떨 때에는 양운이다가 또 어떤 때에는 음운으로 바뀝니다. 이럴 때 주가에 무슨 변화는 있지 않을까요?

이번 시간은 이런 의문들을 하나씩 풀어 보도록 하겠습니다.

먼저 구름대의 두께부터 생각해봅니다. 사실 일목산인의 원전에는 구름대의 두께에 대하여서는 그다지 언급이 없습니다. 그저 구름대가 지지선이나 저항선으로 작용한다는 설명이 고작입니다.

하지만 그것에서 만족할 일은 아닙니다. 일목균형표를 공부한다면 더 자세하게, 그리고 깊숙이 알아두어야 합니다. 일목산인의 원전에는 없는 이야기입니다만 일목균형표를 이용하여 거래하면서 구름대의 두께가 나름대로 의미가 있다는 사실을 제 스스로 발견할 수 있었습니다. 구름대의 두께와

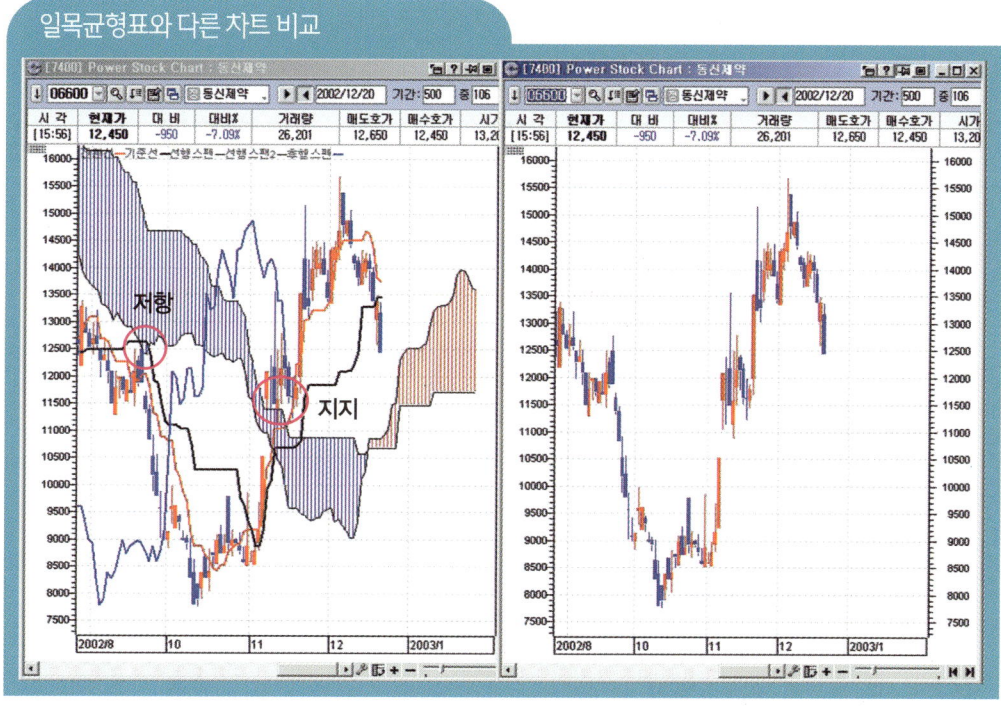

일목균형표를 통하여서는 구름대의 위치 등으로 지지선, 저항선의 위치를 쉽게 알아볼 수 있습니다. 그러나 일목균형표가 아닌 다른 차트로는 왜 하필이면 그 수준에서 지지선이나 저항선이 만들어졌는지 도무지 알아낼 수 없습니다.

관련하여 실전적인 경험을 대략 다음과 같이 정리할 수 있습니다.

첫째, 당연한 이야기입니다만 구름대의 두께가 두꺼울수록 지지선 혹은 저항선으로서의 강도가 강력해집니다. 물론 구름대의 두께가 얇다고 하여 전혀 지지선이나 저항선으로서의 역할을 하지 못하는 것은 아닙니다. 또한 구름대의 두께가 두껍다고 도무지 돌파될 수 없는, 난공불락의 지지선이나 저항선이 되는 것도 아닙니다. 하지만 그냥 우리가 상식적으로 판단할 수 있는 것처럼 구름대의 두께가 두꺼울수록 지지선이나 저항선으로서의 강도가 강해지는 것은 부인할 수 없는 사실입니다.

둘째, 현재의 주가가 구름대 안에 들어가 있지 않는 한 구름대의 위나 아래에 있게 마련입니다. 그러기에 주가와 구름대와의 관계를 항상 살펴보지 않을 수 없습니다. 예를 들어 지금의 주가가 구름대 아래에 있다고 가정해 보십시다. 그러면 당연히 구름대는 저항선으로 작용하면서 주가의 상승세를 방해하는 요인으로 작용할 것입니다. 이럴 때, 주가는 구름대의 두께가 얇은 곳을 노리고 뚫고 나가려는 경향이 많습니다. 우리가 일목균형표가 아니라 그저 상식적으로 판단하더라도 공격시 약한 곳을 공략하는 것은 당연한 일입니다. 구름대가 결국은 뚫고 나가야 할 저항선이라고 한다면 주가는 두께가 두터워 감히 돌파하기에 어려워 보이는 곳이 아니라 두께가 얇아서 돌파하기에 용이한 곳으로 몰리게 마련입니다. 그런데 이런 경험은 실전적으로 거래하는 데 대단히 도움이 됩니다. 현재 주가의 위치와 구름대의 두께를 서로 살핀다면 대략 어느 시기에 지수가 구름대를 돌파할지 짐작할 수 있습니다.

셋째, 겉으로 보기에 유약해 보이는 사람이 의외로 강단이 있는 경우가 있습니다. 온순한 성격의 사람이 막상 화를 내면 어마어마하게 무서운 것이 일반적인 일이기도 합니다. 마찬가지 논리가 구름대에도 적용됩니다. 구름대의 두께가 너무 두꺼워서 누구나 돌파하기 힘들 것이라고 생각되었다면 실제로 구름대를 돌파하지 못하더라도 별달리 큰 후유증은 없습니다. 하지만 구름대의 두께가 얇아서 쉽게 돌파되리라고 생각되었는데 막상 주가가 그곳을 돌파하는 데 실패하였다고 합시다. 그러면 강력한 후유증에 시달립니다. 온순한 사람이라고 생각하였는데 막상 화를 내면 너무너무 무섭듯이 말입니다. 생각되던 구름대가 뚫리지 않을 경우 주가는 기존의 추세가 더욱

구름대의 특징

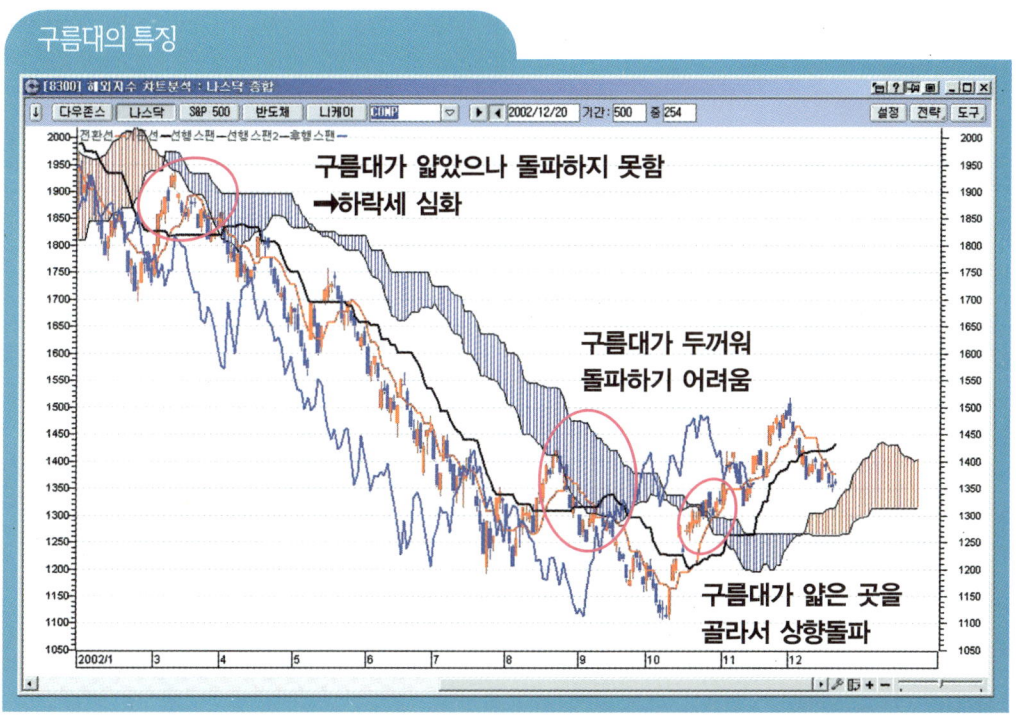

나스닥 지수의 차트에서 구름대의 두께에 따른 특징을 한눈에 볼 수 있습니다. 2002년 8월 이후 나스닥 지수는 하락세에서 반등하며 구름대를 돌파하려고 시도하였습니다만 두터운 구름대의 저항을 이겨내지 못하였습니다. 그러다가 구름대의 두께가 얇아진 10월말에 이르러서야 비로소 구름대를 돌파하게 됩니다. 또한 2002년초의 경우, 당시 구름대의 두께가 얇았기에 상향돌파하기에는 절호의 찬스였으나 실패하였습니다. 그 결과 심각한 후유증에 시달렸고 2002년 내내 하락세로 일관하였던 것입니다.

강화되는 경향이 있습니다. 예컨대 주가가 구름대 아래에 있고, 마침 구름대의 두께가 얇아서 무난하게 구름대의 저항을 이겨내고 주가는 상승할 것으로 기대되었다고 합시다. 그런데 만일 구름대의 두께가 얇았음에도 불구하고 주가가 그것을 돌파하지 못하였다면 주가는 되려 큰폭으로 하락하는 경향이 많습니다.

그러면 이제 구름대의 두께에서 한 발 더 나아가 구름대의 모양과 주가와의 관계에 대하여 생각해봅니다. 즉 구름대가 가로로 길다란 모양을 형성하는 경우와 반대로 세로로 길다랗게 만들어지는 경우 주가에는 어떤 영향이 있을까요.

일단 구름대의 모양이 세로로 길다랗게 만들어진다는 것은 결국 구름대의 두께가 대단히 두텁다는 것을 의미합니다. 두말할 것도 없이 이러한 구름대를 돌파하는 것은 대단히 어려운 일이 됩니다. 설사 구름대 안으로 진입할 수 있을지는 몰라도 끝이 보이지 않는 길다란 터널처럼 쉽게 구름대를 벗어나기 어려울 것이라는 것은 쉽게 상상이 됩니다. 이미 지난 시간에 살폈듯이 주가가 구름대 안에 들어설 경우, 구름대의 상단과 하단이 각각 지지선이나 저항선으로 작용하면서 주가는 구름대 안에서 횡보하는 경향이 많습니다. 결국 구름대의 두께가 두꺼울수록, 다시 말하여 구름대의 모양이 세로로 길다랗게 나타나는 종(從) 구름의 형태를 띨수록 구름은 강력한 지지선이나 저항선의 역할을 한다고 말할 수 있습니다.

일목산인은 사실 구름대의 모양에 대하여서도 별달리 구체적으로 언급하지 않았습니다. 또한 현실적으로도 주가가 구름대와 한참 벗어나 있을 경우는 구름대의 두께나 모양이 주가에 직접적으로 영향을 주지는 않습니다. 주가가 구름대에 근접하여야 그때서야 비로소 구름대의 두께가 두꺼운지 혹은 얇은지가 문제됩니다. 다시 말하여 구름대가 막상 지지선 혹은 저항선으

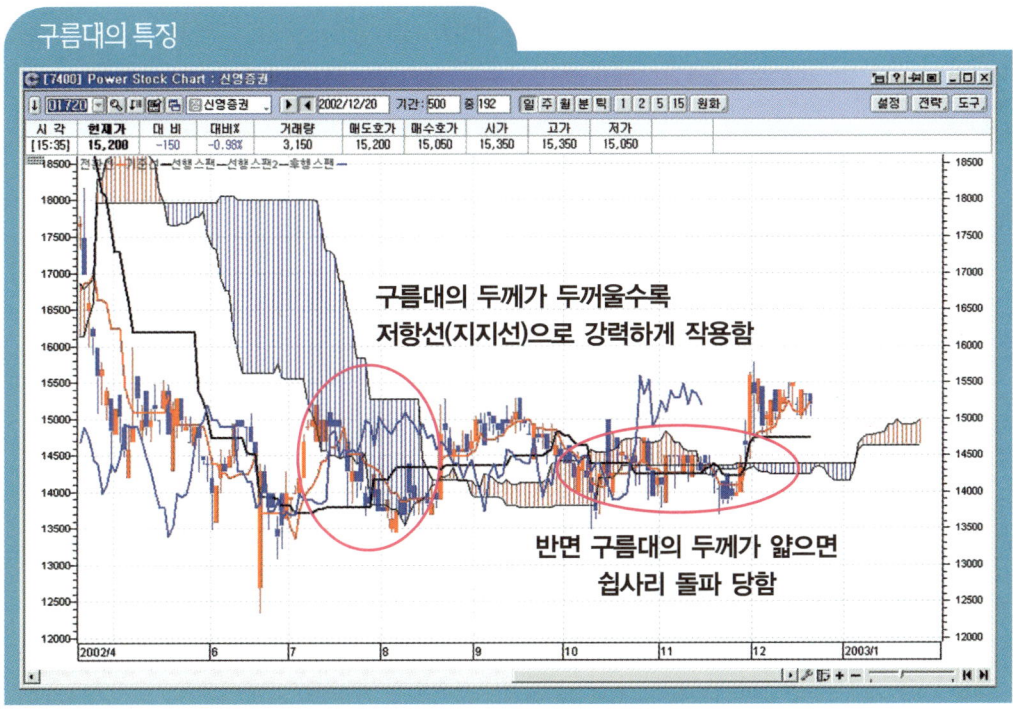

구름대의 두께가 두터울수록 저항력의 강도가 세다는 것은 지극히 당연한 일입니다.

로 작용할 때 그 강도가 관심의 초점으로 대두되는 것입니다. 주가가 구름대와 한참이나 떨어져 있을 때에는 구름의 모양이나 두께가 어떻든 별달리 상관이 없습니다.

구름대와 주가가 서로 밀접하게 맞닿아 있을 경우라면 당연히 구름대의 두께나 모양이 주가에 미치는 영향력은 큽니다. 앞에서 살펴보았듯이 특히 구름대의 두께가 얇을 경우, 주가는 구름대의 지지력이나 저항력을 이겨내고 구름대를 돌파할 가능성이 높다는 사실을 살폈고 또한 구름대의 두께가 얇음에도 불구하고 돌파하지 못할 경우, 심각한 후유증에 시달린다는 사실도 이미 살펴본 바 있습니다. 그러기에 같은 논리를 구름대의 모양이 가로로 길다란 경우에 적용하여도 별 무리가 없습니다. 구름대의 모양이 가로로 길다랗다면 결국 두께가 얇다는 것을 의미하므로 지지선이나 저항선으로서의 강도가 그리 강력하다고 말할 수는 없습니다.

그런데 실제 경험에 의하면 구름대의 모양이 가로로 길다랗게 펼쳐질 때, 주가가 구름대를 상향돌파한 이후 종종 급등세가 나타나는 일이 많습니다. 그러므로 소위 대박이나 급등주를 찾는 사람이라면 일목균형표에서 구름대의 형태가 가로로 길다랗게 나타나는 종목을 눈여겨 볼 필요가 있습니다.

이 책은 그저 암기를 하기 위한 것이 아니라, 왜 그렇게 되는지 원리를 따져보는 데 목적이 있습니다. 일목균형표에서 구름대의 모양이 가로로 길다

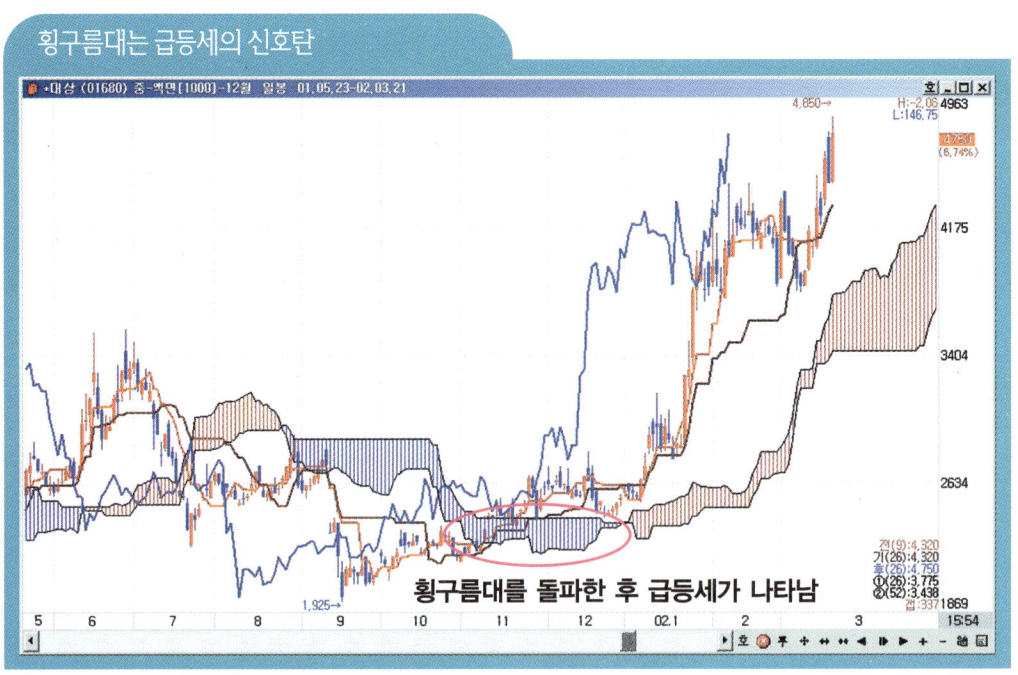

구름대의 모양이 가로로 길다랗게 펼쳐질 때, 주가가 구름대를 상향돌파한 이후 종종 급등세가 나타납니다. 소위 대박이나 급등주가 되는 일이 많다는 말입니다.

랗게 형성될 때 왜 주가가 종종 급등하는지 이유를 논리적으로 생각해 보겠다는 말입니다. 이유를 알아야 나중에 응용할 수도 있고 또한 쉽게 잊어버리지도 않습니다.

구름대는 아시다시피 선행스팬1과 선행스팬2로 구성됩니다. 선행스팬1은 전환선과 기준선의 중간값이고 선행스팬2는 과거 52일 동안의 최고치와 최저치의 중간값입니다. 그런데 구름대의 두께가 얇으면서 동시에 길다랗게 가로로 펼쳐져 있다면 주가는 그동안 별로 움직이지 않았다는 말이 됩니다. 구름대의 두께가 얇다는 것은 결국 선행스팬1과 선행스팬2의 값이 서로 별로 차이가 나지 않는다는 것을 의미합니다. 즉 주가가 꽤 오랜 기간 횡보

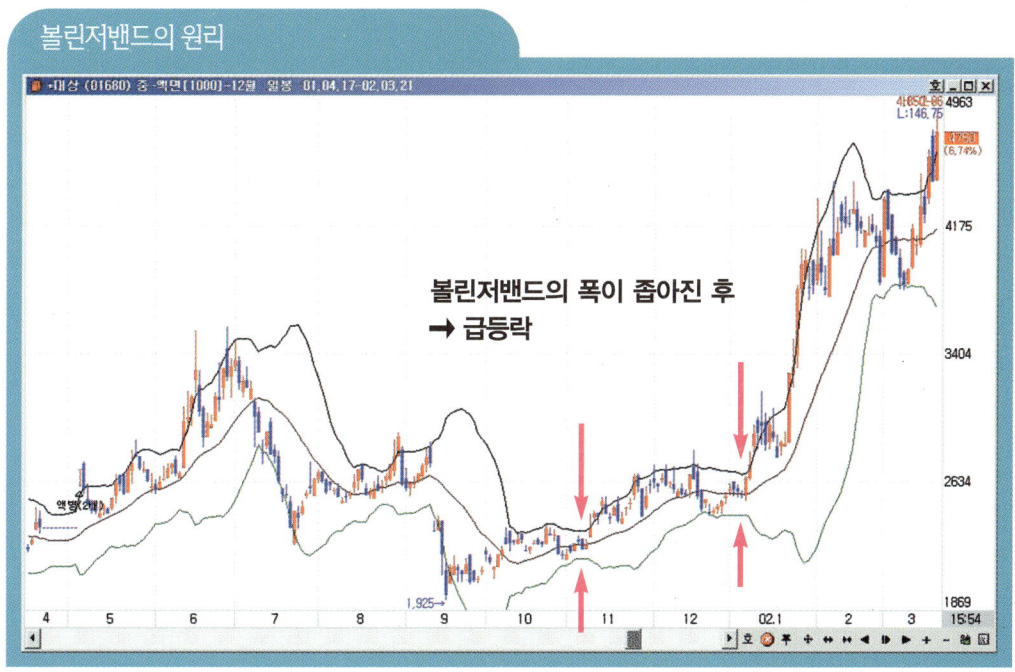

일목균형표에서 구름대의 두께가 얇아지는 것과 볼린저밴드의 폭이 좁아지는 것은 같은 원리입니다. 이럴 때 주가는 종종 급등하거나 급락하는 등 변동성이 커집니다.

하면서 움직이지 않았기에 기준선(과거 26일간의 최고치와 최저치의 중간 값)과 전환선(과거 9일간의 최고치와 최저치의 중간값)의 중간값인 선행스 팬1이나 과거 52일간의 최고, 최저치의 중간값인 선행스팬2가 별로 차이가 나지 않는 것입니다. 지난 기간중 주가의 움직임이 활발하여 최고치, 최저 치가 각 기간별로 큰 차이가 난다면 선행스팬1이나 선행스팬2의 차이가 클 것이며 그럴 경우는 당연히 구름대의 두께가 두꺼워야 합니다. 구름대의 두 께가 얇다는 것은 오랜 시간 주가가 옆으로 횡보하였음을 시사합니다. 주가 라는 것은 근본적으로 위쪽이건 아래쪽이건 움직이게 마련입니다. 그런데 그것이 오랜 기간동안 주가가 움직이지 않았다면 그만큼 큰폭으로 움직일 가능성이 농축되고 있다고 말할 수 있습니다.

비슷한 사례로는 전통적인 기술적 분석기법에서의 볼린저밴드를 들 수 있습니다. 볼린저밴드를 이용하여 거래할 경우, 볼린저밴드의 폭이 점점 좁 아지고 있다면 조만간 큰폭의 주가움직임이 나타날 것을 예고하는 신'로 받 아들입니다. 볼린저밴드의 경우에도 밴드의 폭이 좁아지고 있는 것은 결국 주가가 꽤 오랜기간 횡보하였음을 의미합니다. 일목균형표에서 구름대의 두께가 얇아지는 것과 같다는 말입니다.

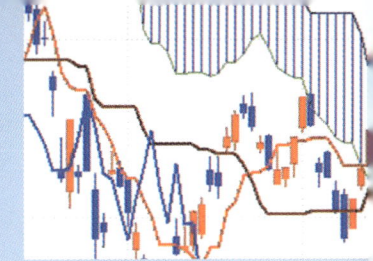

12

구름대를 이용하는 거래기법(3)

우리가 익히 보아왔던 여타 차트에는 아예 없고 오로지 일목균형표에만 있는 독특한 개념이 바로 구름인데, 이번에는 구름대의 색깔에 대하여 생각해보기로 합니다.

구름대의 색깔에 대하여서는 진작에 양운과 음운이 있다고 설명한 바 있습니다. 양운은 선행스팬1이 위쪽에 위치하고 있을 때, 다시 말하여 선행스팬1이 구름대의 상단을 형성하고 있고 선행스팬2가 아래쪽에서 구름대의 하단을 형성하는 경우입니다. 반대로 음운은 선행스팬1이 아래쪽에 위치하고 선행스팬2가 위쪽에 형성되어 있는 경우를 말합니다.

그런데, 일목균형표에서는 구름대의 색깔이 주가에 직접적으로 영향을 미치지는 않습니다. 하지만 구름대의 색깔이 바뀌는 시점은 주가에 대단히 큰 영향력을 미칩니다.

나중에 시간론을 설명할 때 자세하게 다룰 예정입니다만 일목균형표에서는 변화일이라는 것을 중요한 개념으로 사용하고 있습니다. 변화일이란 그 날을 고비로 하여 추세의 변화가 나타나는 날을 말합니다. 그런데 일목산인은 변화일이라고 하였지 추세전환일이라고 명명하지 않았습니다. 다시 말하여 변화일에 반드시 추세가 전환되지 않아도 된다는 말입니다. 구름대의 색깔이 바뀌는 날, 바로 그날이 변화일이 됩니다. 즉 구름대의 색깔이 주가의 추세에 직접적으로 영향을 미치지는 않으나, 구름대의 색깔이 바뀌면 그것은 주가의 추세에 직접적인 영향을 미친다는 말입니다. 그리고 양운에서 음운으로 바뀌건 음운에서 양운으로 바뀌건 그건 상관이 없습니다. 중요한 것은 구름대의 색깔이 바뀌는 것입니다.

그런데 우리가 말하는 구름은 선행스팬입니다. 아시다시피 선행스팬은 오늘의 전환선이나 기준선을 이용하여 구하고 또한 오늘로부터 따져 과거 52일 동안의 최고, 최저치의 중간값으로 계산합니다. 하지만 정작 차트상에는 당일자에 선행스팬1, 2를 나타내지 않고 오늘부터 따져 26일 앞으로 선행하여 표시합니다. 그러니 선행스팬이 됩니다. 따라서 오늘 접하게 되는 구름대는 사실 오늘이 아니라 26일 전에 이미 만들어져 있던 것입니다. 물론 오늘 만들어지는 구름대는 앞으로 26일 선행하여 표시될 것이고, 그 구름은 앞으로 26일후의 주가에 영향을 미치게 되겠지요.

하지만 구름대의 색깔이 바뀌는 날 그날이 변화일이 된다는 사실은 두 가지 경우 모두 적용됩니다. 즉 오늘 만들어져서 앞으로 26일후에 선행하여 표시되는 구름대의 색깔이 바뀔 경우라도 바로 오늘이 변화일이 되는 것이며, 혹은 이미 26일전에 만들어져서 오늘의 주가움직임을 기다리고 있는 구름대의 색깔이 바뀌는 경우라도 오늘이 변화일이 됩니다. 즉 구름대의 색깔이 바뀌는 경우는 첫째, 그런 구름이 만들어지는 날과 둘째, 그 구름과 주가가 만나는 날 각각 변화일로 작용한다는 뜻입니다.

동봉한 차트를 보면 실제로 구름대의 색깔이 바뀌었을 때 주가의 추세가 정말 절묘하게도 전환되는 사례를 찾아볼 수 있습니다. 만일 일목균형표가

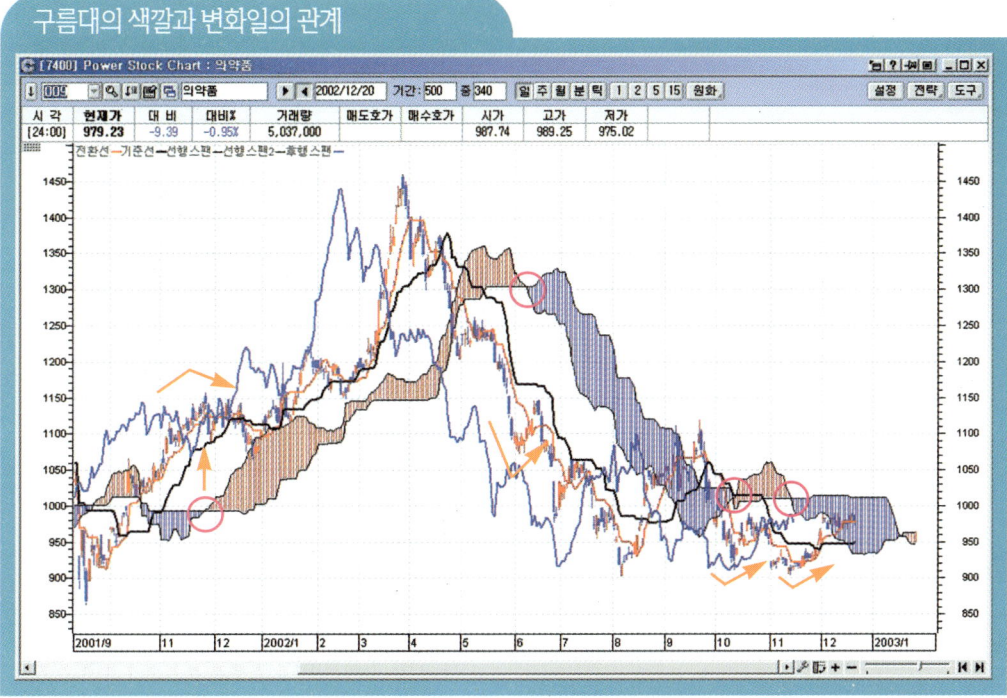

구름대의 색깔이 바뀌는 날이 변화일로 작용합니다. 즉 변화일을 전후로 추세가 바뀌는 경우가 많습니다.

아니었다면, 그리고 구름대의 색깔이 아니었다면 왜 하필이면 그때 추세가 바뀌었는지 도무지 설명할 방법이 없었을 것입니다.

그런데 이 책은 고등학교 수능시험용 참고서가 아닙니다. 그러므로 저 역시 '구름대의 색깔이 바뀌는 날이 변화일이 된다'는 사실만 알려주고 독자들로 하여금 그저 외우도록 할 생각은 없습니다. 그것보다는 왜 그렇게 되는지, 왜 하필이면 구름대의 색깔이 바뀔 때 추세가 바뀌는 변화일이 되는지 그 이유를 따져보도록 하겠습니다.

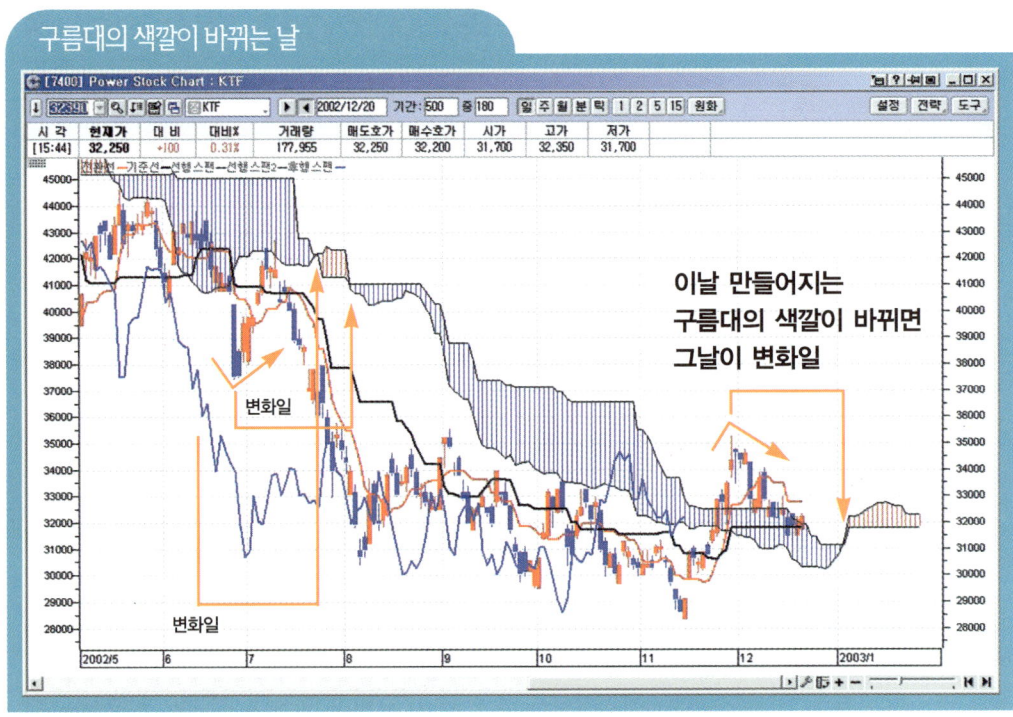

구름대의 색깔이 바뀌는 날에 도달하여도 변화일이 됩니다. 또한 그날 만들어지는 구름의 색깔이 바뀌더라도 그날은 변화일이 됩니다.

　우리는 이미 기준선과 전환선이 서로 교차하면 추세가 변화한다는 사실을 알고 있습니다. 전환선이 기준선을 상향돌파할 때, 일목균형표가 호전되었다고 말하고 반대로 전환선이 기준선을 하향돌파할 때 일목균형표가 역전되었다고 말합니다. 그런데 기준선은 과거 26일간의 최고치와 최저치의 중간값, 즉 중장기의 중간값이고 전환선은 9일간의 중간값, 즉 단기간의 중간값이 됩니다. 결국 단기간의 중간값과 중장기 중간값이 서로 교차하면 추세가 변화한다고 말할 수 있습니다.
　구름대의 경우도 같습니다. 구름대의 색깔이 바뀐다는 것은 결국 선행스팬1과 선행스팬2의 위치가 서로 자리바뀌게 됨을 말합니다. 선행스팬1, 2의 위치가 바뀌려면 당연히 두 곡선이 교차하여야 합니다. 그런데 앞에서 살펴보았듯 선행스팬1은 단기간의 중간값(기준선, 전환선의 중간값이므로)이고 선행스팬2는 중장기 중간값(52일간의 최고, 최저치 중간값이므로)이며 결국 단기 중간값과 중장기 중간값이 서로 교차할 때 추세가 변화한다고 설명할 수 있습니다.

물론 이렇게 설명하면 얼핏 그럴듯하게 들리겠으나 그렇다고 하여 문제가 개운하게 풀린 것은 아닙니다. 선행스팬은 오늘로부터 26일 선행하여 표시합니다. 오늘 만들어지는 선행스팬1과 선행스팬2가 서로 교차한다면 당연히 현재의 추세가 변화될 것이라고 판단할 수 있겠습니다. 그런데 문제는 오늘 만들어진 것이 아니라 이미 26일전에 만들어져서 오늘의 주가를 기다리고 있는 구름대의 색깔이 바뀐다고 하여 오늘의 추세가 변화한다는 사실입니다. 쉽게 납득하기 어렵습니다. 하지만 해결방안은 당연히 있습니다.

다음에 다룰 시간론에 이르면 이 문제는 시원하게 해결됩니다. 간략하게 맛보기로만 설명하지요.

일목균형표는 시간이 주가를 지배한다는 기본적인 개념에서 출발합니다. 그래서 시간단위를 대단히 중요하게 생각합니다. 일정한 기간이 지나면 주가움직임은 하나의 매듭을 만들고 그때까지의 추세와는 다른 새로운 추세를 만들어 간다는 것이지요. 이런 개념에서 따진다면 문제는 해결됩니다. 즉 당일 만들어지는 구름대의 색깔이 바뀌는 날은 26일전이고 그날 만들어진 선행스팬1, 2가 구름대가 되어 26일후에 표시됩니다. 결국 26일은 하나의 기간매듭이 된다는 말입니다. 그러기에 추세변화가 있고 다시 26일 이후가 되면 또다시 추세변화가 나타난다고 이해하여도 무방합니다. 물론 변화일이라고 하여 반드시 추세변화가 나타나야 한다는 법은 없습니다만…….

변화일이나 시간론에 대하여서는 나중에 자세하게 살펴볼 것입니다. 너무 한꺼번에 모든 것을 다 알려고 서두르지는 마십시오. 저 역시 이유를 설명하려다보니 뒤에 나올 이야기를 미리 다 노출해버려 독자들로 하여금 약간의 흥미를 상실하게될 우려가 있어서 이런 정도의 설명에서 더 나아가지 않으렵니다.

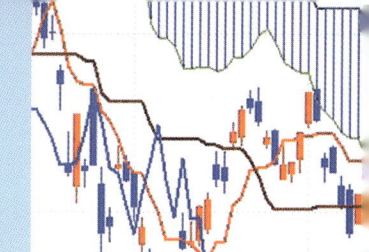

13

후행스팬

일목균형표에는 여러 가지 괘선들이 사용됩니다. 뭐 전환선, 기준선 등등이 그것들입니다. 그리고 우리가 이제까지 살폈듯이 모두 중간값을 이용하고 있습니다. 중간값이 가지는 의미에 대하여서도 이미 설명한 바 있습니다. 그런데 괘선들 중에서 유독 지금 설명할 후행스팬만은 중간값이 아닙니다. 그냥 오늘의 종가가 바로 후행스팬이 됩니다.

그런데 오늘의 종가를 그냥 밋밋하게 사용하면 아무 의미도 없습니다. 앞서 선행스팬에서 살폈듯 선행스팬은 오늘로부터 26일 앞에 선행하여 표시합니다. 그러므로 후행스팬은 말 그대로 오늘로부터 26일 뒤로 후행하여 표시할 것이라고 우리는 짐작할 수 있습니다. 후행스팬은 오늘의 종가가 되는데, 이를 일목균형표에서 자주 쓰이는 26일만큼 뒤로 후퇴하여 표시합니다.

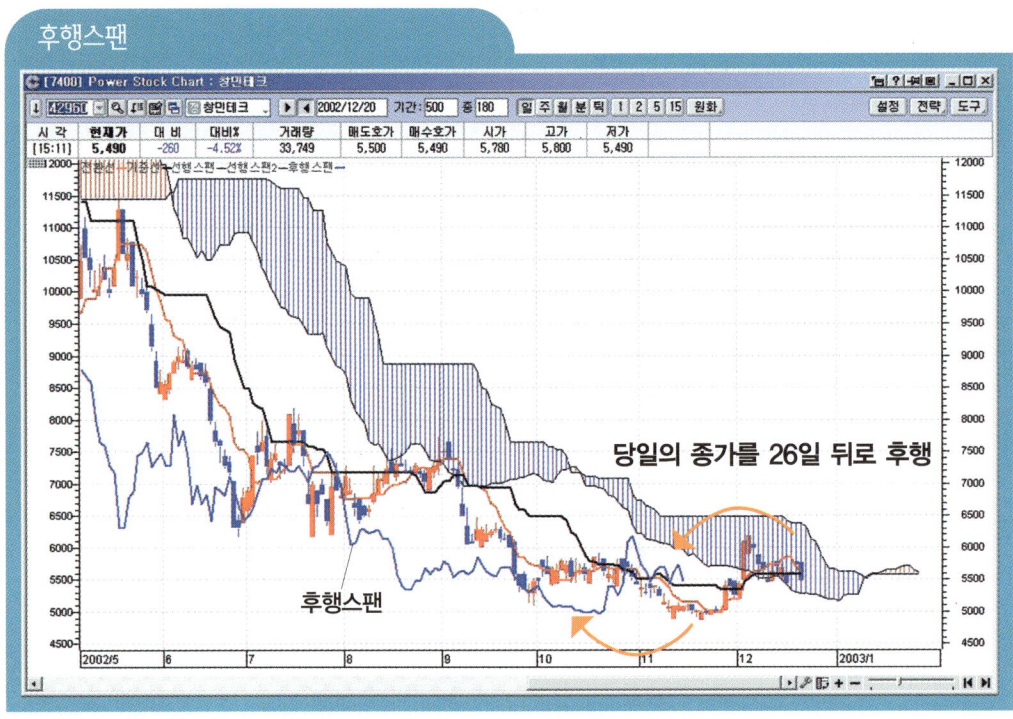

오늘의 종가를 뒤로 26일후행하여 표시하면 후행스팬이 됩니다.

　그러면 대체 오늘의 종가를 뒤로 26일후퇴하여 표시하는 것이 무슨 의미를 가지는지 따져보도록 하겠습니다. 이런 예가 생각나는데 적절한 표현일지 잘 모르겠습니다. 하여간 후행스팬을 설명하려고 생각해낸 비유입니다.

　제 아들은 이제 대학에 들어갔습니다만 수능시험을 치르고 난 당일, 아예 저녁밥도 먹으려 하지 않고 침울해 있었습니다. 여러분도 기억하시겠습니다만 몇 해 전 수능시험이 너무 어렵게 출제되어 물의를 빚었던 때의 일입니다. 아들 녀석은 수능시험을 치르고 나서 평소 모의고사 성적에 비하여 20점 정도 점수가 낮아졌다고 대단히 우울해 하였습니다. 저 역시 아들이 시험을 망쳤다는 소리를 듣고 기분이 좋을 리 없었지요.

하지만 바로 그 다음날, 아들이 등교하여 다른 친구들과 시험 성적을 서로 비교하고서는 상황이 180도 바뀌고 말았습니다. 자신의 성적이 평소보다 낮은 것은 분명하였지만 다른 친구들도 시험이 어려워 점수가 낮아진 형편은 마찬가지였습니다. 또한 오히려 친구들과 상대적으로 비교해보니 아들의 성적은 꽤 괜찮은 것으로 나타났더랬지요. 결국 아들은 원하는 대학에 들어갈 수 있었습니다. 아들 녀석의 절대적인 점수는 낮았지만 상대적으로 비교해볼 때는 상황이 달랐던 것입니다.

주식의 경우도 마찬가지입니다. 우리는 주식에 투자합니다만 뭐 국가경제 발전에 이바지하고자 한다는 식의 거창한 포부를 가지고 투자하지는 않습니다. 그저 주식을 싼 값에 매수하여 비싼 값에 매도함으로써 차익을 얻으려고 합니다. 그러기에 주가의 절대적인 수준도 물론 중요합니다만 결국 수익을 가늠하는 것은 상대적인 주가입니다.

아무리 싼 값에 매수하더라도 주가가 더 싼 값으로 하락해버리면 손해를 볼 수밖에 없습니다. 그러나 반대로 아무리 비싼 값에 매수하더라도 그 주식을 더 비싼 값에 매도할 수 있다면 수익을 얻습니다. 결국 상대적인 수준이 중요하다는 말인데 바로 후행스팬이 이런 문제를 해결합니다.

예컨대 현재의 추세가 상승세라면 오늘의 주가는 26일전의 주가에 비하여 높을 수밖에 없습니다. 반대로 현재의 추세가 하락세라면 오늘의 주가는 26일전에 비하여 낮습니다. 그러므로 단순하게 오늘의 주가와 26일전의 주가를 비교하는 방법으로도 지금의 추세를 판단할 수 있습니다. 바로 그 목적으로 후행스팬이 이용됩니다. 지금의 주가가 26일전의 주가에 비하여 높은지 낮은지 따지기 위하여서는 일일이 뒤로 돌아가서 과거의 주가와 비교할 필요없이 그냥 후행스팬을 그리면 됩니다. 지금의 주가가 바로 후행스팬이 되므로 후행스팬이 26일전의 주가보다 위에 있으면 현재의 주가가 26일전의 주가보다 높은 것이 됩니다. 지금의 추세는 상승세입니다. 반대로 후행스팬이 26일전의 주가보다 아래에 위치하면 현재의 추세는 하락세라고 판단하면 됩니다.

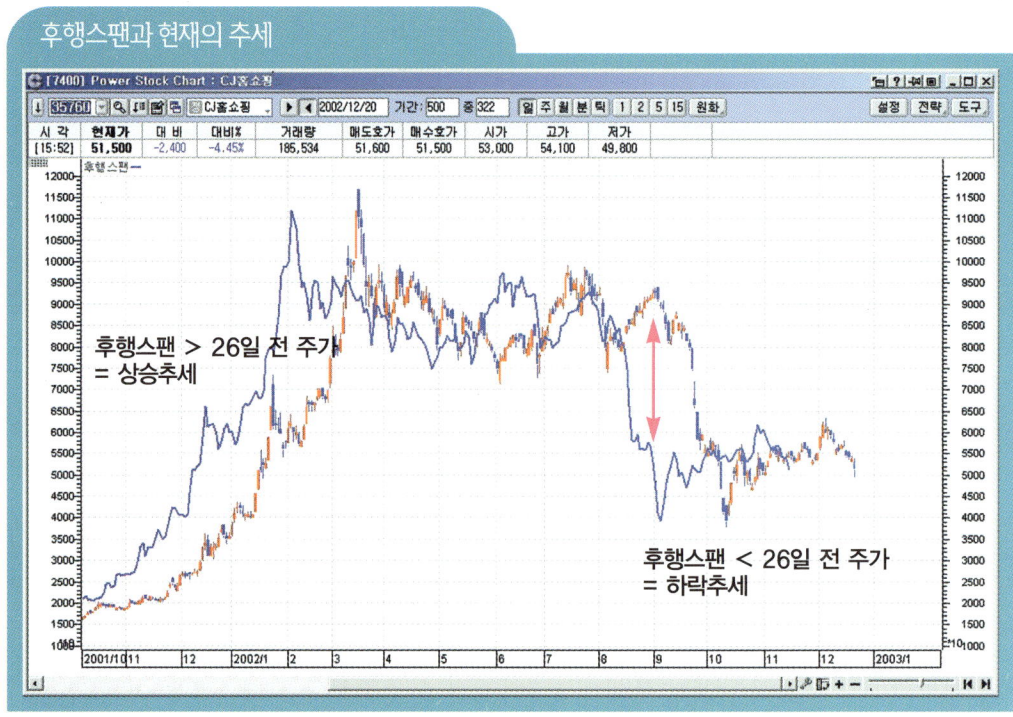

지금의 주가가 바로 후행스팬이 되므로 후행스팬이 26일전의 주가보다 위에 있으면 현재의 추세는 상승세. 반대로 후행스팬이 26일전의 주가보다 아래에 위치하면 현재의 추세는 하락세라고 판단하면 됩니다.

또한 이렇게도 설명할 수 있습니다. 우리는 주식에 투자하면서 절대적인 주가수준에 연연합니다만 결국은 상대적인 수준이 더 중요하다는 것은 익히 알 수 있는 일입니다. 예컨대 어느 종목의 주가가 12,500원이라고 합시다. 하지만 오늘 현재 12,500원이로되 한달전 20,000원이던 것이 지금

12,500원으로 내린 상태이고 또 다른 경우로는 며칠전에 5,000원이었다가 지금 12,500원으로 상승하였다고 합시다. 이럴 경우, 같은 가격일지라도 그 의미는 하늘과 땅만큼 차이가 납니다. 당연히 이전에 5,000원이었다가 지금 12,500원으로 상승한 경우가 더욱 더 상승할 여지가 많습니다. 결국 지금의 주가는 그것만으로 판단할 일이 아닙니다. 과거 주가와의 관계로 판단하는 것이 옳습니다. 이는 후행스팬을 사용하면 됩니다.

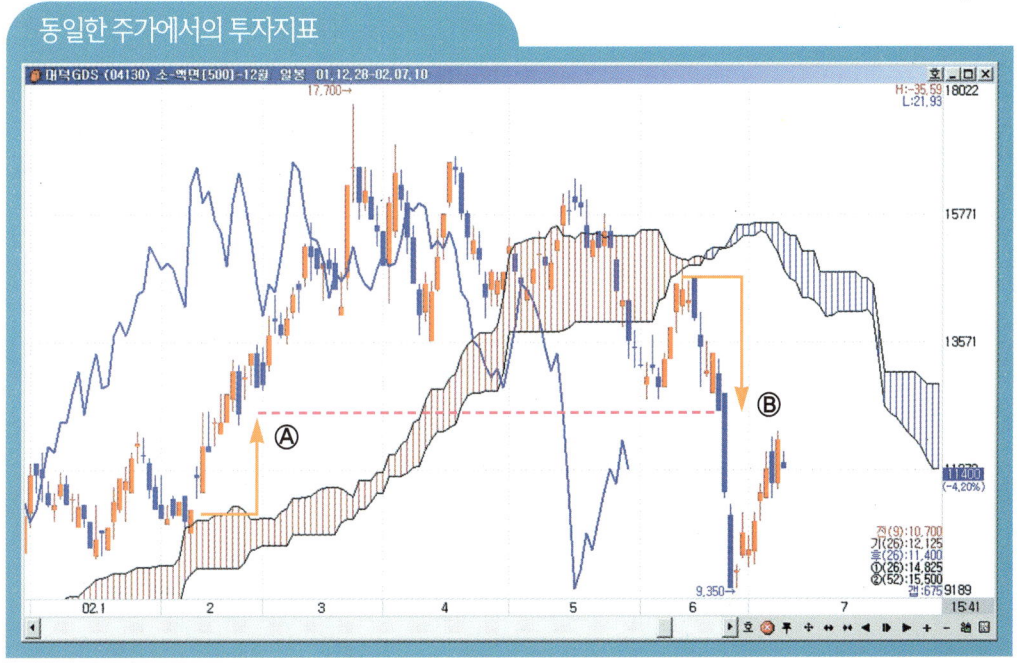

동일한 주가에서의 투자지표

A점일 때에도 12,500원이었고, B점에서도 12,500원이었습니다. 그러나 겉으로는 같아 보이는 가격수준일지라도 그 차이는 대단히 큽니다. 두말할 것도 없이 상승추세에 놓여 있을 때가 훨씬 투자 가치가 있습니다.

기준선, 전환선이 서로 교차할 때 우리는 각각 호전 혹은 역전이라고 말합니다. 후행스팬의 경우도 그렇습니다. 26일전의 주가와 후행스팬을 서로 비교하여 후행스팬이 26일전의 주가보다 위에 있는지 혹은 아래에 있는지 따져 각각 상승추세, 하락추세라고 하는데, 마찬가지로 후행스팬이 26일전의 주가와 서로 교차할 때에도 각각 호전이나 역전이라고 말합니다. 물론 상승추세인지 하락추세인지 판단하는 기준이 됩니다.

또한 후행스팬과 26일전의 주가와의 관계를 살펴보면 흥미있는 사실을 알 수 있습니다. 즉 후행스팬과 26일전의 주가가 단순하게 교차하는 경우도 있지만 또한 후행스팬이 26일전의 주가와 만나면서 각각 지지선이나 저항선이 되는 경우도 있습니다.

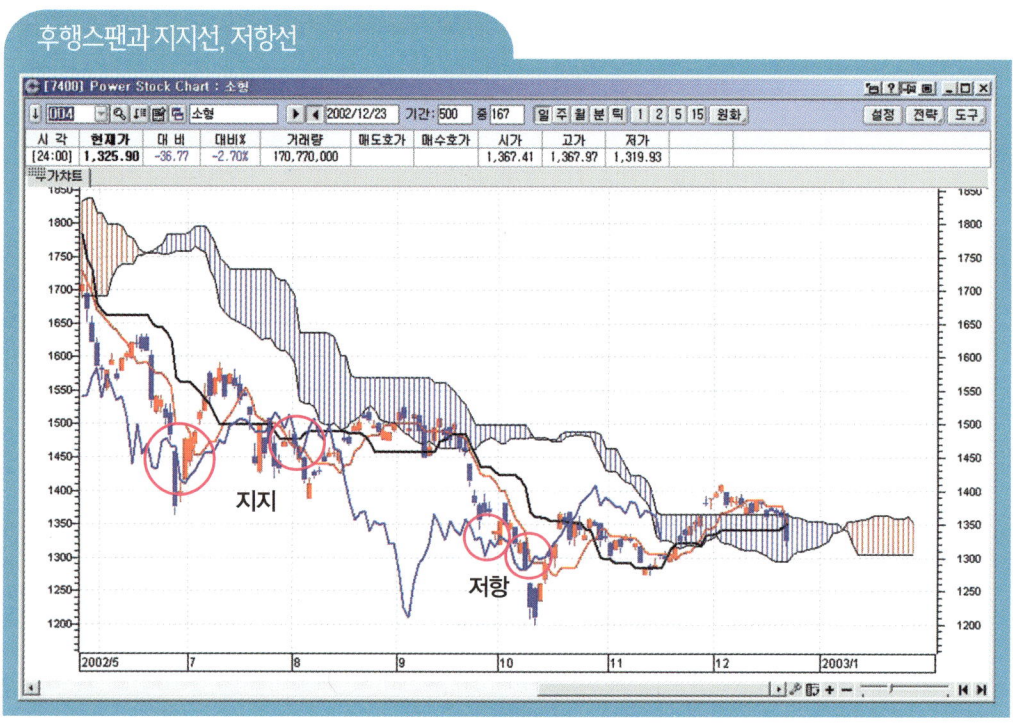

후행스팬과 과거 26일전의 주가와의 관계를 살피면 후행스팬이 과거의 주가로부터 지지나 저항을 받는 경우를 쉽게 발견할 수 있습니다.

일목산인은 일목균형표의 모든 요소들이 다 중요하지만 그 중에서 꼭 하나만을 꼽으라면 후행스팬을 선택하겠노라고 말할 정도로 후행스팬을 중시하고 있습니다. 그냥 오늘의 종가를 26일 뒤로 미룬 것이 후행스팬인데 그렇게 대단한 위력을 가질까 의아하실지 모르겠습니다만 실제로 후행스팬을 이용해보면 의외로 효과가 뛰어나다는 것을 느낄 수 있습니다.

다음의 차트는 현물이 아니라 선물지수의 차트입니다. 보시다시피 현물주식거래는 물론이고 파생상품의 거래에서도 일목균형표는 훌륭하게 사용됩니다. 더구나 이 차트는 일간차트(daily chart)가 아니라 일중차트

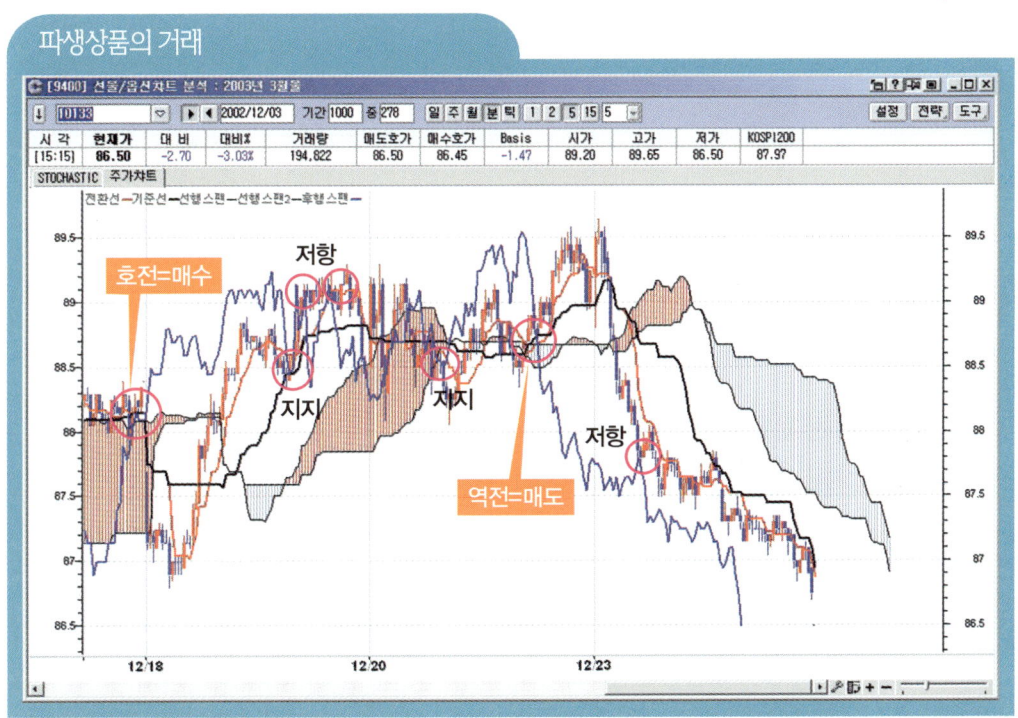

파생상품의 거래에서도 일목균형표는 훌륭하게 사용됩니다. 후행스팬이 지지와 저항을 받는 양상이 또렷하며, 또한 후행스팬이 호전될 경우 매수하고 역전될 경우 매도하는 단순한 거래방법으로도 높은 수익을 얻을 수 있다는 사실도 확인됩니다.

(intraday chart)로서 5분차트입니다. 5분마다 새롭게 그려지는 것인데 후행스팬이 지지를 받는 모습, 저항을 받는 모습이 똑똑하게 나타나 있습니다. 또한 후행스팬과 130분(26×5) 전의 주가가 서로 호전되었을 때 매수하고 역전될 때 매도하는 식으로도 상당한 수익을 거둘 수 있었다는 사실도 물론 확인할 수 있습니다.

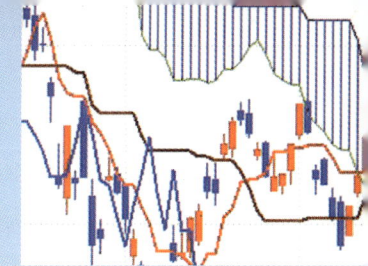

14

일목균형표의 괘선 이용법(종합)

이제까지 일목균형표를 구성하는 각 요소들, 즉 괘선들에 대하여 하나씩 알아보았습니다. 물론 그것이 일목균형표의 전부는 아닙니다. 오히려 일목균형표의 참된 가치는 일목균형표만이 가지는 독특한 시간론, 가격론, 파동론 등에서 더 빛난다고 말할 수 있습니다. 그리고 저 역시 이 책에서 일목산인이 우리에게 말해주고자 한 참뜻을 전달하고자 노력할 것입니다.

하지만 이제 처음으로 일목균형표를 접한 사람들에게 시간론이며 파동론 혹은 가격론 등을 그야말로 종합하여 판단하고 실제 거래에 사용하라고 요구하는 것은 무리입니다.

자칫 여러분에게 일목균형표가 어렵다는 식으로 다소 겁을 주는 듯합니다만 실제로도 그렇습니다. 냉정하게 말하여 앞으로 다루게 될 시간론이며 파동론, 가격론 등은 좀 어렵습니다. 그리고 다소 주관적인 판단을 필요로 합니다. 어렵고, 주관적인 판단이 필요하면 그만큼 위험해집니다. 잘못 사용될 경우 오히려 득이 되기보다는 실이 될 위험도 내포하고 있습니다. 난해한 일목균형표를 자기 중심적으로 해석할 우려가 있다는 말입니다.

그러나 가격론, 파동론 등과는 달리 일목균형표의 괘선들은 – 비록 그것이 일목균형표의 일부이긴 할지라도 – 최소한 객관적입니다. 예컨대 기준선과 전환선이 서로 교차하여 일목균형표가 호전될 경우, 우리는 깊이 생각할 필요없이 그저 기계적으로 매매타이밍을 찾아낼 수 있습니다. 물론 더 깊숙이 들어가서 시간론 등도 같이 고려하는 것이 당연히 더 좋겠습니다만 괘선들을 이용하여 기계적이고 객관적인 매매신호를 포착하고 거래하는 방법을 조금 더 알아봅니다.

사실 앞에서 기준선이며 전환선 혹은 구름대 등을 설명하면서 각 괘선들을 이용하여 거래하는 방법을 단편적으로 말한 바 있습니다. 따라서 이 시간은 이를테면 종합편이라고 해둡시다. 일목균형표를 구성하는 각 요소들의 움직임에 따라 매매신호를 포착하고 거래하는 방법입니다. 나중에 설명할 시간론, 파동론, 가격론, 형보론 등을 다 알고 나면 보다 더 넓은 안목으로, 그리고 더 종합적으로 판단할 수 있습니다.

하여간 그처럼 종합적으로 판단하기 전 단계로서 일목균형표의 각 괘선들을 이용하여 기계적으로 거래하는 방법을 생각해보고자 합니다.

지극히 당연한 이야기입니다만 항시 주가가 먼저 움직이지 기술적 지표가 먼저 움직이지는 않습니다. 그리고 아무리 뛰어난 기술적 분석기법이라고 할지라도 결국은 주가의 움직임을 토대로 예컨대 오실레이터이건 뭐건 만드는 법입니다. 따라서 주가가 먼저 움직이고 그런 연후에 주가의 움직임을 토대로 무언가 방향이나 추세를 알아내려고 시도하는 일이 기술적 분석기법입니다. 결국 기술적 분석기법의 성패는 주가 추세가 막 전환하려는 찰나를 어떻게 다른 방법보다 빨리, 그리고 정확하게 잡아낼 수 있느냐에 달려 있습니다.

일목균형표를 구성하는 여러 요소들, 즉 괘선들 중에서 가장 주가의 움직임에 예민한 것은 후행스팬과 전환선입니다. 후행스팬은 오늘의 종가 그 자체이니 두말할 나위가 없이 예민할 것입니다. 그리고 전환선은 당일로부터 과거 9일간이라는 비교적 단기간에 나타난 최고치, 최저치의 중간값이므로 주가움직임에 민감하게 반응할 것입니다. 특히 전환선은 기준선에 비하여서도 주가움직임에 훨씬 더 예민하게 반응하여 움직입니다. 예컨대 오늘의 장중고점이 기존의 고점을 상향돌파하기만 하여도 전환선은 상승할 수 있습니다. 물론 기준선도 중간값이긴 합니다만 구하는 기간이 26일로 다소 깁니다. 그러니 오늘의 장중고점이 과거 9일간의 최고치는 넘길 수 있더라도 과거 26일 동안의 최고치(따라서 9일간의 최고치에 비하여서는 높을 터)는 넘기지 못할 수 있고, 그럴 경우는 전환선은 변하더라도 기준선은 변하지 못합니다.

앞서 기준선과 전환선을 설명하면서 이들이 지지선이나 저항선으로 작용한다는 사실도 말씀드린 바 있습니다. 따라서 추세가 상승세로 돌아서기 위해서 주가는 이들 기준선이나 전환선의 저항을 이겨내고 그 수준을 상회하여야 합니다. 결국 추세가 상승세로 돌아서는 단계를 이렇게 설명할 수 있겠지요.

첫 번째 단계 – 그동안 내리 하락하던 주가가 어디선가 바닥을 만들고 상승세로 전환하기 시작합니다. 무슨 이유 때문에 주가가 바닥을 만들고 상승세로 전환하였는지는 그리 중요하지 않습니다. 기술적 분석법에서는 시장에서 형성되는 주가 그 자체에 모든 정보가 다 반영되어 있다고 생각하므로 무슨 이유에서건 주가가 상승하고 있다는 사실만 중시하지 왜 상승하는지는 관심이 없습니다.

바닥을 정확하게 잡아내는 일은 불가능합니다. 지리산 입산수도 30년에 빛나는 도사라면 모를까 우리같은 평범한 사람은 아예 바닥에 연연하지 않는 것이 좋습니다. 물론 나중에 시간론을 배우면 변화일에서 바닥을 잡을 수 있는 방법을 깨우칠 수 있습니다만 그건 좀 있다가 설명하기로 하지요. 그리고 첫 번째 단계에서는 하락하던 주가가 조금 상승하였다는 정도이지 아직은 진정으로 바닥을 만든 것인지 아니면 일시적인 반등에 그칠지는 확실하지 않습니다.

상승세의 첫 번째 단계

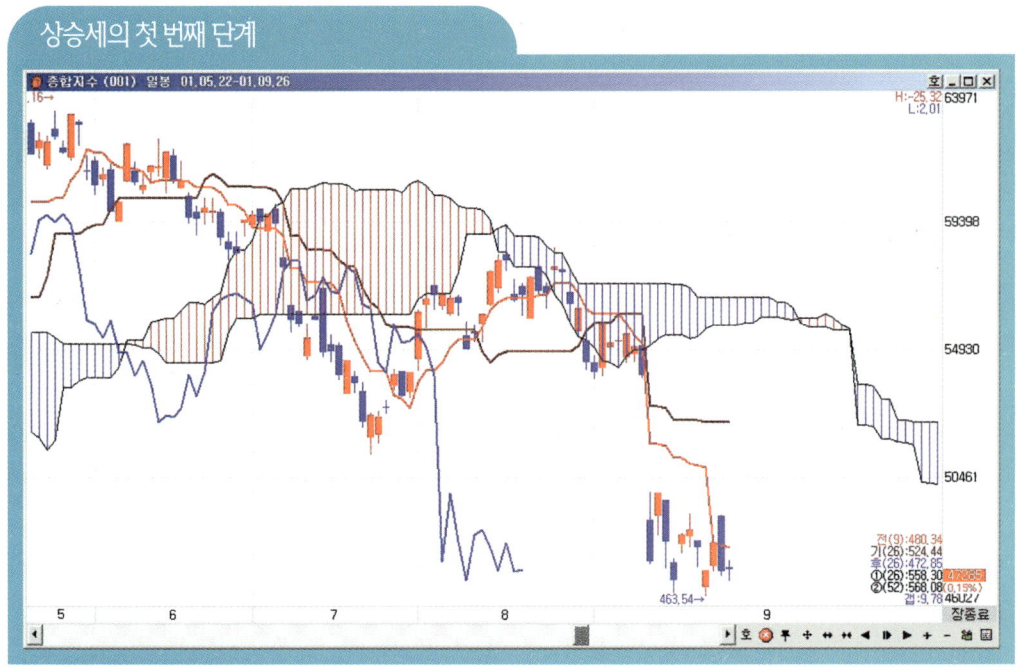

주가가 상승하기 시작합니다. 아직은 추세적인 상승세의 시작인지 아니면 일시적인 반등인지 확실치 않습니다. 그리고 많은 경우, 추세적인 상승이 아니라 그저 일시적인 반등에 그치므로 주가가 약간 오른다고 하여 흥분할 일은 아닙니다. 당연히 아직은 적극 매수할 때도 아닙니다.

두 번째 단계 – 바닥을 만들고 상승하는 주가가 그래도 일단 상승세의 단초라도 만들려면 우선 그간 저항선으로 작용하였던 전환선과 기준선을 상향돌파하여야 합니다. 그동안 주가는 내리 하락하였으니 의당 9일간의 중간값으로 구해지는 전환선이 기준선보다 더 낮은 형편일 수밖에 없습니다. 그리고 주가는 훨씬 더 아래쪽, 전환선보다 내려서 있을 것입니다.

　따라서 현재로서는 주가 < 전환선 < 기준선의 순서로 배열되어 있습니다. 그러니 일단 상승하는 주가가 먼저 부딪치는 저항선은 전환선입니다. 전환선을 극복하여 상향돌파하는 일이 무엇보다도 상승추세로 접어들기 위하여 넘어서야 할 중요한 단계 중의 하나입니다.

상승세의 두 번째 단계

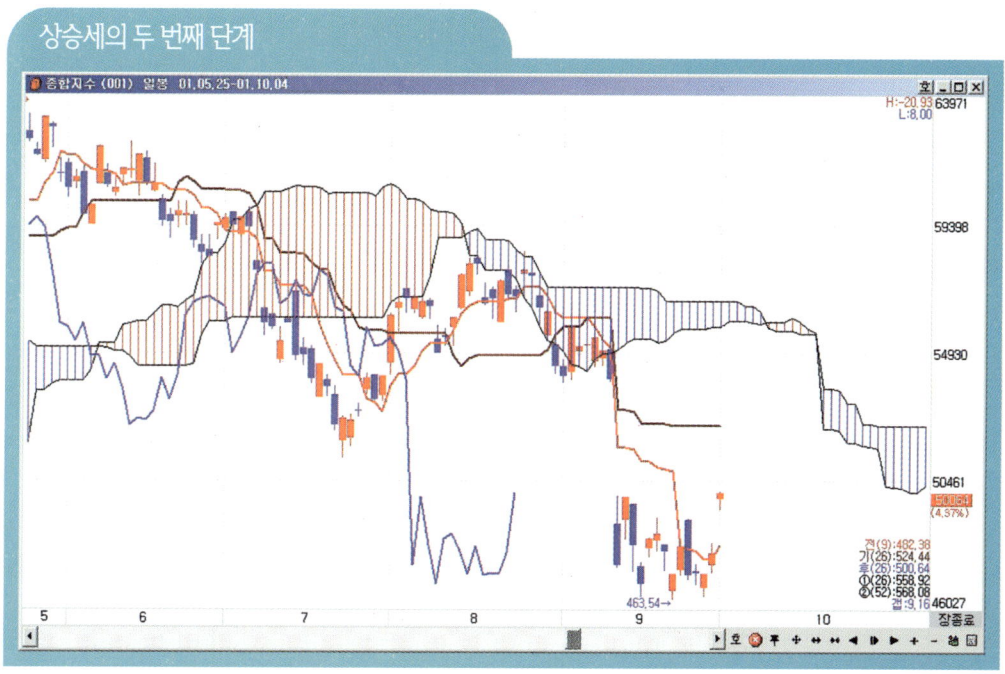

주가가 전환선을 뛰어넘습니다.

　세 번째 단계 – 주가가 어느 정도 상승세의 모멘텀을 만들면서 올라서면 그것이 즉각적으로 전환선이나 기준선 같은 중간값에 영향을 미칩니다. 앞에서 설명하였듯 단기간의 중간값일수록 주가 변동에 예민한 법입니다. 그러니 당장 전환선이 상승세로 돌아섭니다. 그러면 상승하던 전환선은 결국 기준선을 상향돌파하게 될 것이고, 기준선과 전환선의 호전현상이 나타납니다.

그런데 단순히 전환선이 기준선 위로 올라섰다고 하여 호전이라고 말할 수도 있습니다만 보다 엄밀하려면 몇 가지 조건이 있습니다. 예컨대 전환선이 기준선을 상향돌파한 이후 주가는 절대로 기준선 아래로 내려서는 안 됩니다. 또한 본격적인 상승세임이 확인되려면 기준선이 상승하여야만 합니다. 기준선은 전환선보다 주가움직임에 더디게 반등하므로 전환선이 상승하더라도 기준선은 아직 하락하고 있는 와중에 전환선과 만나는 경우도 종종 있습니다. 이럴 때 본격적인 매수신호로서 호전이 되려면 기준선이 상

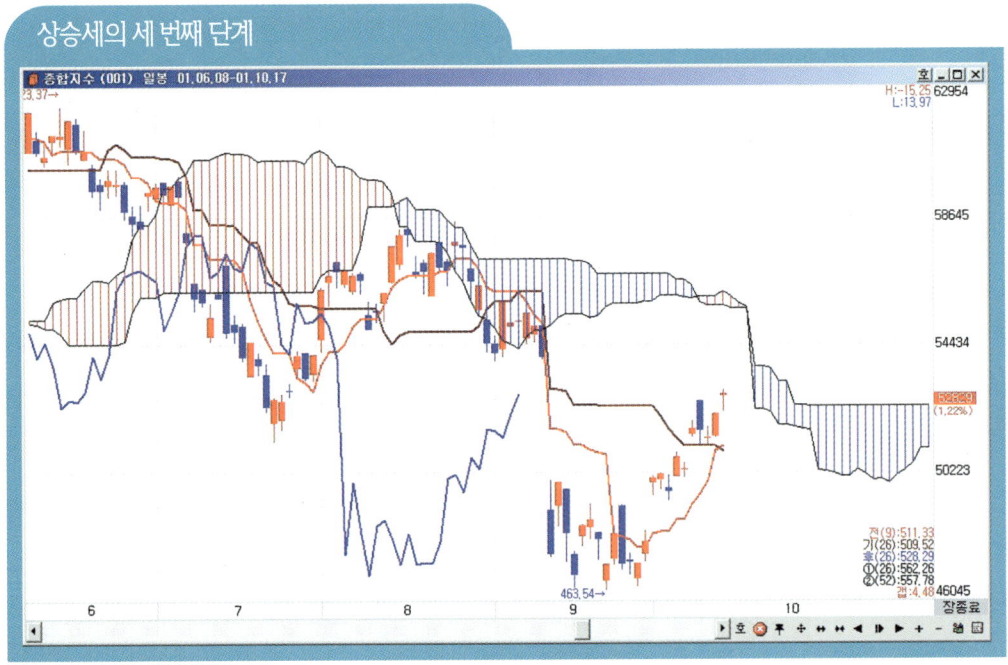

기준선과 전환선이 호전됩니다.

승하는 것이 무엇보다도 중요합니다.

단, 기준선과 전환선이 서로 호전되었다고 하여 반드시 주가가 오르는 것은 아닙니다. 상당히 많은 경우, 기준선과 전환선이 서로 호전되었으나 정작 그 이후 주가는 조정국면에 접어드는 경우가 많습니다. 이를테면 눌림목 구간에 진입한 셈인데 이는 이동평균의 경우에도 비슷한 사례를 찾을 수 있습니다. 즉 단기 이동평균과 장기 이동평균이 서로 골든 크로스를 나타낸 이후 즉각 주가가 상승하지 않고 되려 조정국면에 들어서는 경우가 그것입니다.

이처럼 기준선과 전환선이 호전된 직후 단기간의 조정국면에 진입하는 것은 어찌보면 지극히 당연한 일입니다. 왜냐하면 주가는 이미 바닥에서 꽤 올라선 상태이기 때문입니다. 바닥에서부터 주가는 상당히 올라섰기에 그런 주가의 움직임으로 인하여 전환선이 상승전환하고 급기야 기준선마저 뛰어넘을 정도였던 것입니다. 그러기에 어느 정도는 조정을 거치는 것이 당연하며 또한 순조로운 상승세를 위하여서도 조정국면은 바람직합니다. 다만 호전된 이후 주가가 조정을 받을지라도 반드시 9일안에는 재차 상승세로 전환되어야 합니다.

네 번째 단계 – 주가가 더욱 상승세를 지속하고 그 결과 이제까지 주가 아래에 위치하고 있던 후행스팬이 드디어 주가를 넘어서기 시작합니다.

사실 후행스팬은 오늘의 종가 그 자체이므로 그날 그날 주가움직임에 예민하게 반응할 것입니다. 그러나 후행스팬은 말 그대로 26일후행하여 뒤쪽에 표시하고, 26일전의 주가와 서로 비교하게 됩니다. 지금의 추세가 막 하락세에서 상승세로 돌아선 상태라면 당연히 26일전의 주가는 지금 수준보다 높을 것입니다. 그러니 오늘의 종가인 후행스팬은 26일전 주가보다 아래쪽에 위치합니다.

하지만 최근의 주가가 상승세를 지속하면 이윽고 후행스팬은 26일전의 주가를 넘어서게 됩니다. 후행스팬이 26일전의 주가를 상향돌파하는 일도 역시 호전되었다고 표현한다는 것은 이미 배운 바 있습니다. 그런데 단박에 후행스팬이 과거 26일전의 주가를 넘어서는 경우도 있긴 하지만 대다수는 후행스팬이 과거 26일전의 주가에서 저항을 만나며 한동안 주춤거리게 됩니다. 후행스팬이 상승하지 못하고 주춤거린다는 것은 결국 지금의 주가가 주춤거리고 올라서지 못한다는 것을 의미합니다. 물론 어느 정도 시간이 흐르면 결국 후행스팬은 26일전의 주가가 나타내는 저항을 극복하고 호전됩니다.

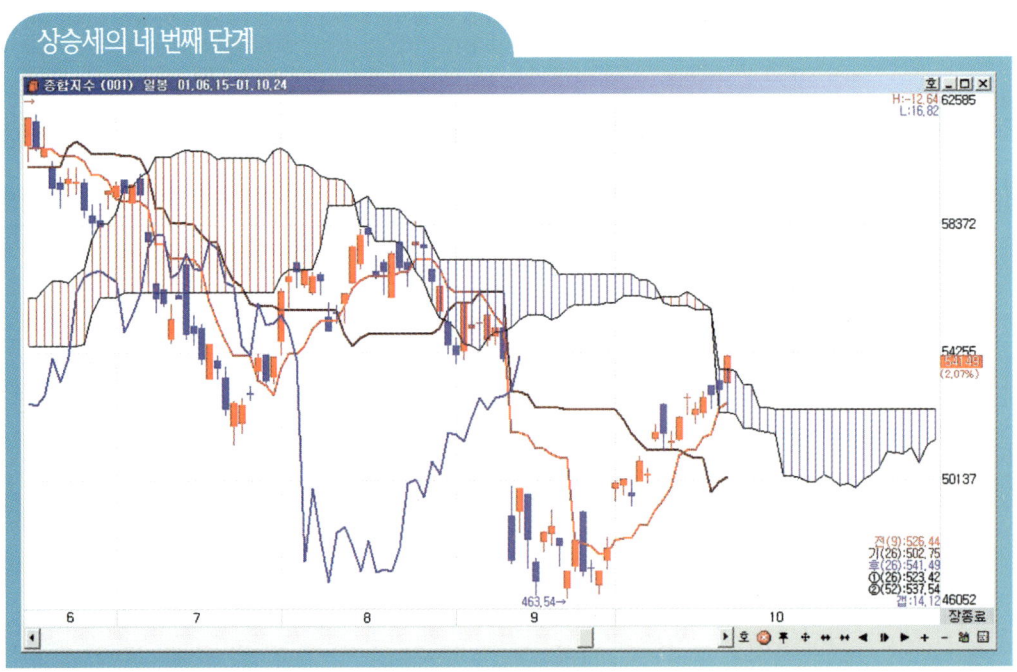

후행스팬이 결국 26일전의 주가 저항을 뚫고 상승하여 후행스팬과 주가와의 관계가 호전됩니다.

다섯 번째 단계 – 이제 주가는 더 상승하여 지금까지 주가 위에서 짙게 그림자를 드리우며 저항선으로 작용하던 구름대를 넘어서게 됩니다. 주가가 구름대의 하단을 돌파하고 그런 연후에 구름대 안에서 한동안 횡보상태를 거듭한다는 사실은 역시 앞에서 다룬 바 있습니다. 그리고 결국 주가는 구름대의 상단마저 뚫고는 훨훨 자유의 몸이 됩니다. 구름대 아래에 있을 때에는 그야말로 응달에 있었고, 햇볕조차 구경하지 못하던 시절이었습니다만 이제 구름을 뚫고 위로 올라섰으니 따뜻한 햇살이 비칩니다. 이미 전환선도 기준선도 돌파하였고, 후행스팬의 저항도 극복하였습니다. 그리고는 결국 구름대의 완강한 저항도 뿌리쳤으니 이제는 거칠 것이 없습니다. 본격적인 상승세만이 앞에 놓여 있을 따름입니다.

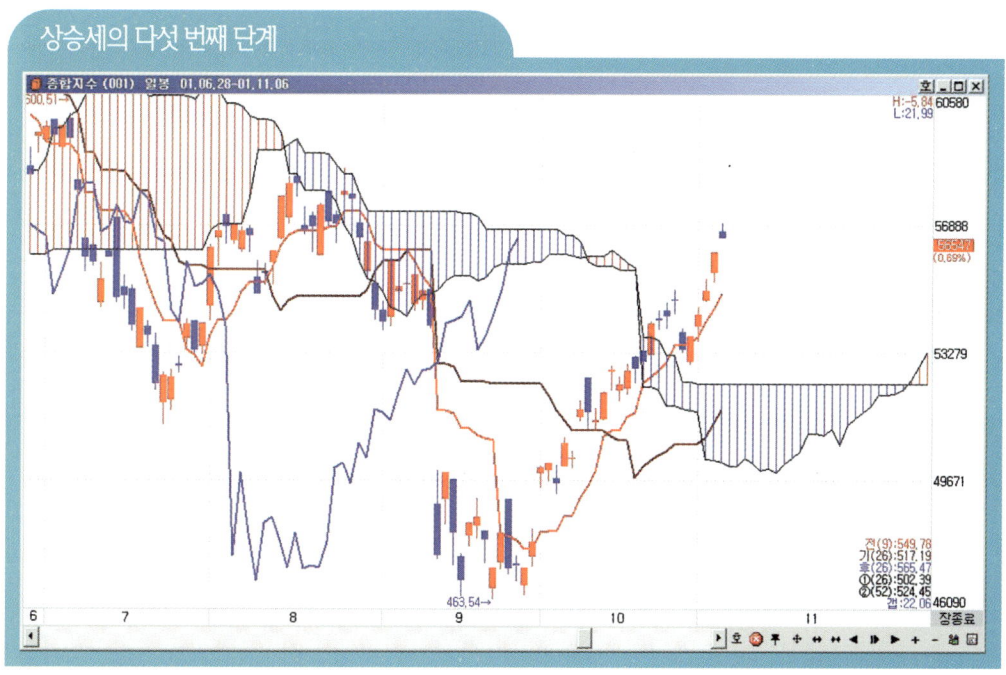

주가는 구름대의 저항마저 돌파합니다.

상승세 유지 단계

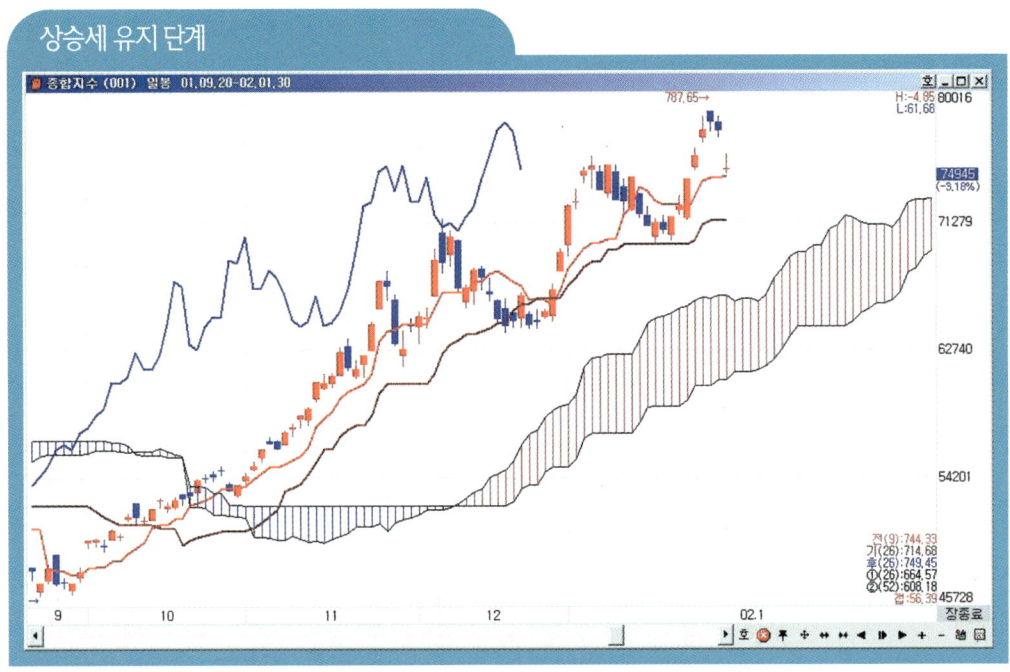

상승추세로 바뀌는 여러 단계를 착실하게 거쳤으니 그 이후로는 완연한 상승세가 상당 기간 이어집니다.

그러면 이제까지 살핀 여러 가지 스텝 중에서 언제를 매수의 타이밍으로 잡는 것이 좋을까요. 두말할 것도 없이 첫 번째 단계, 즉 주가가 바닥을 만들 때 주식에 몽땅 투자하는 것이 정답이라고 말할지 모릅니다만 그렇지 않습니다. 나중에 지나고 나서 보니 그때가 바닥인 것으로 확인될 따름이지 막상 당시로서는 그때가 바닥인지 아닌지는 알 도리가 없습니다. 그러므로 우리가 실제 거래에서 매수의 신호로 받아들이려면 최소한 주가가 바닥을 만들고 어느 정도 상승세로 전환한 이후가 됩니다. 또한 주가가 얼핏 보기에 바닥을 만들고 상승세로 돌아서는 듯하였다가도 이내 다시 고꾸라져서 기존의 하락세를 이어가는 경우도 태반입니다. 그러니 무작정 아무 때나 덜컥 매수할 수도 없는 노릇입니다.

그런즉 아무리 빨라야 세 번째 단계, 즉 주가가 상승하고, 전환선과 기준선이 서로 호전되는 것이 확인되어야만 비로소 매수 타이밍으로 잡을 수 있습니다. 또한 여기서 매수에 나설지라도 처음부터 주식에다 몽땅 집어넣는 소위 몰빵식의 매수는 위험합니다. 아직은 확실하게 추세가 상승세로 돌아선다는 보장이 있는 것도 아니기에 추세가 진행되는 것과 병행하여 매수물량을 늘려 가는 분할매수 방법이 바람직합니다. 위험을 분산할 수 있고, 추세가 어느 정도 확인된 연후에 매수하는 방법이므로 추세에 순응한다는 장점도 있습니다. 기준선과 전환선이 서로 호전될지라도 타진매수하는 식으로만 대응하여야지 본격적인 매수로 대응하여서는 안 됩니다. 본격적인 매수는 후행스팬이 26일전의 주가를 넘어서고 주가가 구름대마저 넘어설 때까지 미루는 것이 원칙입니다.

하지만 현실적으로 이야기할 때 기준선과 전환선이 서로 호전될 때까지 기다려, 그것도 타진매수 하는 정도에 그치고 그런 연후에 구름대마저 상향 돌파하는 것을 보고 비로소 본격적으로 매수하기에는 너무 늦다는 생각이 듭니다. 그때라면 이미 주가는 바닥에서 한참이나 올라선 상태일 것이고 그러기에 이제와서 매수하기에 너무 비싸다는(훨씬 낮은 수준을 이미 경험한 바 있기에) 느낌이 들 수밖에 없습니다.

그래서 보다 현실적인, 그러나 그만큼 위험성도 내포한, 방법으로 바꾸고자 합니다. 솔직하게 말한다면 이 방식은 일목산인의 가르침에서 다소 벗어나 있습니다. 일목산인은 기다림의 명수였고 심지어 9주봉을 그리기도 하였는데 우리는 그걸 못 참고 바닥에 연연합니다. 그러나 일목산인이 일목균형표를 만들 때와 지금은 시대가 다릅니다. 물론 원리는 같을지라도 지금은 인터넷과 HTS, 컴퓨터 등의 도움으로 시장의 움직임이 시시각각으로 전해집니다. 일목산인이 일목균형표를 저술할 때와는 근본적으로 시장환경이 바뀌었습니다. 그러기에 매매타이밍을 선정하는 방법에 있어서도 다소 달라질 수 있다고 생각합니다.

　일목산인의 경우는 끈질기게 기다리면서 결정적인 시기라고 생각될 때를 매수 타이밍으로 하였습니다. 그런즉 매수시기는 바닥에서 주가가 꽤 상승하였을 때가 됩니다. 그러나 우리는 위험은 따르지만 현실적인 방법, 다시 말하여 최악의 경우 얼른 손절매할 각오로, 다소 이르지만 바닥과 가까운 시기를 매수시기로 삼는 방법을 강구하고자 합니다.

　이제까지 살펴보았듯 일목균형표상으로 주가가 완벽한 상승세로 바뀌려면 몇 가지 단계를 거칩니다. 그러니 가장 빠른 매수시기는 앞서 설명한 여러 단계에서 첫 번째 단계, 즉 주가가 어디선가 바닥을 만들고 상승세로 전환할 때입니다. 하지만 바닥을 정확히 잡아내기는 사실상 불가능한 일이기에 현실적으로 이야기할 때, 우리가 매수 타이밍으로 삼을 만한 가장 이른 시기는 주가가 그간 저항선으로 작용하였던 전환선을 상향돌파하는 순간으로 잡을 수 있습니다. 특히 주가가 상승하면 결국 주가의 상승세가 전환선의 결정에 영향을 미칠 수밖에 없습니다. 왜냐하면 전환선은 중간값이기에 최고치가 상승하거나 혹은 시간이 지나면서 저점이 올라서더라도 저절로 전환선의 값이 증가할 수 있기 때문입니다.

　다음의 차트는 삼성전자의 차트입니다. 그림에서 확인할 수 있듯이 주가가 전환선의 저항을 상향돌파하고 치솟았을 때가 바닥에 근접한 수준, 즉 결정적인 매수시기가 되는 경우가 많았습니다. 또한 동시에 전환선이 상승세로 돌아설 경우는 더욱 매수신호의 신뢰도가 높아집니다. 비록 바닥은 정확하게 포착할 수는 없습니다. 그러나 전환선과 주가와의 관계를 살피는 것만으로도 매수기회는 충분히 주가가 낮은 수준에서, 그리고 확실하게 잡아낼 수 있습니다.

삼성전자 차트

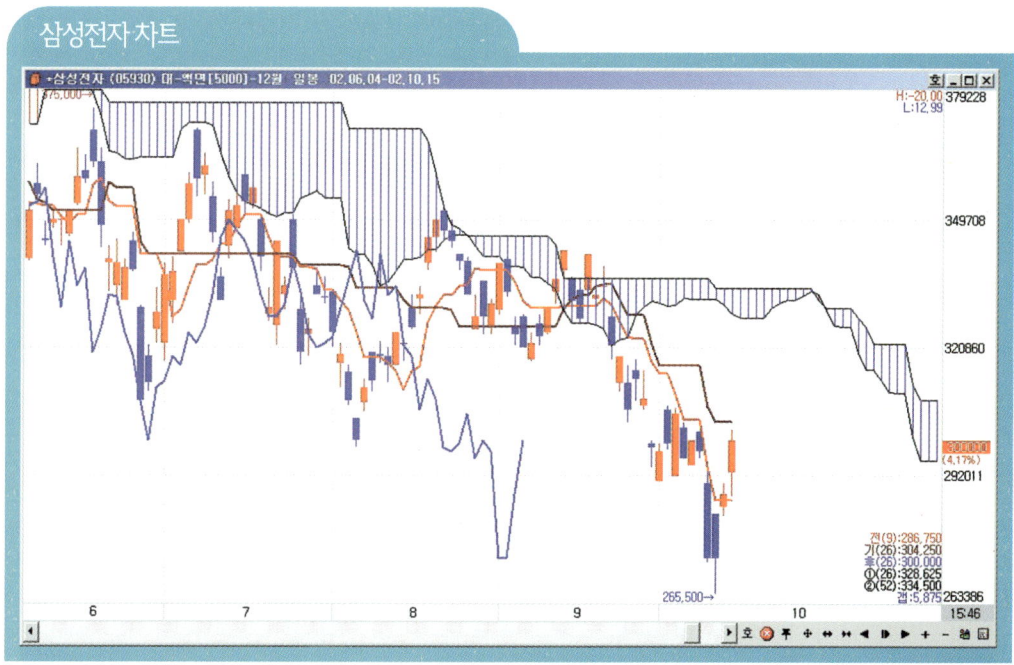

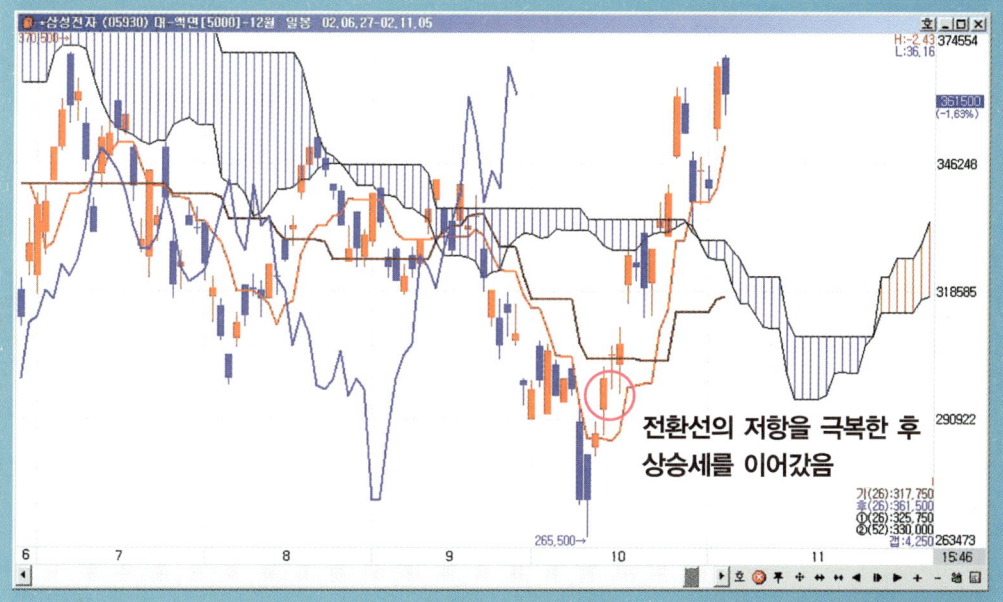

전환선의 저항을 극복한 후
상승세를 이어갔음

주가가 전환선의 저항을 상향돌파하고 치솟았을 때가 바닥에 근접한 수준, 즉 결정적인 매수시기가 됩니다.

그런데 주가가 전환선을 넘어서고 또한 전환선이 상승세로 돌아선다고 할지라도 그것이 무조건적으로 성공을 보장하는 것은 아닙니다. 전부 그렇지는 않지만 가끔씩은 전환선의 저항을 이겨내고 상승한 주가가 다시 전환선 이하로 내려서면서 기존의 하락추세를 이어가는 경우도 있습니다. 더구나 일목산인의 참뜻대로라면 주가가 전환선을 상향돌파하였다고 하여 덜컥 자신이 가지고 있는 자금의 전체를 주식투자에 쏟아부을 수는 없는 노릇입니다.

그러기에 일단 주가가 전환선을 상향돌파하고 전환선이 상승세로 돌아설 경우일지라도 보유하고 있는 자금중의 일부만을 투자하는, 타진매수의 형식이 되어야 합니다. 또한 타진매수로 매수하였을 경우, 애시당초 매수의 근거가 되었던 조건이 상실될 경우, 다시 말하여 주가가 다시 전환선을 하회하여 내려서고 전환선이 하락세로 돌아선다면 즉각 손절하여야 합니다. 만일 주가가 다시 전환선 아래로 주저앉는 등 매수의 조건이 사라진 다음에도 고집스럽게 손절하지 않으면 자칫 더 큰 손실을 입을 수도 있으니 주의해야 합니다.

그리고 다행스럽게도 주가가 전환선을 넘어선 이후 상승세가 지속될 경우, 이제까지 타진매수의 단계에서 한 단계 더 나아가 본격적으로 매수물량을 늘려가야 할 것입니다. 결국 추세가 이제는 상승추세라는 것이 명백해지는 시기를 추가 매수의 타이밍으로 삼아야 할 터입니다. 이 시기는 앞서 설명하였듯 단계를 밟는데, 기준선과 전환선이 서로 교차할 때 일부 추가로 매수하고, 그 이후 후행스팬과 26일전의 주가가 서로 호전되는 시기 혹은 주가가 구름대를 상향돌파할 때를 적극적으로 추가매수할 시기로 삼아야 할 것입니다.

일반적으로 이야기할 때 후행스팬이 26일전의 주가를 상향돌파하고 주가가 구름대 상단을 넘어서게 되면 이후 상당히 높은 확률로 지속적인 상승세가 나타난다고 생각하여도 좋습니다. 물론 그럴 경우라도 100퍼센트 주가가 오른다는 보장은 없습니다. 후행스팬과 26일전의 주가가 호전되고 주가가 구름대의 상단을 넘어선 이후라도 주가가 다시 구름대 안으로 내려앉는다거나 혹은 후행스팬이 26일전의 주가와 역전되는 사태가 발생한다면 상승세가 위협받는다는 신호가 됩니다. 그럴 경우 즉각 매도하여야 한다는 것은 어김없는 진실입니다.

일목균형표는 시장에서 매수세와 매도세간의 균형을 일목요연하게 표현하는 차트입니다. 그런즉 후행스팬과 26일전의 주가가 호전되고 주가가 구름대의 저항을 뚫고 구름대 상단 위로 올라섰다면 이제 시장에서 매수세가 압도적으로 우위를 점하였다고 보아도 무방할 것입니다. 이제 시장에서의 세력균형으로는 매수세가 우위를 차지하였다고 판단됩니다. 그러면 주가는 계속 오를 것이라고 예상할 수 있습니다.

하지만 주식시장은 참으로 변화무쌍한 곳입니다. 반드시 그렇다는 법칙이 존재하지 않는 곳 또한 주식시장입니다. 어제까지만 하더라도 무조건 주가가 오를 것처럼 보였다가도 하루 아침에 그런 상황이 역전되는 곳 또한 주식시장입니다. 그러니 항시 능동적으로 시장의 변화에 대처할 필요가 있습니다. 일목균형표 상으로 보아 시장의 균형이 매수세 쪽으로 완연히 기울었고 그런즉 지속적인 상승세가 기대된다고 할지라도 애시당초 우리가 매수의 근거로 생각하였던 것들이 무너진다면 즉각 생각을 바꾸고 손절매하여야 한다는 말입니다. 예컨대 구름대를 벗어났던 주가가 재차 구름대 안으로 들어가 버리는 경우가 좋은 예입니다.

주식시장의 변화에 맞는 매도 시기

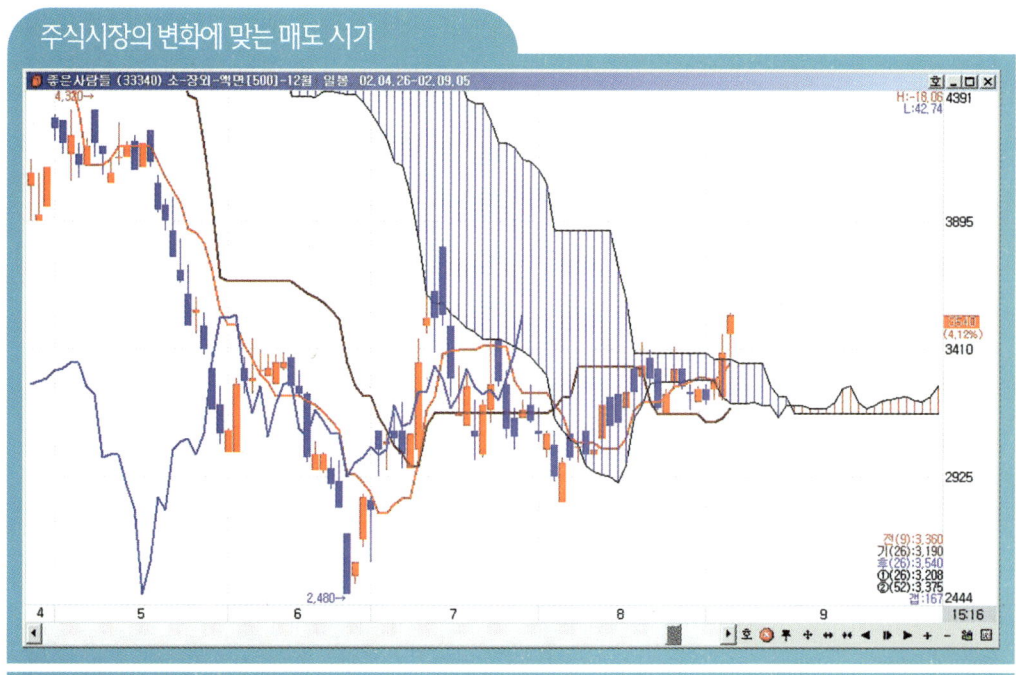

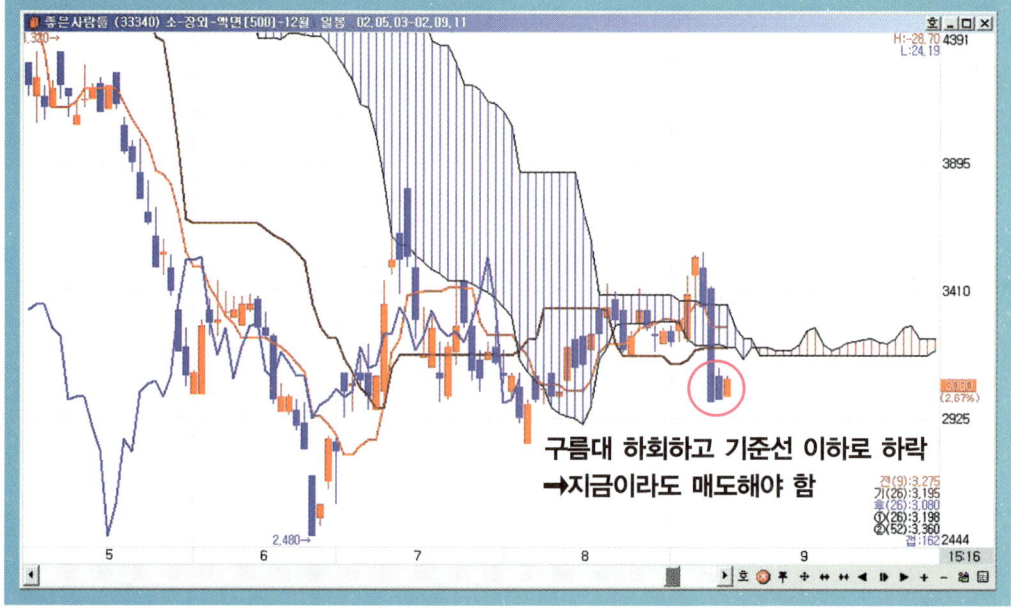

구름대 하회하고 기준선 이하로 하락
➡ 지금이라도 매도해야 함

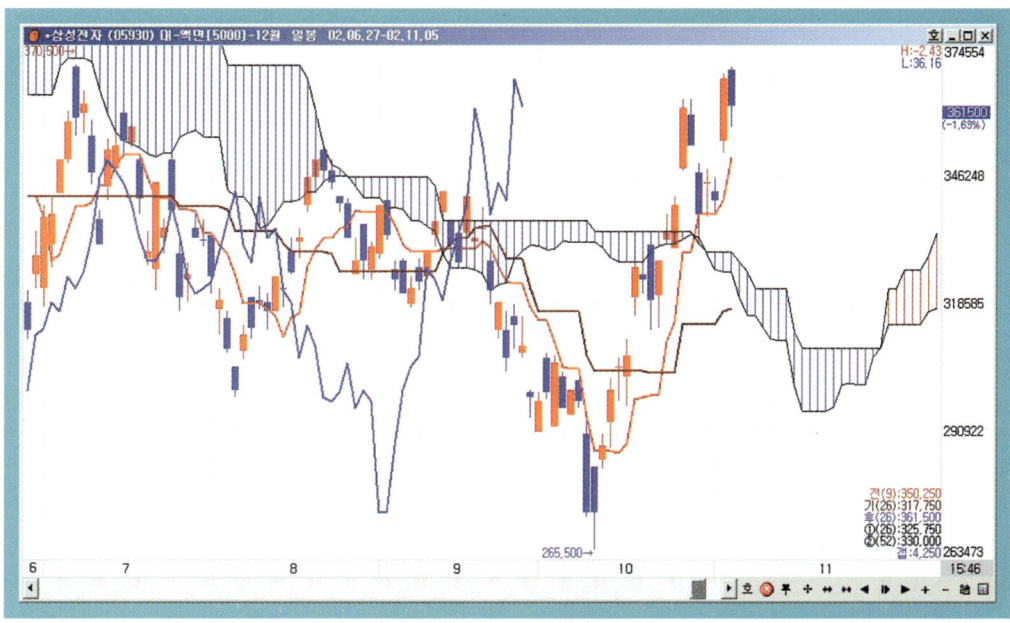

상승추세라고 판단되는 경우일지라도 애시당초 매수의 근거가 되었던 근거가 무너진다면 즉각 손절하여야 합니다. 예컨대 구름대를 벗어난 주가가 다시 구름대 안으로 접어든다면 얼른 매도하여야 합니다.

    요즘 다이어트가 세간의 관심을 끌고 있습니다. 날씬하게 보이고 싶은 것은 모든 사람의 희망인지라 그걸 노리는 상혼으로 말미암아 온갖 다이어트가 소개되고 있습니다. 포도 다이어트에 황제 다이어트, 커피 다이어트, 랩 다이어트, 살 빼는 약, 운동기구에… 그런데 이러한 다이어트 광고에는 한결같이 다이어트 하기 전의 몸매와 다이어트 한 이후의 몸매를 나란히 싣고 있습니다.

    다음의 차트는 앞에서 설명한 상승추세로 접어드는 여러 가지 단계를 차례로 거치고 큰폭으로 치솟은 종목들의 예입니다. 상승추세로 접어들기 전의 주가와 그 이후의 주가움직임을 before와 after로 비교할 수 있도록 하였습니다. 그리고 차트에는 하락추세에서 상승추세로 접어드는 단계를 다 거

상승세에서 하락세로 이어지는 주가의 움직임

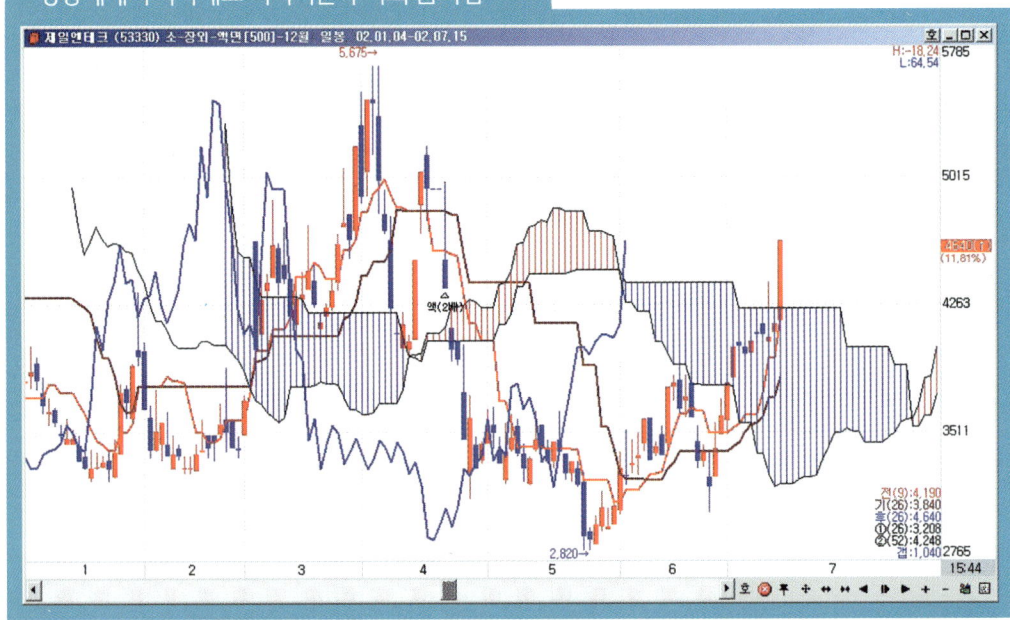

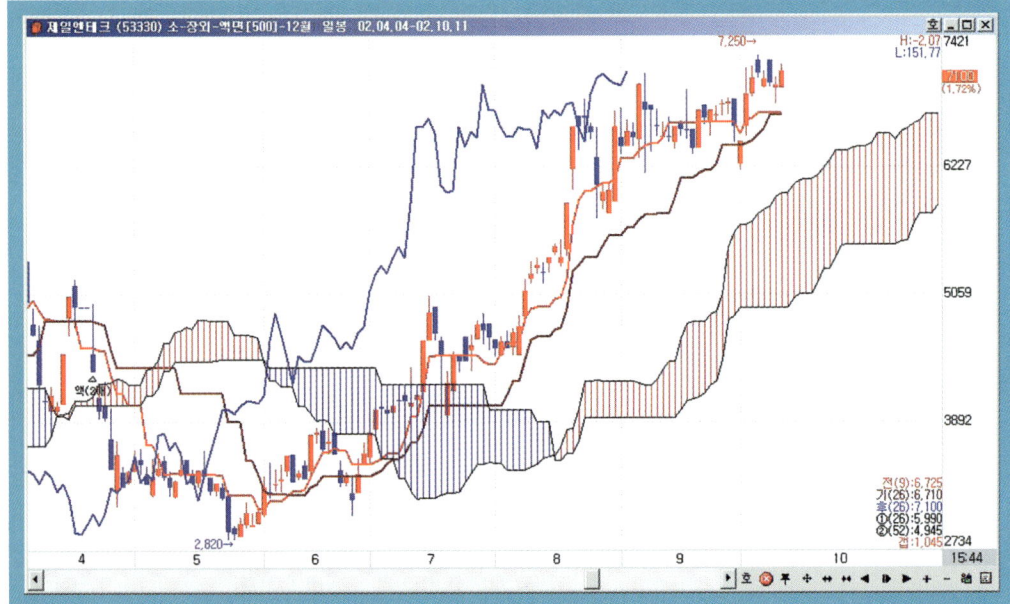

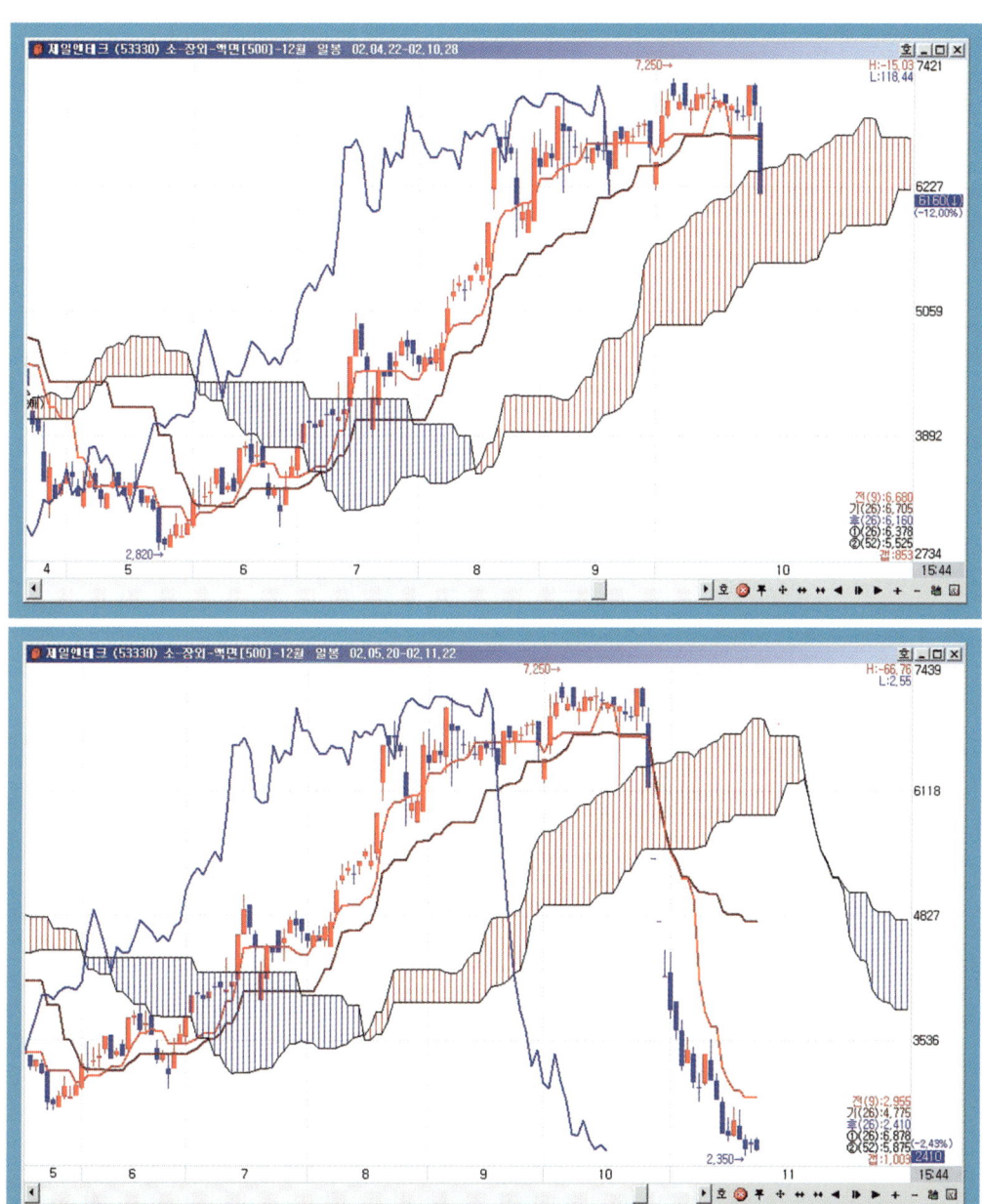

상승세로 진행되는 단계를 다 거친 이후 다시 하락세로 전환하는 과정을 찾아볼 수 있습니다.

치고 상승하였다가 꼭지에서 다시 하락추세로 전환하는 사례도 나타나 있습니다.

하락추세로 전환하는 단계는 당연히 상승추세로 접어드는 단계의 역순으로 생각하면 됩니다.

첫 번째 단계; 주가가 꼭지를 만들고는 하락하기 시작합니다. 아직은 추세적인 하락세의 시작인지 아니면 일시적인 조정인지 확실치 않습니다. 당연히 아직은 매도할 때도 아닙니다.

두 번째 단계; 주가가 전환선을 하향돌파합니다.

세 번째 단계; 기준선과 전환선이 역전됩니다.

네 번째 단계; 후행스팬이 결국 26일전의 주가로부터의 지지를 무너뜨리고 하락합니다. 다시 말하여 후행스팬과 주가와의 관계가 역전됩니다.

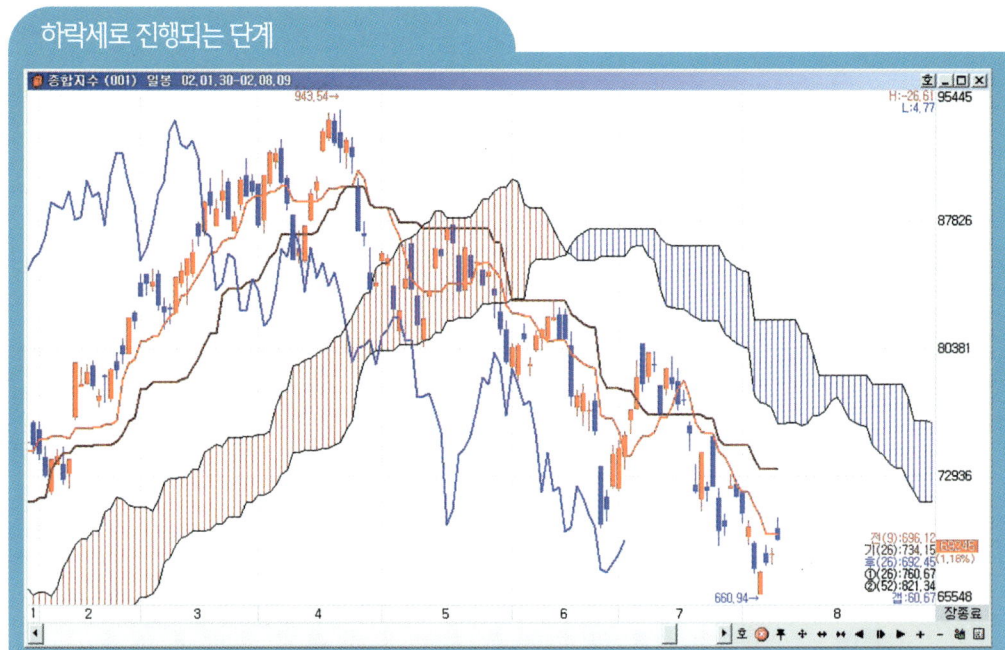

하락세로 진행되는 단계

다섯 번째 단계; 주가는 더 하락하여 최후의 지지선으로 작용하던 구름대를 하향돌파하게 됩니다. 그 이전까지는 따뜻한 햇볕이 비치는 양지였으나 이제 구름을 뚫고 아래로 내려섰으니 응달로 접어든 셈입니다. 춥고 거친 나날들이 이어집니다. 본격적인 하락세가 지속됩니다.

윗 그림들을 보고 계신 분들은 '내가 왜 진작에 이걸 몰랐지' 라고 생각하실지 모릅니다. 아마 당장 여러 가지 종목들의 일목균형표를 뒤져서 상승세가 기대되는 종목을 찾으려는 분들도 계시겠지요. 하여간 여기까지 알게 된 것만으로도 일단은 충분합니다. 그러나 더 깊은 통찰력을 위하여 다음 단계로 갑니다. 시간론, 파동론, 형보 등을 차례로 다룹니다. 특히 시간론은 선물이나 옵션 같은 파생상품의 거래에도 탁월한 효과가 있습니다.

4th CLASS

시간론(時間論)

일목균형표는 일정한 시간이 지나면
가격은 저절로 움직이게 되어 있다고 합니다.
가격은 독자적인 움직임이 아니라
시간과의 상호작용으로 등락을 보인다는 의미입니다.

S·M·A·L·L T·A·L·K

이·유·있·는·한·마·디

영희 엄마 이야기

　에드워드 디보노라는 사람이 쓴 《수평적 사고방식》이라는 책이 있습니다. 한 구덩이를 계속 파고 들어가거나, 레고 블록을 계속 높게 쌓아올리는 것이 수직적 사고방식이라면 여기저기 구덩이를 파보거나 블록을 마구 흩어놓는 식이 에드워드 디보노가 말하는 수평적 사고방식입니다.

　우리나라 속담에 '한 우물만 파라'는 말이 있지만, 한 곳에만 구덩이를 계속 파고 들어가는 일은 미련한 일입니다. 구덩이를 파는 장소가 잘못될 수도 있고, 또한 다른 곳에 구덩이를 파는 것이 훨씬 쉽게 우물을 만들 수도 있기 때문입니다. 그런데도 불구하고 한번 파고 들어간 구덩이를 쉽게 포기하지 못하는 것은 이제까지 들인 시간과 노력이 아까워서일 것입니다. 하지만 들인 시간과 노력이 아까워 미련을 버리지 못할수록 더욱더 상황은 나빠집니다.

　유전을 발견하려면 한 구덩이를 죽어라고 판다고 되는 것이 아닙니다. 오히려 여러 곳을 파야만 합니다. 여러 곳에 구멍을 뚫다보면 그 중에서 한 군데의 구멍에서 돈 되는 석유를 발견할 수 있습니다. 인류 역사상 위대한 발견이나 발명은 파고 들어가던 구덩이를 과감하게 포기하고 새로운 구덩이를 파기 시작한 사람들이 이룬 것이 많습니다. '콜럼버스의 달걀' 같은 유명한 이야기도 콜럼버스가 수직적 사고방식을 버리고 수평적 사고방식, 즉 유연한 사고방식을 지녔기에 가능했던 이야기입니다. 콜럼버스는 다른 사람들처럼 아프리카의 희망봉을 돌아 길고 긴 항해 끝에 인도로 가기보다는 유럽에서 서쪽으로 곧장 가면 인도에 닿을 수 있다고 생각하였던 것이고, 결국 신대륙을 발견할 수 있었던 것입니다.

　주식투자에 있어서도 한번 매수하였던 종목에 미련을 버리지 못하여, 주가가 하락하면 물을 타고, 더 하락하면 또 물을 타는 식 – 즉 수직적 사고방식에 사로잡혀 한 우물만 죽어라고 파기보다는 잘못되어가고 있다고 생각하면 즉각 손을 떼는 것이 더 나은 방법입니다. 주식시장에 상장되어 있는 종목 수는 한두 개가 아닌데, 무슨 원한이 사무쳤다고 한두 종목에만 매달릴 수야 없지 않습니까?

　우리들은 고사성어에 등장하는 인물 중, 미생(尾生)의 이야기 – 즉, 사랑하는 여인을 비 오는 날 다리 밑에서 만나기로 하여 기다리다가 물이 차오르는데도 꼼짝하지 않아 결국 빠져죽었다는 이야기(尾生之信) – 를 들으면 웃지만, 주가가 빠진다고 또 물타기를 생각하는 우리 자신이 바로 미생이 아닐까요?

　수평적인 사고방식, 다시 말해 유연한 사고방식을 가지는 것은 우리가 세상을 살아가는 데 있어서 참으로 중요합니다. 당연히 주식투자도 마찬가지입니다. 실패하지 않기 위해서는 유연한 사고방식을 가지는 일이 더욱더 중요해집니다.

　그런 의미에서 퀴즈 하나 풀어 보시겠습니까? 영희 엄마는 딸만 일곱을 낳았습니다. 첫 딸의 이름은 일순이, 둘째 딸 이름은 이순이, 셋째 딸 이름은 삼순이, 넷째 딸 이름은 사순이, 다섯째 딸 이름은 오순이, 여섯째 딸 이름은 육순이였습니다. 그럼 일곱째 딸의 이름은 무엇일까요?

　칠순이라고 생각하시는 분이 혹시 계십니까? 정답은… 영희.

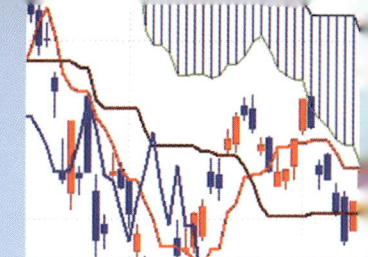

15

가격보다도 시간

주식은 물론이고 일반적으로 가격의 등락과 관련이 있는 사람들 – 예컨대 외환딜러이거나 혹은 금융선물을 거래하는 사람 등 – 은 당연히 시장에서 거래되는 가격의 움직임에 모든 신경을 곤두세우고 있습니다. 그런데 이들이 가격변동에 너무 신경 쓴 나머지 시간의 흐름은 소홀히 하는 실수를 범하고 있습니다. 가격변동뿐만 아니라 시간의 흐름도 가격의 움직임을 알아내는데 중요합니다.

일목균형표를 떼어 놓고 생각한다면 널리 알려진 기술적 분석기법 중에서 시간의 중요성을 인식하는 경우는 드뭅니다. 물론 일목균형표는 시간의 중요성을 철저하게 강조하고 있으며 모든 분석의 토대를 시간 경과에 두고 있습니다. 하여간 널리 알려진 기술적 분석법 – 예컨대 RSI나 스토캐스틱(stochastics) 등 – 오실레이터 분석에서는 시간을 염두에 두지 않습니다. 또한 볼린저밴드니 혹은 이동평균선 등에서도 시간의 중요성에 대해서는 그리 생각하지 않습니다. 그저 일정한 기간 중의 가격 움직임에 더 신경 쓸 따름입니다. 일목균형표처럼 시간을 따로 떼어 내어 가격을 결정하는 독립되고 중요한 요소로 간주하는 경우는 없었습니다.

이야기가 나왔으니 말인데 기술적 분석에 관한 서양 이론 중에서 특히 삼라만상의 원리를 근간으로 만들어진 것이 바로 엘리어트 파동이론입니다. 엘리어트 파동이론은 가격의 움직임이 일정한 파동을 만들어가고 있으며 예정된 항로를 거치고 있다는 식으로 설명합니다. 그 이론에서는 패턴과 비율과 시간이 가장 중요하다고 말하고 있습니다. 시간에 대해서도 관심을 돌리고 있는 셈입니다. 하지만 정작 깊이 파고 들어가면 시간이 중요하다고만 하고 구체적으로 시간의 움직임과 가격 움직임간의 관계 등에 대해서 구체적으로 언급하지 않습니다. 그저 막연하게 시간이 파동을 결정하는 하나의 요소라는 정도로 지적하는 일이 고작입니다.

그러나 일목균형표는 시간을 아예 독립적인 요소로 중시합니다. 일정한 시간이 지나면 저절로 가격은 움직이게 되어 있다고 설명합니다. 가격이 독자적으로 움직인 것이 아니라 오로지 시간과의 상호작용에 의하여 등락을 보인다는 의미입니다. 그러니 일목균형표에서는 시간을 무시하고 가격만을 분석하는 것은 무의미한 일이 됩니다. 이제까지 우리는 초보적인 단계로 일목균형표를 구성하는 각 요소들, 즉 괘선들로만 가격 움직임을 예측하고 거래하는 방법을 살펴왔습니다. 그러나 이제부터는 시간이라는 중요한 요소를 포함하여야 합니다.

일목산인은 '시세는 가격폭이 아니라 시간이며, 굳이 말한다면 시간에 있어서 가격폭이다' 라고 말하고 있습니다. 또한 그는 다소 과장한다면 시간이 가격에 비하여 몇십 배나 더 중요하다라고도 강조하고 있습니다. 가격폭을 구하는 방법은 다음에 다룰 가격론에서 N목표치 혹은 V목표치 등의 계산법을 사용할 수 있습니다. 하지만 이 경우에도 반드시 시간과의 상관관계가 전제되어야지 가격 그 자체로만 분석하는 것은 적절하지 않습니다. 예컨대 가격론으로 구해진 가격목표치에 도달하였을 때도 시간적으로 그것이 타당성을 가져야 가격목표로서의 의미를 갖게 됩니다. 구체적인 이야기는 나중에 하지요.

이제와서 다시 생각하면 일목산인이 시간의 중요성에 대하여 강조한 것이 여러 곳에 담겨 있습니다. 진작에 우리가 살펴보았던 여러가지 괘선들에서도 시간의 중요성은 잘 드러납니다. 현재의 주가는 과거의 주가에 영향을 받으며(예컨대 후행스팬은 과거 26일전의 주가에서 저항이나 지지를 받습니다. 과거의 주가가 후행스팬에 영향을 미치는 것이니 결국 현재의 주가에 영향을 미치는 것과 같습니다), 현재의 주가는 미래의 주가에 영향을 미칩니다(예컨대 오늘의 주가움직임으로 선행스팬을 미리 만들어 둡니다. 이 선행스팬은 구름대를 형성하여 26일후의 주가에 영향을 미칩니다). 과거와 현재와 미래의 주가가 서로서로 얽혀 있는 이런 양상은 시간론이라는 독특한 개념이 아니라면 나타나지도 않았을 것이고 또한 이해되지도 않았을 것입니다.

일목산인은 시간과 가격과의 관계에 대하여 재미있는 비유를 사용하고 있습니다. 그는 요리는 열과 시간이 균형을 이루어야 하는데, 특히 시간이 더 중요하다고 언급하고 있습니다. 요리는 열의 세기를 확인하고 시간을 조절하는 과정이 필요하기 때문입니다. 예를 들어 조리할 때 재료를 불에 올려놓고서도 시간을 잘 조절하지 못하면 맛을 제대로 낼 수 없습니다. 마찬가지로 주가의 움직임 역시 시간과의 상관관계로 이해하는 것이 대단히 중요합니다.

일목균형표의 시간론을 구성하는 가장 핵심적인 개념은 우선 9, 17, 26이라는 기본수치입니다. 기본수치부터 설명하면서 시간론을 깊숙이 파고 들어가 봅시다.

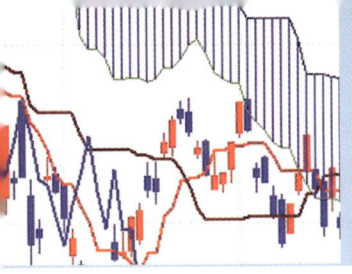

기본 수치

 엘리어트 파동이론에 의하면 삼라만상의 기본이 되는 숫자로 3과 5를 제시하고 있습니다. 엘리어트는 삼라만상의 기본이 되는 인간의 몸에도 3과 5라는 숫자가 녹아 있고 또한 인간이 만든 가장 안정적인 건축 구조물인 이집트 피라미드에도 3과 5라는 숫자가 내포되어 있다고 말합니다. 그리고 기본적인 숫자인 3과 5를 기초로 하여 0.618 혹은 0.382 같은 황금분할 비율을 구하기도 합니다.

 그런데 일본에서 개발되어 동양적인 이론으로 치부되는 일목균형표에서는 삼라만상의 근본이 되는 숫자로 9를 제시하고 있습니다. 9는 완전을 의미합니다. 한자리 숫자로서는 가장 큰 숫자이며 거기에다 1을 더하면 10이 됩니다. 또한 9에 이어서 17, 26 이 세 가지 숫자가 일목균형표에서 기본수치라고 일컬어지며 핵심적인 숫자로 사용됩니다. 그런데 우리는 이미 이 책에서 일목균형표의 여러 가지 요소들을 다루어 오면서 9나 혹은 26 같은 숫자에 익숙합니다. 9는 전환선, 26은 기준선을 구하는 데 사용되는 기간인 동시에 선행스팬과 후행스팬의 스팬기간으로 사용됩니다.

우리는 뚜렷한 이유를 모른 채 자주 접하다보니 저절로 9 혹은 26 같은 숫자에 익숙해지고 말았습니다만 사실 일목산인은 이 숫자를 발견하기 위하여 상당한 노력을 기울인 듯합니다. 소위 주가의 흐름을 정확히 설명하기 위하여, 혹은 삼라만상의 비밀이 담겨 있는 숫자를 발견하기 위하여, 그는 동서고금의 온갖 서적을 연구 조사하였다고 술회하고 있습니다. 그리고 그는 26이라는 숫자를 발견한 것이 행운이라고까지 말하기도 합니다.

9, 17, 26을 기본수치라고 하는데, 이는 시간으로 따진다면 시세의 한마디가 되는 기간이라고 정의할 수 있습니다. 즉 독립적으로 확립된 숫자로서 가격 움직임에 영향을 주는 시간입니다. 예컨대 9일간의 시간이 지났다는 이유로 하나의 추세가 일단락될 수도 있다는 의미가 됩니다.

그리고 독립적으로 확립된 기본수치 9, 17, 26 외에 기본수치가 서로 결합하여 만들어진 복합수치가 있습니다. 이는 33, 42, 65, 129, 172 등입니다. 정리한다면 다음과 같습니다.

단순1	9	1절(節)
단순2	17	3절(節)
단순3	26	2절(節) = 1기(期)
복합4	중간	
복합5	33	1기 1절
복합6	42	1기 2절
복합7	65	
복합8	129	
복합9	172	
복합10	200~257	

복합4는 아무런 숫자가 표시되어 있지 않은데 일목산인의 설명에 의하면 복합4는 26에서 33일까지를 말합니다. 또한 9, 17, 26이 가장 기본적인 수치가 됩니다만 반드시 절대적인 것은 아닙니다. 예컨대 9는 7에서 11까지를 대표하는 숫자이고 17은 13~21까지를 총괄합니다. 그러기에 9, 17, 26은 중심값으로서의 의미, 혹은 대표값으로서의 의미로 사용됩니다. 9, 17, 26의 기본수치가 절대적으로 지켜져야 할 수치가 아니라 다소간의 융통성을 가지고 있다는 말입니다. 이런 점도 절대불가침의 법칙을 고수하는 등 반드시 지켜야만 하는 원칙이 존재하는 서양식 엘리어트 파동이론과는 다른 점입니다. 일목균형표가 동양적인 이론이라는 것으로 이해할 수 있겠지요.

표에서 볼 수 있듯이 9일간이 1절로서 하나의 매듭으로 작용합니다. 그리고 26이 3절로서 결국 1기가 됩니다. 3기가 모이면 이를 순(巡)이라고 하는데 복합수치로는 76이 됩니다. 또한 3순이면 환(環)이 되는데, 숫자로 말한다면 226입니다.

그런데 1순이 되는 76일 혹은 1환이 되는 226일은 위의 표에 나타낸 복합수치에 들어가지 않는 것처럼 보입니다. 그러나 그렇지는 않습니다. 일목산인은 기본수치를 서로 결합하면 무한대의 복합수치를 만들 수 있다고 말하고 있습니다. 실제로 33은 17+17-1, 42는 17+26-1, 그리고 65는 33+33-1로 구해집니다. 여기서 1을 차감한 것은 서로 겹치는 날이 있기 때문입니다.

앞서 우리는 기준선이나 전환선을 구할 때 당일을 포함하여 과거 26일 등으로 날짜를 계산하였습니다. 복합수치의 경우도 마찬가지입니다. 예를 들어 33일이라면 17일이 지나고, 다시 마지막을 포함하여 17일째가 되는 셈이므로 결국 17+17-1이 되는 것입니다. 또한 9, 17, 26의 기본수치와 이로써 파생되는 복합수치를 서로 결합하면 일목산인의 설명처럼 무한대의 복합수치를 만들 수 있습니다.

예컨대 33+42=74, 42+42=81, 42+65=106, 65+129=193, 172+172=343, 200+200=399, 200+257=456, 257+257=513, 129+172=300, 172+200=371, 172+257=428… 등으로 구해집니다.

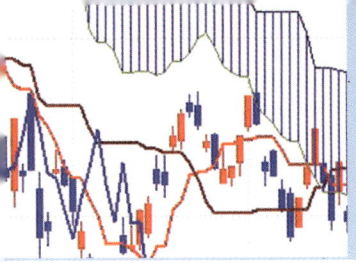

기본 수치의 이용

 기본수치를 왜 사용할까요? 그저 일목균형표에서 중요하다니까… 혹은 일목산인이 오랜기간 노력하여 동서고금의 서적을 다 뒤진 끝에 발견한 숫자라니까 그저 중요한가보다라고 당연시해서는 곤란합니다.
 왜 일목균형표에서 기본수치가 중요한지는 일목산인이 스스로 설명하고 있습니다. 그는 중요한 고점이나 저점에서 각각 9일, 17일, 26일되는 날을 미리 설정하여 차트에 표시한 다음 그날 이후의 주가가 어떻게 변화하는지 예측하는 식으로 기본수치를 이용하고 있습니다. 물론 복합수치의 경우도 마찬가지입니다. 여기에 대해서는 다음에 변화일을 구하고 변화일을 이용하는 거래에서 더욱 자세히 다루겠습니다. 하여간 기본수치는 시간상으로 주가의 변동에 있어 하나의 매듭을 이루는 날이라고 간주하여야 합니다.
 일목산인은 9, 17, 26 등의 기본수치 그리고 그 외의 복합수치의 성격에 대하여 자세하게 설명하고 있습니다. 하나씩 살펴봅니다. 그는 심지어 9, 17, 26, 33, 42 등의 숫자에 해당되는 날을 차트에 표시하는 방법에 대해서도 설명하고 있습니다. 예컨대 9일째 되는 날은 ×표, 그리고 17일째 되는 날은 △, 26일째 되는 날은 ○를 표시하는 식입니다. 물론 그 외에도 33일째, 42일째 되는 날에 각각 일목산인 식의 표기법이 있습니다. 동그라미를 두 개 겹친다거나 혹은 동그라미 안에 ×표를 하는 식 등 그만의 방법입니다. 그러나 굳이 그것까지 그대로 답습할 필요야 없겠지요. 저마다 자신만이 알아볼 수 있는 독창적인 방식으로 표시해도 됩니다. 하여간 차트에 표시는 저마다 다르겠습니다만 9, 17, 26 등이 지니는 의미마저 다를 수는 없습니다. 다음은 각각의 기본수치에 대한 일목산인의 설명입니다.

　상승 추세의 경우 최초의 상승 움직임을 만드는 기간이거나 혹은 중간 눌림목의 기간으로 나타납니다. 그리고 마지막 상승파동의 기간이 되기도 하며 동시에 크게 급등할 때 하나의 파동으로 나타납니다. 하락추세일 경우는 9나 17이 최초의 첫 번째 파동을 구성하는 기간이 될 수도 있습니다. 즉 9일 혹은 17일이 지나면 일시적으로 하락세가 멈추는 경우가 많습니다. 그러나 일반적으로 9일이나 17일은 하락파동이 진행중일 때 중도에 나타나는 일시적인 반등기간일 경우가 더 많습니다.

　전체적인 시장의 흐름이 하락국면으로 접어들었을 때라면 9일 혹은 17일은 일시적인 반등에 불과하며 하락 도중의 반등기간도 대체로 9일을 한계로 하게 됩니다. 그러나 시장이 전반적으로 상승세라면 이 수치가 적절하게 사용됩니다. 바닥에서 출발하여 9일 또는 17일 동안 주가는 몇 배로 치솟는 경우가 많습니다. 이처럼 상승파동의 기세는 9일 혹은 17일 동안 분출됩니다. 상승추세의 초기 9일간 혹은 17일간의 움직임을 냉정하게 관찰하는 일은 이후의 추세를 파악하는 데 대단히 중요합니다. 시세가 바닥에서부터 출발하여 상승하기 시작하는 경우라면 첫 번째의 움직임은 대부분 9일간 이어집니다. 그리고 17일이 되는 경우도 간간이 있습니다.

하락추세에서는 잘 적용되지 않지만 상승추세에서는 주로 1기로 사용됩니다. 즉 상승파동이 26일간 지속되는 경우가 많다는 말입니다. 그리고 26 이야말로 9, 17과 함께 일목균형표의 진수라고 말할 수 있습니다. 시간론이 일목균형표의 핵심이라는 관점에서도 그렇고 일목산인 스스로 9, 17, 26의 기본수치를 일목균형표의 진골수(眞骨髓)라고 표현하고 있을 정도입니다.

복합수치4, 즉 26에서 33까지의 숫자 그리고 33은 상승추세나 하락추세 모두 적용할 수 있습니다. 어차피 이것은 26의 보조로서 사용되는 것이기 때문입니다. 그런데 33일의 경우는 하락파동에서 첫 번째 파동의 기간으로 나타나는 경우가 많습니다.

상승추세일 때 혹은 하락추세일 때 모두 적용할 수 있습니다. 특히 42라는 숫자는 대단히 중요해서 이것을 알고 있기만 해도 추세가 전환될 때 그 대부분을 마스터할 수 있을 정도라고 일목산인은 표현하기도 합니다. 일목산인은 주가 차트에다가 매일의 주가움직임을 기록합니다만 특히 특정한 일자로부터 33일째 그리고 42일째가 되는 날을 미리 표시해 두었다고 합니다. 이처럼 33일째 혹은 42일째 되는 날을 미리 표시해 둔 이유는 정작 그날이 되었을 때 주가가 어떻게 움직이는지 자세히 관찰하여 추세가 전환되는지 여부를 판단하려는 것입니다.

결국 그날이 33일째가 되거나 혹은 42일째라는 사실을 모르는 사람은 그저 무심히 지나치지만 미리부터 차트에 표시하여 대처하는 사람이라면 대응방식에서 다른 사람들과 다를 수밖에 없습니다. 아는 것과 모르는 것은 그야말로 하늘과 땅만큼의 차이가 나타나는 법입니다. 또한 42일째 되는 날이거나 혹은 33일째 되는 날에 추세의 전환이 잘 나타난다면 이 숫자의 중요성은 더 강조할 필요가 없을 것입니다.

65

65 혹은 그 이상의 숫자들, 예를 들어 129, 172 등의 숫자는 중기 또는 장기에는 단순하게 적용하면 된다고 일목산인은 말하고 있습니다. 즉 앞선 33이나 42처럼 대단히 중요한 의미를 부여할 것까지는 없다는 말입니다.

특히 생각해야 할 것은 같은 시세 변동이라고 할지라도 상승추세와 하락추세는 서로 시세의 변동방식이 다르다는 점입니다. 일목산인은 특히 상승추세의 경우는 이제까지 설명하였던 9, 17, 26, 33, 42 등 10가지의 단순, 복합수치가 정말로 적절하게 적용할 수 있으나 하락추세에서는 적용하기 쉽지 않다고 합니다. 따라서 하락추세에서는 공식론적인 것으로만 일단 생각하라고 강조합니다. 너무 심각하게 생각하지 말라는 뜻이지요.

이제까지 설명한 10개의 단순, 복합수치는 주가지수는 물론이고 각각의 개별 종목에도 적용할 수 있습니다. 그러나 이들 숫자를 변화일로 사용할 경우는 주가지수에 적용하는 것이 좋습니다. 물론 개별 종목의 경우도 변화일로 사용되지 않는 것은 아니지만 일단 주가지수에 변화일로 적용하고 그것을 참고하여 종목의 등락을 확인하는 식으로 사용합니다. 예를 들어 9일째 되는 날이 변화일이 된다면 주가지수가 하락세로 바뀐다고 생각할 수 있습니다. 그리고 주가지수가 하락한다면 개별 종목의 움직임이 어떻게 될지는 익히 예상할 수 있습니다. 보다 구체적으로 말하자면 주가지수의 움직임과 연관이 깊은 시가총액 상위주의 경우는 하락폭이 커질 것이며, 반면에 시장 전체의 움직임과 종종 반대 방향으로 움직이는 부실주 혹은 저가주의 경우는 일시적으로 상승할 수도 있을 것입니다.

단순한 예에 불과하지만 주가지수의 변화에 상응하여 개별 종목의 주가 움직임을 예상할 수 있습니다. 갑자기 변화일이란 용어로 혼란스럽겠습니다만 여기서는 간략하게 다루고 다음 장에서 자세히 설명하겠습니다. 변화일은 말 그대로 변화일은 추세가 변화하는 날입니다.

일목산인은 항상 주가지수의 향후 방향에 대해 염두에 둘 것을 강조하였습니다. 그러기 위하여 그는 빠를 때에는 2개월 전, 늦어도 1개월 전부터는 변화일이 되는 날을 미리 결정해 두고 그것을 참고하면서 각 종목의 등락을 확인해야 한다고 말합니다. 각 종목의 등락을 확인해 보면 어떤 종목은 17일간 상승할 것을 기대할 수 있으며, 어떤 종목은 9일째에서 상승이 멈춰버리기도 하고 혹은 또 다른 종목은 33일간 상승세가 지속될 것으로 기대되는 등 종목간의 차이를 알 수 있게 됩니다. 하지만 주가지수가 단순하게 오르거나 내리는 경우, 혹은 큰폭으로 등락하는 경우는 별로 어렵지 않으나 주가지수가 소폭의 횡보를 거듭할 때에는 무엇보다도 주가지수의 변화일이 언제인지 등에 대해서는 세밀하게 따져보는 것이 중요합니다.

일목산인은 시간의 중요성에 대하여 수차례 강조하였으며 특히 시간의 작용으로 만들어지는 변화일을 강조하며, '변화일을 모르고서는 진정으로 주식투자에서 수익을 내기 어렵다'고까지 말했을 정도입니다.

변화일은 사실 일목균형표에서 시간론 중 가장 중요한 부분입니다. 그런데 변화일은 이제까지 설명한 기본수치 혹은 복합수치에 해당하는 날로 결정되기도 하지만 동시에 대등수치에 해당되는 날도 역시 변화일이 됩니다. 그렇다면 변화일을 본격적으로 살피기에 앞서서 대등수치가 무엇인지 또한 그것은 어떻게 산출되는지부터 따져보는 것이 순서일 듯합니다.

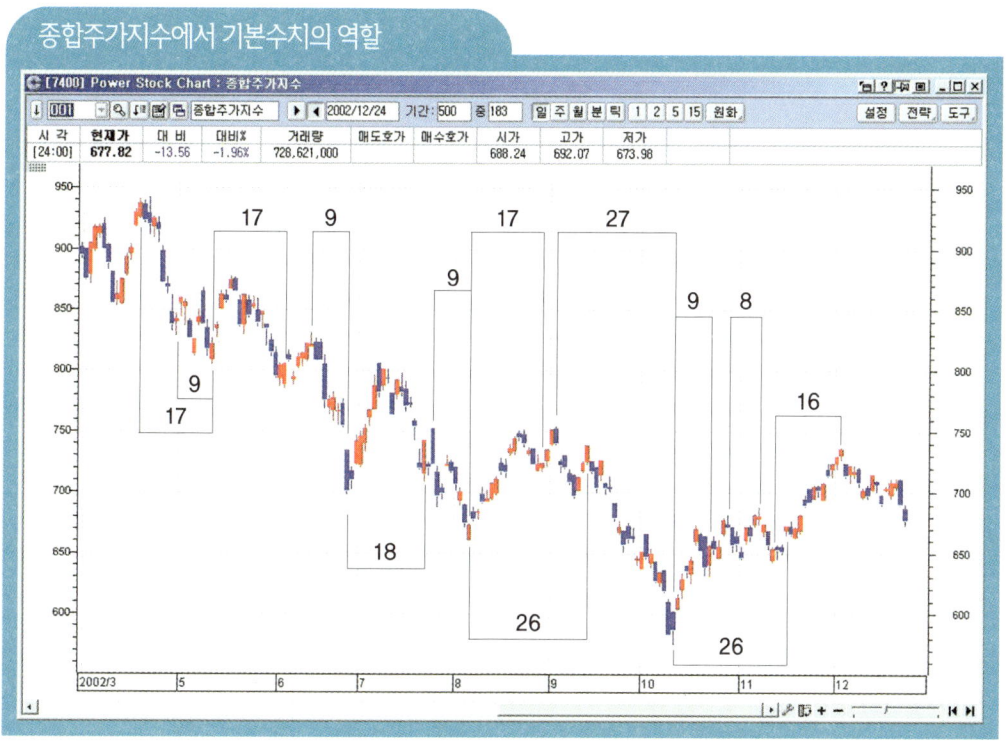

종합주가지수의 차트입니다. 9, 17, 26 같은 기본수치가 하나의 시간매듭이 되는 사례를 여러 곳에서 발견할 수 있습니다.

나스닥 지수에서 기본수치의 역할

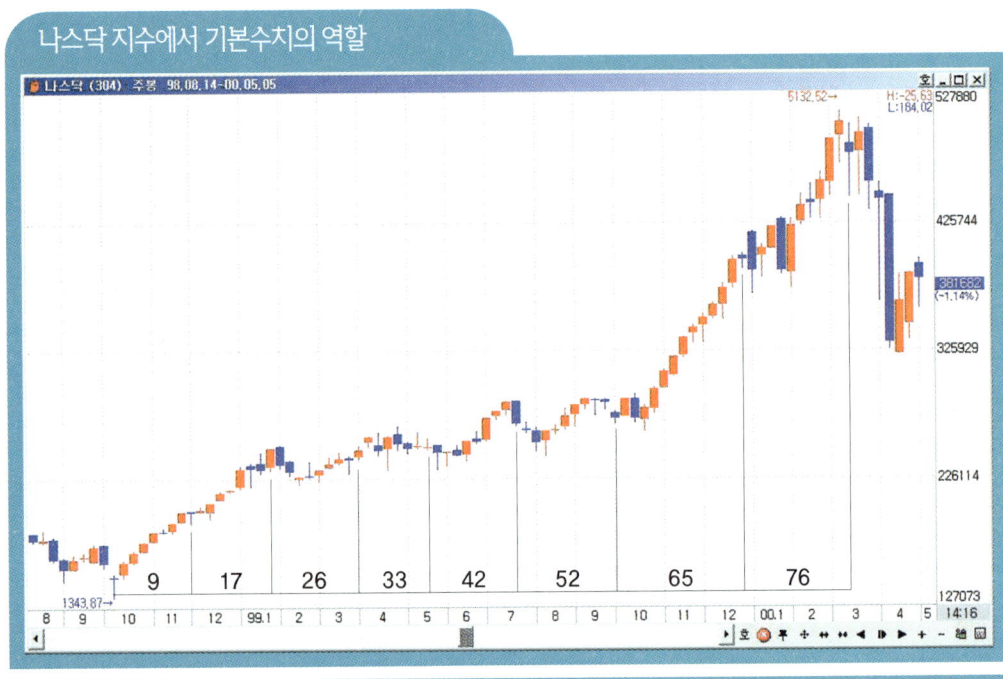

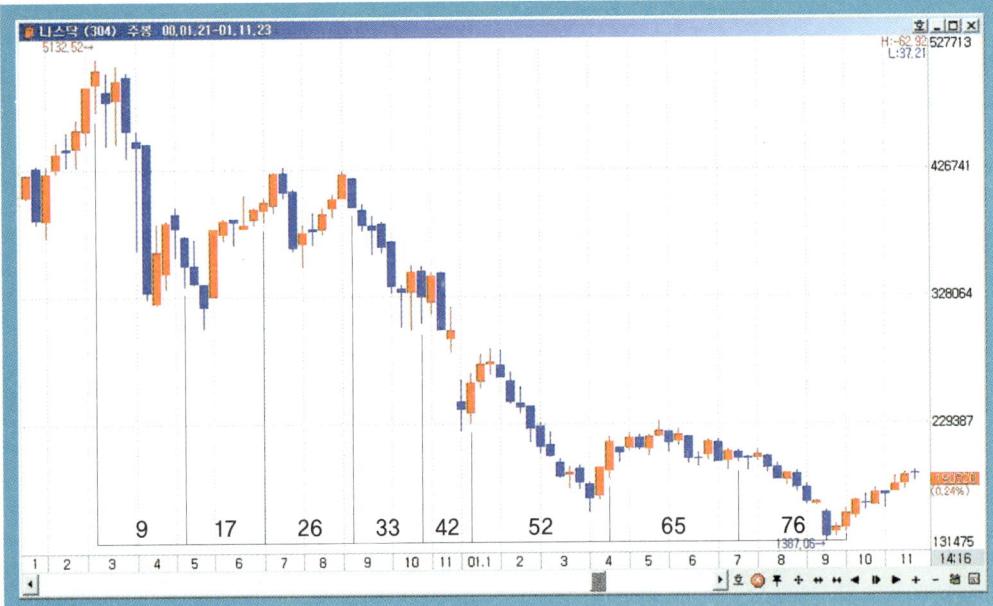

나스닥 지수의 주봉입니다. 기본수치가 매듭으로 작용하고 있습니다.

18

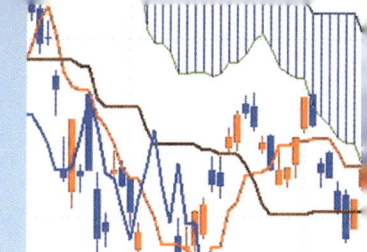

대등수치

기본수치는 9, 17, 26 등으로 미리 정해져 있는 숫자입니다. 예컨대 고점에서 따져 17일째 되는 날이면 하나의 상승파동을 매듭지을 가능성이 높다고 판단하는 것이지요. 다시 말하여 독립적으로 미리 정해진 기간이 바로 기본수치입니다. 그런 반면 대등수치는 독립적으로 미리 정해져 있지 않습니다. 실제로 시장에서 주가가 움직인 기간이 바로 대등수치가 됩니다. 굳이 9, 17, 26 등 기본수치에 국한될 필요없이 13이건 20 혹은 39 등 아무 숫자나 가능합니다.

대등수치라는 것은 말 그대로 과거의 주가움직임만큼 대등하게 현재의 주가움직임이 나타난다는 생각에서 비롯됩니다. 대등수치의 경우도 과거와 현재가 서로 밀접하게 연결되어 있습니다. 과거의 주가가 움직인 기간만큼 현재의 주가가 움직인다는 생각에서 출발한 것이 바로 대등수치입니다.

예컨대 과거 10일 동안 주가가 내내 하락세를 보였다가 특정시점을 바닥으로 하여 상승세로 돌아섰다면 그때부터 상승할 기간은 그 이전에 하락한 기간만큼으로 나타나는 경우가 많습니다. 똑같이 대등한 10일이 될 것이라는 말입니다. 이때 10일이라는 숫자가 바로 대등수치가 됩니다.

그런데 대등수치는 기본수치와 별로 관계없다라고 하지만 실제 대등수치가 바로 기본수치와 일치하는 경우가 많습니다. 예컨대 과거 26일간 하락한 다음에 다시 26일간 상승한다는 말입니다. 대등수치와 기본수치가 상당부분 일치한다는 것은 조금만 생각해보면 알 수 있습니다. 주가가 하나의 파동을 만들고 움직였다면 결국 한 매듭을 만든 셈인데, 그 기간은 대체로 기본수치에서 동떨어지기 어렵습니다. 그러기에 기본수치가 대등수치로 되는 경우가 많을 수밖에 없습니다. 하여간 대등수치는 과거의 주가움직임에서 나타난 시간의 흐름을 미래의 주가 흐름을 예측하는 일에 적용하려는 방법입니다.

그림을 참고하면 훨씬 이해하기 쉽습니다.

그림에 표시한 날이 바로 오늘입니다. 그리고 대등수치는 오늘까지 만들어진 한 파동의 날짜를 잡고, 그 수치를 앞으로의 파동에 적용하게 됩니다. 그러므로 일단 기본이 되는 것은 최근의 고가에서 저가까지가 되는데, 더 확장한다면 그 이전의 저가에서 고가까지의 기간으로 나아갈 수 있습니다. 결국 대등수치는 계산하기에 따라서 얼마든지 구할 수 있습니다.

일단 그림에는 일부러 기본수치와 관련이 없는 숫자로 만들었습니다. 예컨대 바닥시세에서 있는 현 시점에서 직전의 1파동은 13일, 2파동은 7일, 그리고 전 3파동은 20일이라고 합시다. 그러면 직전의 1, 2파동을 합하면 19일(13+7-1, 중간에 중복), 그리고 직전의 2, 3파동을 합하면 26일(20+7-1)이 됩니다. 또한 직전의 1, 2, 3 파동은 모두 38일이 됩니다.

이럴 때 현 시점에서 출발하여 앞으로의 대등수치는 먼저 직전의 1파동, 즉 13일이 됩니다. 그리고 계속하여 1, 2파동을 합친 기간 즉 19일이 또한 대등수치가 될 수 있습니다. 그리고 1, 2, 3파동을 모두 합친 38일이 대등수

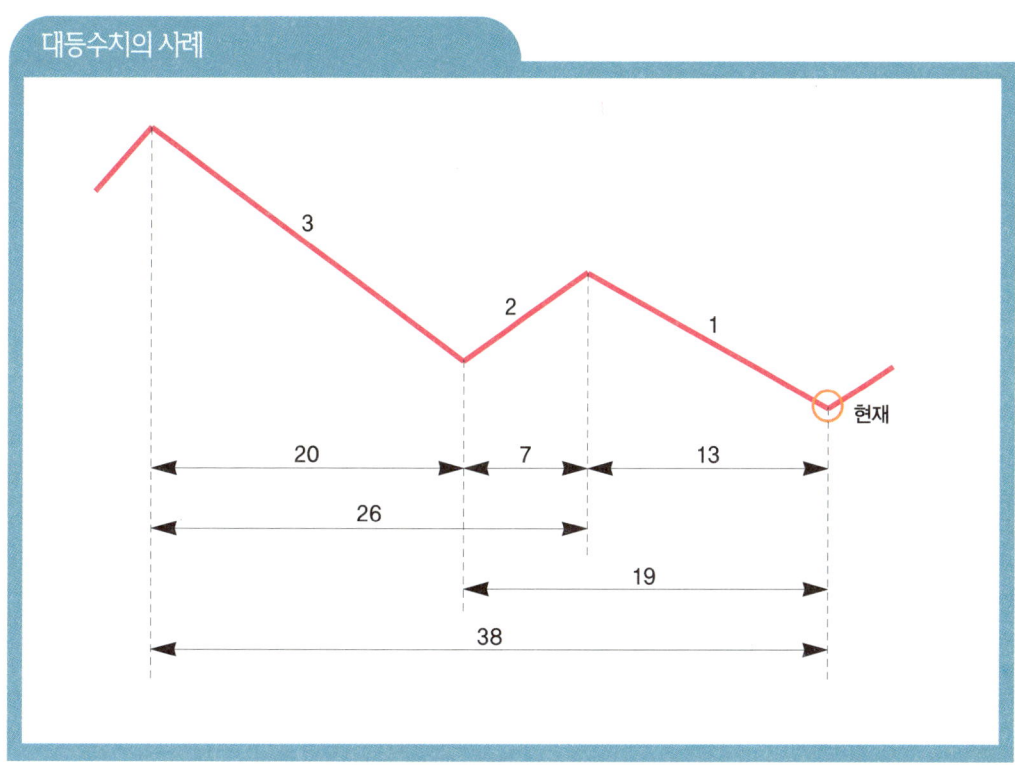

위의 6가지 숫자가 모두 대등수치로 사용될 수 있습니다

치가 됩니다. 그런데 가끔은 직전의 파동을 제외하고 2, 3파동을 합친 기간 즉 26일도 대등수치로 사용되기도 합니다(이를 격의라고 합니다. 나중에 다시 자세하게 설명하겠습니다). 요약한다면 현 시점에서 시작하여 1파동, 1+2파동, 그리고 1+2+3파동이 순서대로 대등수치로 사용되며 가끔 2+3파동도 대등수치로 작용합니다.

본질적으로 대등수치는 N파동까지(파동에 대하여서는 다음 장에서 자세히 다룰 예정)의 기간, 즉 1파동에서 3파동까지의 기간을 잡습니다만 그것은 3파동이 당시의 최고치이거나 혹은 시세의 중간일지라도 고가일 경우여야 합니다. 만일 3파동의 고점이 고가가 아니라면 더 거슬러 올라가 그 이전의 고점, 저점간의 기간을 대등수치로 취합니다. 그리고 이제까지는 하락 파동의 경우를 예로 들었습니다만 상승파동의 경우도 마찬가지입니다.

기본수치와 대등수치의 개념까지 다 알았으니 이제는 기본수치와 대등수치를 적당히 조합하여 변화일을 산정하는 일만 남았습니다. 그런데 적절한 변화일을 결정하기 위해서는 그야말로 기본수치와 대등수치를 적당히 조합해야 하는데 그게 말처럼 간단한 것은 아닙니다. 가끔은 기본수치에 해당하는 날이 변화일이 되기도 하고, 혹은 대등수치에 해당되는 날이 변화일이 되기도 합니다. 결국 기본수치와 대등수치를 잘 살펴서 어느 하나는 버리거나 혹은 조합하여 판단해야 합니다.

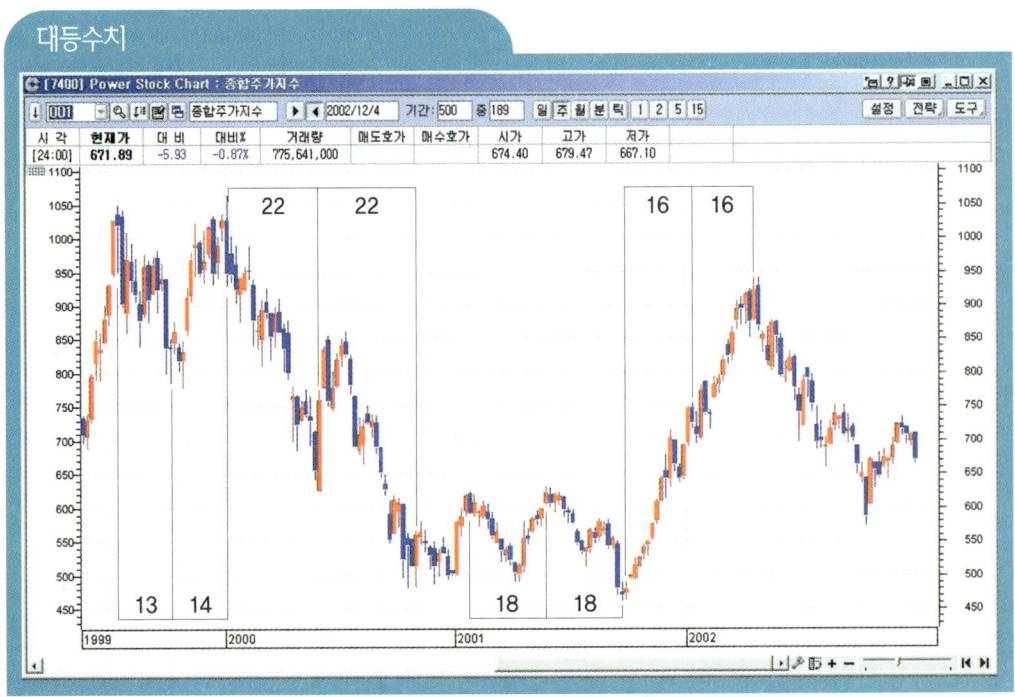

대등수치

일반적인 원칙이라기보다 경험법칙 정도로 채택할 수 있는 방법은 있습니다. 통상적으로 시장이 대단히 중요한 갈림길에 있을 때, 장기파동 하나가 끝나고 다른 파동이 시작되는 등 대세판단을 위해서는 상당히 복잡한 대등수치를 필요로 하는 경우가 많습니다. 여기서 복잡한 대등수치라는 말은 다른 말로 한다면 복합적인 대등수치라는 의미입니다. 즉 일단 과거의 몇 개의 파동을 취하고 거기에다 기본수치를 조합하는 방식입니다.

그런데 대등수치라고 하여 바로 직전의 주가움직임에서 나타난 기간이 그 다음의 주가움직임에 영향을 미치는 것만은 아닙니다. 앞에서 설명한 대등수치로는 앞의 기간과 그 다음 기간이 서로 등을 맞대고 붙어 있어야 하는 것으로 생각하기 쉽습니다. 물론 대부분의 대등수치는 그렇게 나타납니

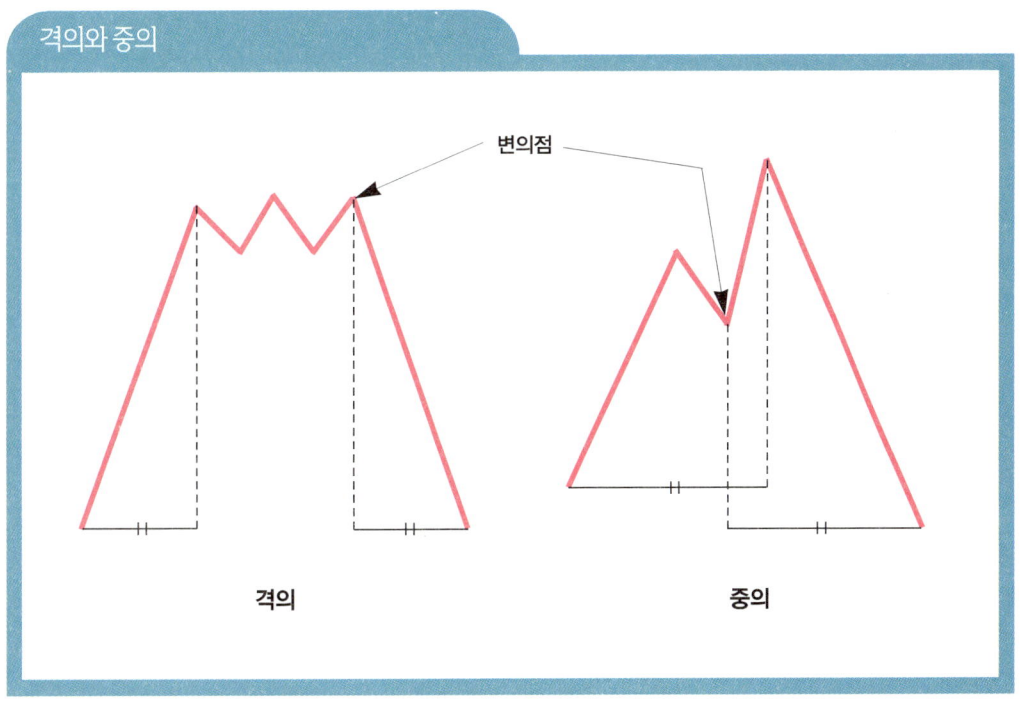

격의와 중의

다. 예컨대 10일간 주가가 상승하고, 그때부터 다시 10일간 하락하는 것으로 전개됩니다. 그러나 대등수치는 그것만이 전부가 아닙니다.

과거의 주가움직임에서 걸린 시간과 앞으로의 주가움직임에서 소요되는 시간이 서로 같게 나타나는 것이 대등수치이지만 과거와 앞으로의 기간이 서로 맞닿지 않아도 된다는 뜻입니다. 다시 말하여 10일간 주가가 상승하고, 어느 정도 간격을 둔 다음에 다시 10일간 주가가 하락하는 식으로 움직여도 역시 이를 대등수치로 간주합니다. 대등수치가 서로 맞닿아 있는 경우와 달리 이처럼 간격을 띠고 서로 영향을 미치는 경우를 특히 변의(變擬)라고 합니다. 변의에는 격의(隔擬)와 중의(重擬) 등이 있습니다.

격의는 대등수치를 형성하는 기간이 서로 간격을 띠고 영향을 미치는 경우를 말하며 반대로 중의는 대등수치를 형성하는 기간이 서로 중복되면서 영향을 미치는 것을 말합니다. 앞의 예에서처럼 10일간 주가가 상승하고, 어느 정도 간격을 둔 다음 다시 10일간 주가가 하락하였다면 이는 격의가 되는 것입니다. 이때 두 번째의 대등수치가 시작되는 시점을 일컬어 변의점이라고 합니다.

19

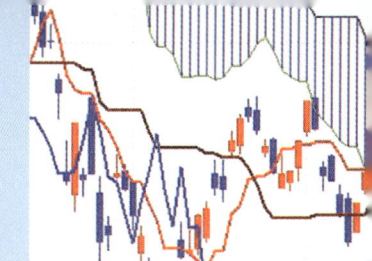

변화일의 개념

　변화일이란 가격 움직임에 변화가 나타나는 날을 의미합니다. 일목균형표에서 가장 독특하며 동시에 다른 기술적 분석법보다 우위를 가지는 특징을 시간론이라고 한다면 바로 변화일이야말로 그런 시간론의 최종 목적지라고 표현하여도 무리가 아닙니다. 변화일은 이를테면 그때까지 상승세가 이어지다가 하락세로 돌아서는 순간이라고 해석할 수 있습니다. 변화일이 되는 것은 이제까지 우리가 살폈던 기본수치, 복합수치, 혹은 대등수치에 해당되는 날입니다. 예컨대 직전 고점에서 기본수치인 9일째가 되는 날이 변화일이 될 가능성이 높습니다.
　그런데 여기서 기본수치나 대등수치 등에 해당되는 날을 변화일이 된다고 말하지 않고 변화일이 될 가능성이 높다고 표현하는 데 주목해야 합니다. 이는 기본수치 등에 해당된다고 하여 기계적으로, 반드시 변화일이 되는 법은 아니라는 말입니다.

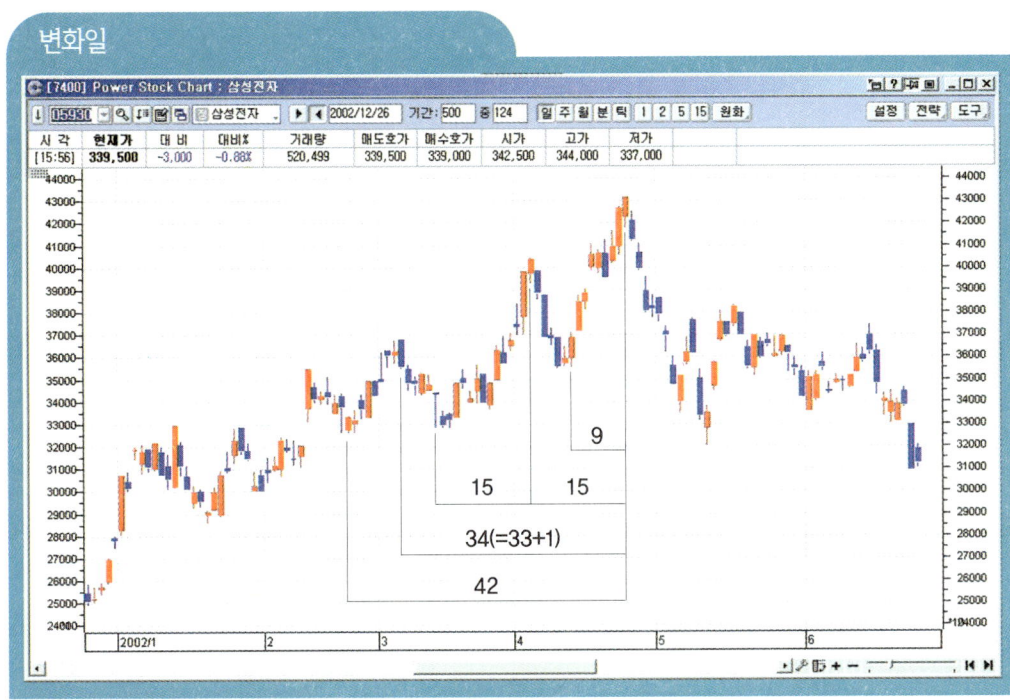

기본수치나 대등수치에 해당되는 날이 변화일이 될 가능성이 높습니다. 삼성전자가 장중 432,000원을 기록한 4월 24일은 단기바닥에서 9일째로 기본수치에 해당되는 날이었고, 15일간으로 구성된 대등수치에 해당되는 날이기도 합니다. 동시에 그 이전의 고점이나 저점에서 각각 33일 혹은 42일째의 기본수치에 해당되는 날이기도 합니다. 그러기에 여러모로 변화일이 될 가능성이 컸습니다.

일목산인은 변화일을 정하는 방법에 대하여 정(正), 반(反), 합(合)의 과정을 거친다고 설명하고 있습니다. 즉 기본수치, 대등수치 그리고 이들을 종합하는 과정을 거치면서 변화일을 정한다는 뜻입니다. 물론 말로 설명하기는 어렵습니다. 그리고 어찌보면 다소 어려운 이야기입니다. 실제로 본인 스스로 변화일을 정하는 과정에서 스스로 체득하는 도리 밖에는 없다고 일목산인이 밝히고 있을 정도이니 말입니다. 일목산인 또한 일반법칙으로 설명하기보다는 실제 사례를 통해 변화일의 결정방법을 설명하려 하였으니 그만큼 현실적으로 적용하기가 단순하지만은 않습니다.

하지만 확실한 것은 기본수치, 대등수치 혹은 그 종합에 해당되는 날이 변화일이 된다는 사실입니다. 가장 현실적인 방법은 변화일이 될 수 있는 후보, 즉 모든 날짜를 일단 체크해 두었다가 그때마다 당시의 주가움직임을 유의하여 살피는 일입니다. 물론 기본수치와 대등수치가 서로 중복되는 날이라면 변화일이 될 가능성은 훨씬 높아진다는 것은 두말할 필요가 없을 것입니다.

단, 변화일이라고 하여 반드시 추세변화가 나타나는 것은 아니라는 점에 유의하여야 합니다. 일목산인은 변화일이라고 명명하였지 추세전환일이라고 명명하지 않았습니다. 만약 변화일에 반드시 추세가 바뀐다면 굳이 변화일이라는 다소 애매한 표현을 사용하지 않았을 것입니다. 추세전환일이라는 좋은 표현이 있음에도 불구하고 변화일이라고 명명한 것에는 충분한 이유가 있습니다.

일목산인은 변화일과 전환일은 어떻게 다른지 다음과 같이 설명합니다. 변화일은 변화일이지 전환일이 아니다라는 것입니다. 그리고 그는 변화일에 나타날 수 있는 주가의 움직임은 첫째로 추세가 전환되는 일이지만 동시에 둘째로 변화일 이후 추세가 더욱 가속화될 수 있고, 셋째로 변화일에 추세가 연장될 수도 있다고 합니다. 추세가 전환되거나, 가속화되거나 혹은 연장되는 일 모두를 포함해 변화라고 표현하고 있음에 유의해야 합니다.

변화일에 추세가 전환되지 않을 경우에 대하여 일목산인은 추세가 연장되거나 추세가 가속화된다고 표현하고 있습니다. 그런데 사실 추세가 전환되지 않는다면 기존의 추세가 그대로 이어지는 경우입니다. 따라서 어느 것을 추세가 연장된다고 보아야 하며 또한 어떤 때는 추세가 가속화되는 상황으로 보아야 할까요. 사실은 같은 일인데 표현만 달리한 것입니다. 일목산인은 시세에 있어 상승세와 하락세의 성격이 서로 다르다고 생각합니다. 즉 상승세는 쌓아가는 것인 반면 하락세는 무너지는 것으로 말하고 있습니다. 그러므로 상승세는 계속 연장될 수 있지만 가속화되지 않는 것이고, 반면에 하락세는 가속화되지만 연장되지는 않는 것입니다.

결국 연장이나 가속화는 같은 말이로되, 하락세의 경우에 적용되는 용어는 가속화, 그리고 상승세에서 적용되는 용어는 연장이 됩니다. 하락세는 일거에 와르르 무너지고 또한 흐름이 더욱더 빨라질 수 있지만 상승세는 그렇지 않고, 차곡차곡 쌓아나간다는 식으로 생각하면 얼른 이해될 것입니다.

예를 들어 변화일 이전까지 추세가 지루하게 하락세를 이어가다가 변화일에 즈음하여 상승세로 돌아선다면 변화일에 추세가 반전되는 것으로 이해하면 될 것입니다. 그리고 변화일에(혹은 바로 그 다음날도 포함됩니다) 추세가 전환되지 않고 내내 하락하였다면 결국 이제까지 지루하던 하락세가 더욱더 강력한 폭락세로 바뀔(추세 강화) 것으로 간주하여야 합니다. 반대로 상승세가 이어지다가 변화일을 맞았을 경우를 생각합니다. 이 경우에도 역시 변화일에 추세가 전환될 수도 있고, 혹은 기존의 상승추세가 그대로 이어질 수도 있습니다. 그런데 기존의 상승세가 그대로 이어지는 경우, 하락추세때는 가속화라고 말하지만 이번에는 그와는 달리 추세연장이라고 표현하는 것입니다.

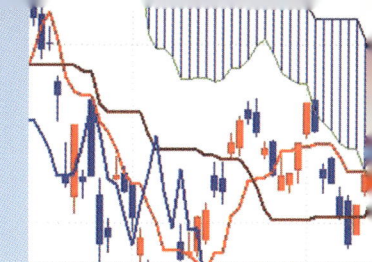

변화일에서의 추세전환 여부

    변화일에 추세가 전환될지 아니면 기존의 추세가 연장(상승세의 경우)되거나 혹은 가속화(하락세의 경우)될지 변화일이 지나지 않고서는 모르는 일입니다. 나중에 가서야 결과를 아는 것 쯤이야 누구나 할 수 있습니다. 따라서 굳이 나중에 결과를 확인하기 위한 일이라면 애시당초 우리는 일목균형표를 이처럼 고생해서 배울 필요가 없습니다. 뭔가 방법이 있을 것입니다. 이제 그 이야기를 해보고자 합니다.

    그런데 변화일에 추세가 전환될지의 여부는 우리가 앞 장에서 다루었던 전환선, 구름대, 기준선, 후행스팬 등 일목균형표를 구성하는 각각의 패션을 잘 살피면 나름대로 해답을 얻을 수 있기도 합니다. 그리고 나중에 다룰 가격목표치를 감안하여 변화일에 추세가 바뀔지의 여부를 판단할 수 있습니다.

    예를 들어 보겠습니다. 지금의 주가가 그간 상승세를 거듭해 왔는데 변화일에 즈음하여 저항을 강력하게 받을 공산이 높다고 가정합시다. 즉 주가는 구름대의 저항을 곧 받을 것으로 보여지는데다 후행스팬은 26일전의 주가와 맞닿았다고 합시다. 그럴 경우라면 변화일에 즈음하여 추세가 전환될 가능성이 대단히 높다고 보아야 할 것입니다. 단순히 날짜만을 세어서 기본수치에 해당된다는 이유로 변화일이라고 판단하여서는 순전히 구름 잡는 이야기가 될 수밖에 없지만(변화일에 추세가 바뀔지 여부를 알 수 없으니) 이처럼 괘선들을 종합하면 훨씬 구체적으로 판단할 수 있습니다.

또한 구름대나 후행스팬만으로 판단할 일도 아닙니다. 기준선, 전환선 등을 살피는 것도 훌륭한 판단의 근거가 됩니다. 예를 들어 전환선이나 기준선은 지지선이나 저항선의 역할을 합니다. 따라서 변화일로 예상되는 날이 근접하였고, 동시에 기준선 혹은 전환선의 저항이 예상된다면 변화일에 추세가 전환될 가능성이 그만큼 높아지는 셈입니다. 이처럼 구름대뿐만이 아니라 괘선들을 모두 참고하면 할수록 변화일에 추세가 바뀔지의 여부를 더 확실하게 짐작할 수 있습니다.

일목균형표 이론 중에는 가격론이라고 하여 가격목표를 구하는 방법이 있습니다. 그러므로 가격론에 나오는 가격목표와 변화일을 서로 종합하여 판단할 때 추세전환 여부를 짐작할 수 있습니다. 예컨대 변화일에 즈음하여 가격목표를 달성하였다면 변화일에 추세가 전환될 가능성이 대단히 높아지겠지요. 그리고 변화일에 이르도록 아직까지 가격목표를 달성하지 못하였다면 그만큼 추세가 그대로 이어질 가능성이 높아집니다. 변화일이 되기도 전에 일찌감치 가격목표를 달성하였다면 어떻게 될까요? 이럴 경우는 변화일에 앞서서 추세가 일시적으로 바뀌기도 합니다.

변화일보다 일찍 추세가 전환되는 경우는 그 전환폭이 그다지 강력하지 못합니다. 반대로 변화일을 지나쳐서 추세가 전환되는 경우, 다른 말로 하여 추세가 연장되거나 혹은 가속화되는 경우는 당연히 반대의 일이 벌어집니다. 변화일 이전에 추세가 바뀔 때에는 전환폭이 강력하지 못하지만, 변화일을 넘기면 넘길수록 추세의 변동폭은 강력해집니다. 기존의 추세가 연장되더라도 언젠가는 결국 그 추세도 전환될 것입니다. 이런 경우 추세가 전환되면 그 폭은 대단히 강력해진다는 말입니다. 변화일에 앞서서 추세가 전환될 때 변동폭은 미미하지만, 추세가 연장되는 경우라면 변동폭은 강력하다고 정리할 수 있습니다.

저는 변화일에 추세가 전환될지의 여부를 짐작할 수 있다고 말하고는 있습니다만 확신할 수 있다고 말하지는 않습니다. 다시 말하여 변화일에 추세가 전환될지 아니면 추세가 가속화 혹은 연장될지는 변화일이 지난 다음에 확실하게 알 수 있는 것이지 그 이전에는 단지 추측만이 가능할 뿐 확정적으로 장담할 일은 아니라는 말입니다. 일목산인도 그의 책에서 변화일을 미리 예측하지 말라, 다시 말하여 변화일을 앞지르지 말라고 경고하고 있습니다. 변화일이라는 이유로 추세가 반드시 전환될 것이고 기존의 추세와 반대 방향으로 미리 거래하지 말라는 뜻입니다. 즉 기존의 추세가 상승세였으면 단순히 변화일이라는 이유로 서둘러 추세를 거슬러 매도해서는 안되고 반대로 기존의 추세가 하락세일 경우, 단순히 변화일이라는 이유로 추세를 거슬러 덜컥 매수해서는 안된다는 말입니다.

특히 변화일에 즈음하여 보유하고 있는 주식의 차익을 챙기는 것은 몰라도, 변화일에 추세가 반드시 바뀔 것이라고 지레짐작하여 기존의 추세와 반대 방향의 포지션을 서둘러 설정하는 것(이는 파생상품 거래에서 가능합니다. 예를 들어 기존 추세와 반대 방향으로 선물의 포지션을 서둘러 설정하는 것)은 대단히 위험한 일입니다. 변화일이라고 하여 반드시 추세가 전환되지는 않는다는 사실을 알아야 합니다.

마지막으로 변화일의 한 가지 특징을 더 살펴봅니다. 변화일임에도 불구하고 기존의 추세가 그대로 이어질 수도 있고(연장이나 가속화), 추세가 전환될 수도 있다고 말했었습니다. 그러나 경험에 미루어 본다면 변화일에 추세가 전환되지 않는 경우는 대부분 하락추세입니다. 하락추세는 쉽게 멈춰지지 않기 때문에 주가가 상승세로 반전하기보다는 기존의 하락추세와 이어져 주가는 더욱더 무너지게 됩니다. 그러기에 변화일에 이르렀어도 추세가 전화되기보다는 기존의 하락세를 그대로 이어가는 상황이 빈번합니다.

하지만 상승추세일 때에는 변화일에 추세전환이 일어나지 않고 기존의 추세가 그대로 이어지는 경우는 그리 많지 않습니다. 특히 변화일에 추세전환 없이 그대로 상승세가 이어지는 경우는(이를 전통적인 기술적 분석용어로 풀어 쓴다면 시장이 과열되는 때가 되겠습니다) 그야말로 대바닥권에서 이중바닥을 만들고 본격적으로 상승세가 시작될 때이거나(그러기에 이중바닥을 만들고 상승세로 돌아선다면 상승세가 급격해지는 일이 많습니다) 혹은 상투권에서 나타나는 상승추세의 막바지일 경우입니다.

역으로 생각할 때, 변화일에 추세가 전환되지 않는 것을 근거로 하여 추세의 성격을 미루어 짐작할 수 있습니다. 다시 말하여 기존의 추세가 하락세였는데 변화일에 추세가 전환되지 않는 것은 그리 이상한 일도 아닙니다. 그러나 기존의 추세가 상승세인데 변화일에 추세가 전환되지 않았다면 대단히 중요한 일로 주목하여야 합니다. 바닥이 두 번 만들어진 상황이었고 변화일에도 불구하고 추세가 계속 상승하였다면 이제 본격적인 상승국면이라고 생각해야 할 것이며, 반대로 기존의 추세가 바닥에서 따져 상당히 높은 수준으로까지 치솟았고 상승한 기간도 길었는데 반해 변화일에 추세가 변화하지 않았다면 이제 슬슬 상투를 만들고 있는 상황이라고 이해해야 한다는 말이 됩니다.

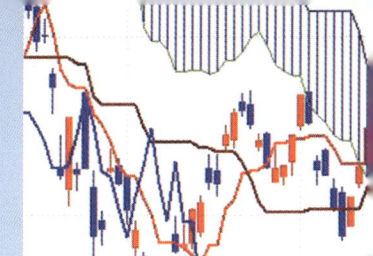

21

변곡점

일목산인이 일목균형표를 개발하던 시기는 인터넷도, 컴퓨터도 없던 시절이었습니다. 그는 모든 주가움직임을 일일이 기록해두었다가 그걸 차트로 만들어야 하였습니다. 별다른 방법이 없었기에 모눈종이에다 연필로 차트를 그려야 했고, 일목균형표를 구성하는 각 괘선들, 예컨대 기준선이며 전환선, 구름대 등도 일일이 손으로 계산할 수밖에 없는 노릇이었습니다. 더구나 지금처럼 정보통신이 발달하지도 않았기에 하루 중의 주가움직임에 대한 정보를 쉽게 구하기도 어려웠습니다.

나이가 그리 많지 않은 제가 기억하기로도 이처럼 정보나 통신이 발달되고 그래서 정보의 유통이 원활해진 것은 그리 오래되지 않습니다. 10여 년 전만 하더라도 주식시장에서 거래되는 주가의 움직임에 대한 정보를 구하려면 증권사 객장에 나갈 수밖에 없었습니다. 물론 객장에 나가더라도 단말기에 접근하는 것이 어려워 주가움직임을 바로 알 수는 없었습니다.

당시 증권회사의 객장 풍경은 마치 운동경기의 중계방송을 방불케 하는 모습이었습니다. 증권거래소에 파견된 아나운서가 있었고, 그는 각 종목의 주가움직임 동향을 일일이 중계했습니다. 그의 음성 방송이 전국 각지에 있는 증권사 지점의 스피커를 통해 전달되었습니다. 이를테면 이런 식이었습니다. "지금부터 시황방송을 시작합니다. 삼성전자 30만원에 사자 30만5천원에 팔자, 삼성전기 5만원에 사자 5만1천원에 팔자. LG전자…." 그의 음성 중계방송 한마디에 우리는 일희일비했습니다. 중계방송을 듣고서야 주가움직임을 알 수 있었습니다. 전달과정에 오류가 있었는지는 당장 체크할 방법도 수단도 없었습니다.

주식투자를 오랫동안 하신 분들이라면 기억하겠습니다만 당시 증권거래소에서 중계방송으로 증권사 객장에 주가움직임이 전달되면 아르바이트 학생은 그것을 객장 앞에 놓여진 커다란 칠판에 옮겨 적느라고 분주했습니다. 객장에 전광판이 들어온 것은 그로부터 한참 후의 일입니다. 이제는 시세를 알려주는 전광판을 각 증권사마다 되려 철거하려는 움직임을 보이고 있습니다만 하여간 지금처럼 단말기도 인터넷도 HTS도 없었던 시절의 이야기입니다.

하지만 지금은 다릅니다. 인터넷과 정보통신의 발달로 모든 것이 빠르게 변모하였습니다. 이제는 더 이상 주가움직임을 중계방송하는 아나운서도 존재하지 않습니다. 굳이 증권사 객장에 나갈 필요도 없습니다. 편안하게 집에 앉아서 혹은 사무실에서 인터넷으로 전해지는 주가움직임을 실시간으로 확인할 수 있습니다. 인터넷을 이용하여 직접 주문을 냅니다. 증권사 객장이 고스란히 집으로 혹은 사무실로 옮겨진 셈입니다. 일목산인이 주가움직임을 일일이 손으로 차트에다 옮겨 적던 때와는 달리 지금은 주가움직임을 실시간으로 체크할 수 있으며, 정보통신과 컴퓨터의 덕으로 주가움직임은 아예 실시간으로 차트에다 그려집니다. 우리는 수고스럽게 차트를 그리지 않아도 됩니다. 또한 하루 중의 움직임을 분 단위로, 혹은 심지어 초 단위로까지 쪼개어 차트를 그릴 수 있습니다.

예컨대, 하루 중의 주가움직임을 일중차트(intraday chart)로 그리는 일이 가능해졌습니다. 특히 선물 옵션 등 파생상품을 거래하는 사람들을 중심으로 짧게, 초단기적인 거래를 해치우는 일이 성행하면서 일중차트의 중요성은 더욱 부각되었고, 당연히 일간차트에 적용되는 일목균형표의 원리를 일중차트에도 적용하려는 시도가 행해졌습니다. 논리는 지극히 간단합니다. 일간차트에 적용될 수 있는 방법이라면 주간차트에도 당연히 적용할 수 있을 것이고, 일중차트 즉 분차트나 혹은 틱차트에도 적용할 수 있을 것입니다.

일목산인은 변화일이라는 용어를 사용하고 있습니다만 그 범위를 일중차트로 좁힌다면 변화점 혹은 변화시(變化時) 정도로 바꿀 수 있습니다. 그런데 이미 우리는 변곡점이라는 용어를 공공연하게 사용하고 있습니다. 변곡점이라는 단어의 뜻으로만 보아서는 그 시기에 반드시 추세가 전환되어야 할 듯합니다만 우리가 앞에서 살폈듯 변화일에 추세가 반드시 전환되는 것도 아닙니다.

그러므로 변곡점이라는 용어가 이미 굳어지긴 했습니다만 용어에 너무 현혹되어서는 안될 것입니다. 변곡점이라는 용어가 굳어졌기에 새삼스럽게 그것을 변화점으로 바꾸는 일은 무의미하지만 최소한 그 의미는 정확히 파악해야 할 것입니다.

변화일이건 혹은 변곡점이건 그 시점을 전후로 하여 나타날 수 있는 일은 이제 여러분들도 다 압니다. 첫째 기존의 추세가 전환될 수도 있고, 둘째 기존의 추세가 그대로 이어질 수도 있습니다. 그러니 시간단위를 작게 하여 분단위로 차트를 만든다고 할지라도 역시 변화일의 특징이 그대로 나타나야 합니다. 이때 선물이나 옵션 같은 파생상품거래에서 초단기, 일중거래를

할 경우, 변곡점을 이용하는 거래를 할 수 있습니다. 다음의 과정을 거치면 됩니다.

　첫 번째 단계 - 우선은 변곡점이 될 수 있는 가격수준을 결정하는 것이 대단히 중요한 일입니다. 사실 변곡점을 선정하는 일이 거래의 성패를 좌우한다고 하여도 과언이 아닐 정도로 비중이 큽니다. 변화일의 경우, 대등수치에 해당되거나 혹은 기본수치에 해당되는 날이 변화일이 될 가능성이 높은 것처럼 변곡점의 경우도 역시 대등수치나 기본수치에 유의하여 변곡점을 선정합니다.

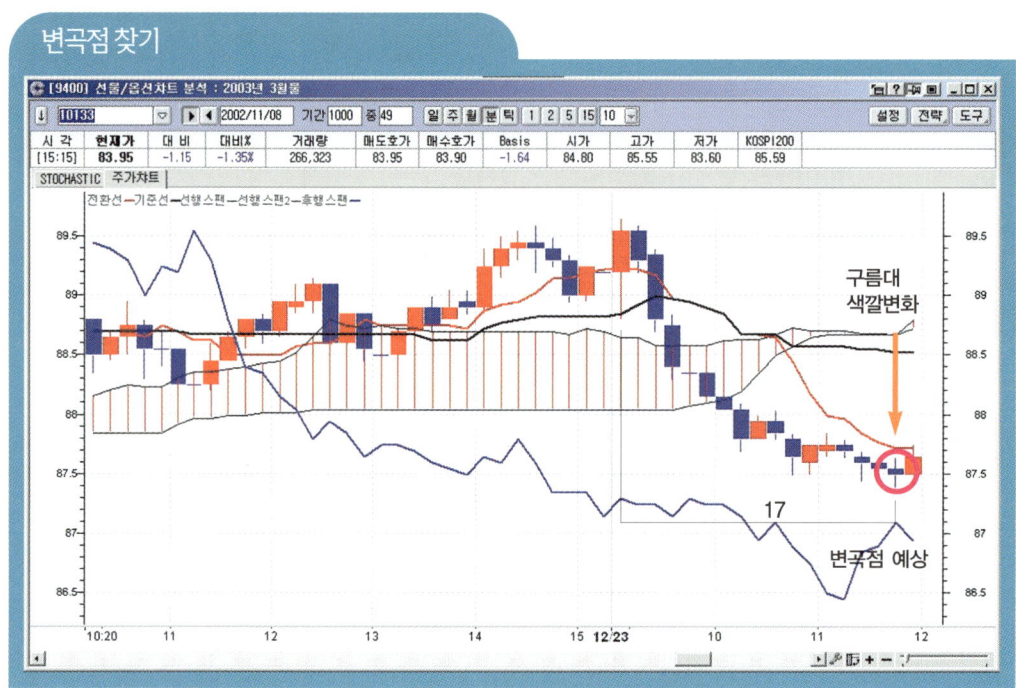

87.40이 변곡점이 될 가능성이 높았습니다. 장중 고점이자 개장 초의 고점인 89.65로부터 기본수치인 170분(10분차트로 봉 17개째)에 해당되는 시점이기도 한데다, 당시 구름대의 색깔이 바뀌었기에 변곡점이 될 수 있었습니다.

최근의 고점이나 저점 중에서 유의할만한 곳, 다시 말하여 단순히 고점이나 저점이 아니라 최고치이거나 혹은 최저치로서 추세변화가 나타난 수준을 기준으로 하여 기본수치 혹은 대등수치를 계산해봅니다.

두 번째 단계 – 변곡점을 결정하였다면 변곡점 이전의 추세가 무엇인지 확인합니다. 차트를 참고해 주십시오. 우리가 예로 든 12월 23일의 경우 변곡점으로 선택한 87.40 이전의 추세는 개장 초의 고점 89.65부터 시작하여 내내 하락세였습니다. 따라서 일단은 변곡점을 고비로 하여 추세가 전환될 것이라고 가정합니다. 당연히 파생상품 거래에서는 매수거래를 실행합니다.

세 번째 단계 – 우리는 변곡점에서 추세가 전환될 것으로 가정하여 매수했지만 사실 변곡점에서 반드시 추세가 전환되는 것은 아닙니다. 오히려 추세가 가속화될 수도 있습니다. 변곡점에서 추세가 전환되려면 변곡점이 지난 이후에는 절대로 변곡점에서의 바닥(예에서는 87.40) 이하로 지수가 하락하여서는 안됩니다. 그리고 만일 변곡점 이후 87.40 이하로 하락하기라도 한다면 변곡점에서 추세가 전환된 것이 아니게 됩니다. 변곡점에서 추세가 전환되려면 변곡점을 바닥으로 하여 상승세로 돌아서야 합니다. 그렇지 못하고 지수가 변곡점 이하로 하락하였다면 결국 추세가 전환되는 것이 아닙니다. 따라서 추세가 전환되지 않는다면 추세가 더 가속화되는 결과로 이어집니다. 따라서 변곡점에서의 바닥, 87.40이 유지되는지 여부를 관찰하는 일이 대단히 중요합니다.

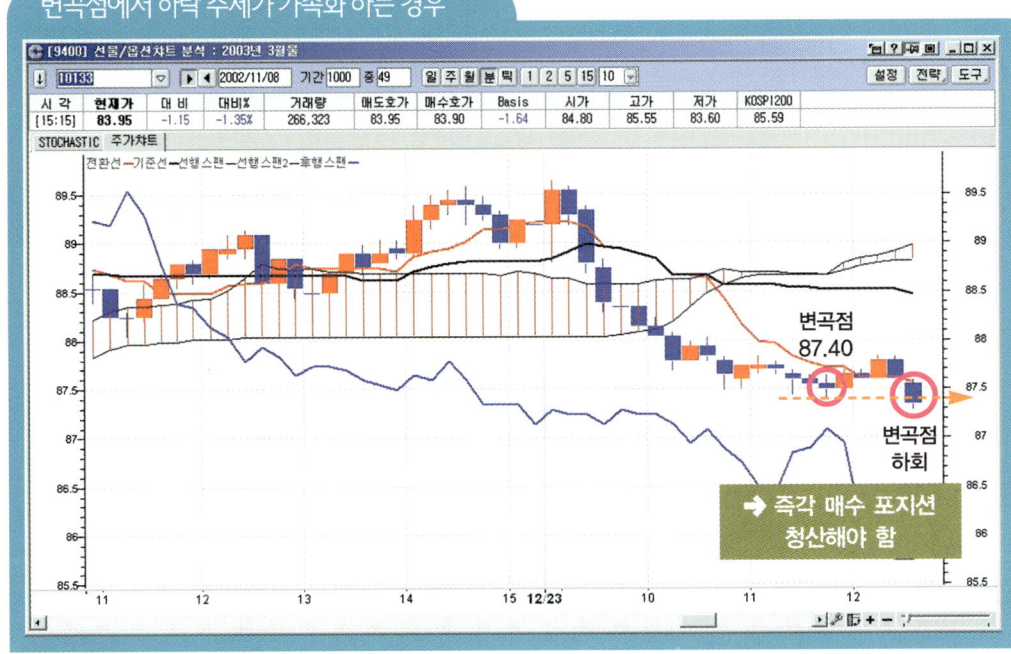

변곡점에서 추세가 전환될 수도 있고 혹은 추세가 가속화될 수도 있습니다. 87.40을 변곡점으로 설정하고 하락 추세가 상승세로 전환될 것으로 가정하였으나 실제로는 그렇지 않았습니다. 이후 87.40 이하로 지수가 밀려 내려오고 말았습니다.

　네 번째 단계 - 이번 사례에서는 변곡점으로 설정하였던 87.40 이하로 지수가 하락하였습니다. 변곡점에서 하락 추세가 상승세로 전환하지 못하였으니 추세는 가속화될 것입니다. 이미 우리는 변곡점에서 추세가 전환될 것을 가정하여 매수 포지션을 설정한 바 있습니다. 당연히 즉각 손절해야 합니다. 그렇지 않고 주저할수록 손실의 폭이 커집니다. 대단히 위험합니다.

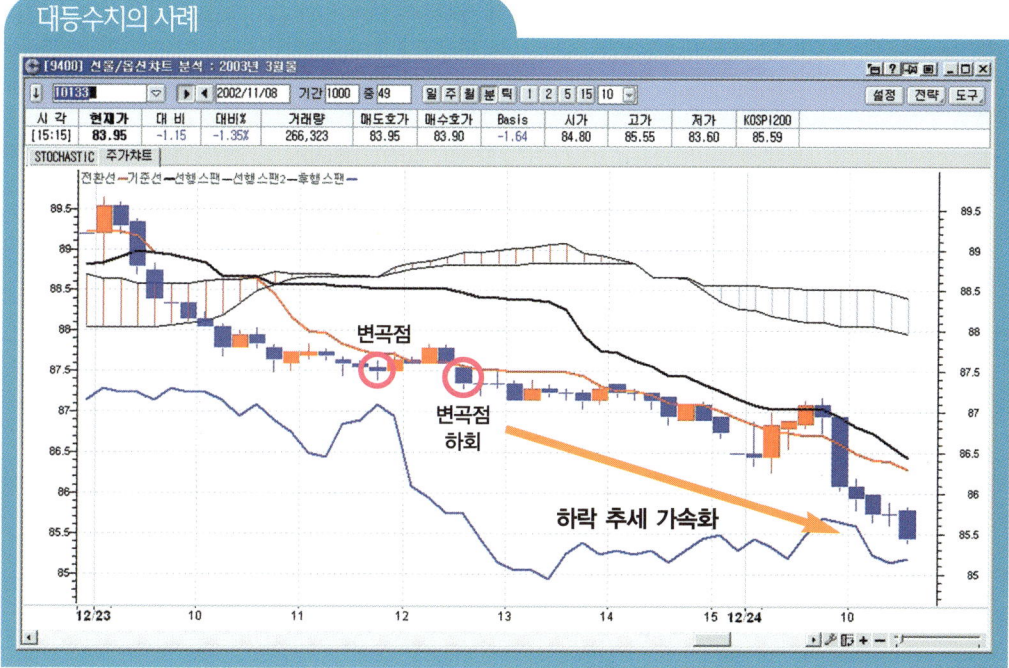

변곡점에서 추세가 전환되지 않았으니 추세가 가속화될 수밖에 없습니다. 실제로 87.40의 바닥의 변곡점이 지켜지지 않으면서 지수는 계속 하락하였습니다. 진작에 손절하지 않았다면 대단히 위험했을 것입니다.

다섯 번째 단계 – 그런데 이처럼 변곡점으로 기대하는 시점에서 기존의 추세와 반대방향으로 포지션을 설정할 수도 있고, 혹은 그냥 가만히 관망하고 있다가 추세가 전환되지 않는 것을 확인하고 기존의 추세와 같은 방향의 포지션을 만드는 방식도 생각할 수 있습니다. 예컨대 이번의 경우라면 87.40을 변곡점으로 판단하되 신규 포지션을 만들지 않고 관망합니다. 그러다가 87.40 이하로 주가가 하락하는 순간 신규로 매도 포지션을 설정하는 방법입니다. 이런 거래방식은 안전합니다. 그런데 자칫 예상대로 주가가 움직이지 않으면 기회를 놓쳐버릴 위험도 있습니다. 예컨대 변곡점으로 설정하였던 87.40이 그야말로 변곡점이 되고, 이후의 추세가 훨훨 상승세로 날아가 버리면 낭패입니다. 관망하는 것으로는 손실도 없지만 수익도 얻을 수 없기 때문입니다.

따라서 두 가지 방식을 모두 결합할 수 있습니다. 우선은 변곡점에서 추세가 전환될 것으로 가정하여 기존의 추세와 반대 방향의 포지션을 설정합니다. 변곡점에서 추세가 전환되면 성공적인 거래가 되는 셈인데 만일 이번 사례에서처럼 변곡점에서 추세가 전환되지 않는다면 즉각 손절하는 것은 물론이고 동시에 포지션을 반대로 설정할 수 있습니다. 다시 말하여 변곡점에서 추세가 상승세로 전환될 것으로 가정하여 쌓았던 신규매수 포지션을 단순히 청산하는 데 그치지 않고, 추가로 더 매도하여 신규 매도 포지션으로 포지션을 바꾸는 방식입니다. 사례에서 볼 수 있듯이 87.40이 무너지는 순간 즉각 매수 포지션을 손절하여 청산하고 동시에 신규 매도 포지션으로 포지션을 바꾸었으면 이후 큰 수익을 얻을 수 있었습니다. 이런 거래방법을 청산 후 반대 포지션(Stop and Reversal)이라고 말합니다.

그런데 혹시 여기까지 읽으신 분들은 자칫 변곡점에서 추세가 더 가속화되는 경우가 많다는 식으로 오해하실지도 모르겠습니다. 결코 그렇지 않습니다. 다음의 그림은 변곡점에서 정확하게 추세가 전환되는 경우를 나타낸 것입니다. 12월 23일 개장초의 89.65 장 중 고점은 그 이전 12월 18일의 장 중 바닥 86.80에서부터 정확히 26봉(30분×26=13시간)째 되는 수준입니다. 그리고 가격은 89.65를 변곡점으로 하여 명백하게 전환되었습니다.

결국 변곡점을 결정하는 일이 왜 중요한지 그 이유가 여기서도 드러납니다. 변곡점을 정확하게 설정하면 설령 그 수준에서 추세가 전환되지 않더라도 청산후 반대 포지션 기법으로 수익을 얻을 수 있습니다. 또한 변곡점에서 추세가 전환되면 당연히 기존의 추세가 전환될 것으로 가정하여 설정한 포지션으로 큰 수익을 얻습니다. 변곡점에서 추세가 전환되지 않을 경우,

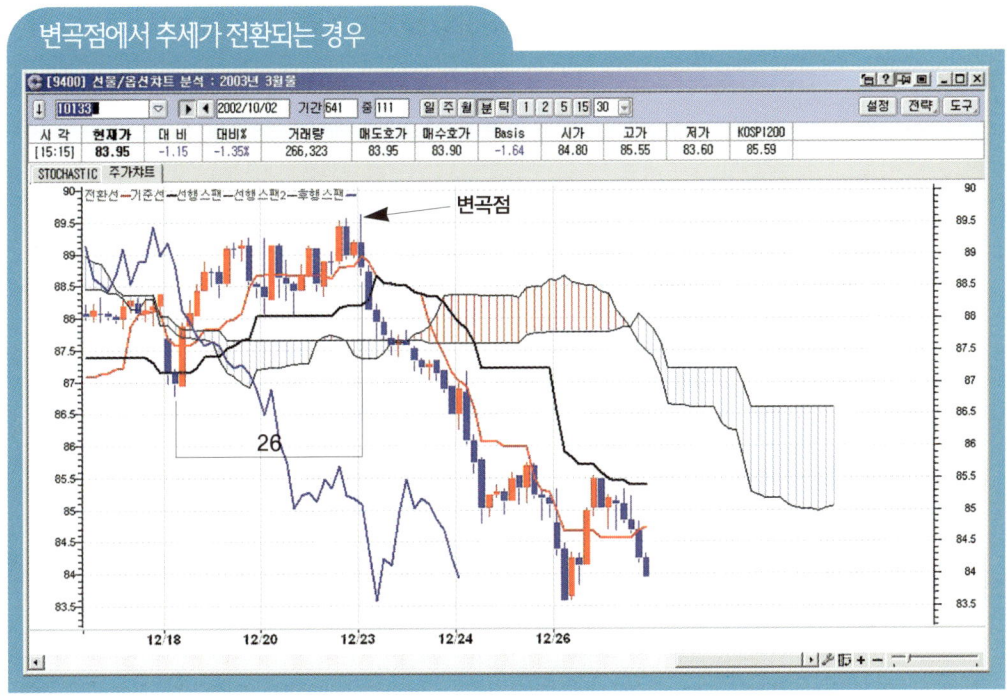

변곡점에서 추세가 전환되는 경우

우리는 전환될 것으로 가정하여 설정한 포지션을 얼른 손절, 청산하여야 하므로 손해를 입습니다. 하지만 이런 손실은 변곡점을 정확히 설정하여 얻을 수 있는 수익에 비하면 지극히 미미합니다.

선물이나 옵션 같은 파생상품거래, 혹은 주식거래 모두가 위험을 담보로 하여 수익을 얻고자 하는 행위입니다. 세상에 공짜는 없습니다. 위험 없는 수익은 존재하지 않습니다. 물론 변곡점을 이용하는 거래 또한 위험이 수반됩니다. 변곡점에서 추세가 전환될 것으로 기대하였다가 그렇지 않았을 때, 우리는 손실을 볼 수밖에 없습니다. 그때는 즉각 손절해야 하며 그렇지 않으면 손실은 더 커집니다. 하지만 변곡점에서 추세가 전환될 것으로 기대하여 포지션을 설정하였다가 예상대로 추세가 전환된다면 큰 수익을 얻을 수 있습니다. 또한 예상과는 달리 추세가 가속화되거나 추세가 연장된다면 즉각 손절하여 약간의 손실은 입지만 다시금 기존의 추세와 반대방향의 포지션을 설정할 수 있습니다. 그리고 그 거래에서 수익을 기대할 수 있습니다. 결국 변곡점을 이용한다면 약간의 위험은 있으나 반면 기대되는 수익은 큽니다.

세상에 공짜는 없는데, 약간의 위험을 감수하더라도 기대되는 수익이 크다면 이거야말로 해볼만한 모험이 아닐지요.

5th CLASS

파동론(波動論)

주식에서의 파동은
주가의 주기적인 변동이 어느 속도로 퍼져가는 현상입니다.
상승 파동은 주가의 상승세가,
하락 파동은 주가가 하락세로 퍼져나가는 현상입니다.

S·M·A·L·L T·A·L·K

이·유·있·는·한·마·디

레밍스와 대중심리

레밍스(lemmings)는 툰드라 지역에 사는 쥐의 일종으로서 바다로 줄지어 뛰어드는 것으로 유명합니다. 정상적인 상태에서 레밍스는 먹을 것이나 새로운 서식처를 찾아서 봄에 이동합니다. 하지만 매 3~4년에 한 번씩 이상한 일이 벌어집니다. 활발한 번식으로 레밍스의 숫자가 불어나게 되면, 이들은 밤중에 미친 듯이 행동을 하기 시작하고 급기야는 대낮에 줄지어 어디론가 이동하게 됩니다. 그리고 이동하는 도중에 장애물을 넘지 못하는 레밍스의 숫자가 늘어나게 되면 이들은 광란 비슷한 행동으로 장애물에 무작정 돌진하며, 평소라면 도망다녔을 큰 동물에게 덤벼들기도 합니다. 이 와중에서 많은 레밍스들이 굶어 죽거나, 사고로, 또는 다른 동물에 먹혀서 숫자가 줄어들지만 상당수의 레밍스는 결국 장애물을 넘어 바다에 도착하게 되지요. 그리고 이들은 즉시 바다에 뛰어들어 헤엄치는데 레밍스가 물고기가 아니기에 한계가 있을 수밖에 없습니다. 결국 레밍스 무리는 지쳐서 모두 물에 빠져 죽습니다.

사람은 물론 레밍스가 아닙니다. 그러나 이솝 이후 많은 현자들이 가르쳐왔듯이 동물들의 행동에는 사람들의 행동과 비슷한 점이 많습니다. 특히 레밍스의 행동을 관찰하면 주식시장 움직임에 결정적인 영향을 미치는 군중심리를 엿볼 수 있습니다. 금융시장도 군중심리에 의하여 드라마틱하게 움직이곤 하므로 투자전문가들은 인간의 행동에 대한 심리학적인 이론에 오랫동안 관심을 기울여 왔습니다. 투자의 달인으로 알려진 워렌 버펫은 자신이 운영하는 버크셔 헤더웨이사의 1985년 영업보고서에 이런 우화를 싣고 있습니다.

어떤 석유탐사가가 죽어서 천당에 가게 되었습니다. 천당으로 가는 도중 이 석유탐사가는 베드로를 만나게 되었지요. 베드로가 이 사람에게 말하기를 "당신은 평소에 착한 일을 많이 하였으므로 천당에 들어갈 자격은 있습니다. 하지만 유감스럽게도 지금 석유탐사가들이 거주하는 구역이 만원이어서 당신이 들어갈 자리가 없군요." 이 사나이는 잠시 생각하더니, 그렇다면 천당에 먼저 들어가 있는 선배 석유탐사가들에게 한마디만 말할 수 있도록 해달라고 베드로에게 부탁하였습니다. 별 문제가 없을 것 같아서 베드로는 그러라고 허락하였습니다. 그러자 이 사나이는 "지옥에서 석유가 발견되었다!"라고 크게 외쳤습니다. 사나이가 고함을 치자마자 즉시 천국 문이 열리더니 석유탐사가들이 죄다 지옥을 향하여 줄달음치는 것이 아닌가요.

베드로는 이 사나이의 기지에 감탄하면서 그 사나이에게 이제 천당에 들어가서 편히 살라고 말했습니다. 거기 살던 사람들이 다 뛰쳐나와 지옥으로 달려갔기에 사나이가 들어가 살 집은 충분하였습니다. 하지만 이 사나이는 고개를 저었습니다. "아니요. 저도 저 사람들을 따라 지옥으로 가야 할 것 같군요. 혹시 저 루머가 사실일지도 모르지 않습니까?"

길게 이야기하지 않겠습니다. 혹시 여러분들은 이제까지 앞뒤 가리지 않고 군중심리에 휩쓸려 바다로 뛰어드는 레밍스이거나 아니면 자신이 만들어낸 루머임에도 불구하고 다른 사람들이 그것을 따라간다는 이유로 그들을 뒤쫓고 싶어하는 석유탐사가가 아니었던지요?

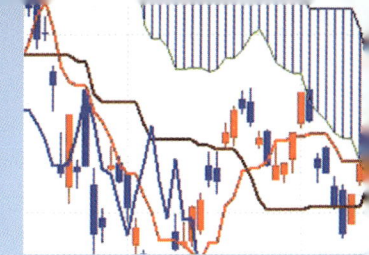

파동에 대하여

　변화일을 선택하는 일을 파동론과 떼어놓고 설명하는 것은 거의 불가능할 정도로 파동론과 시간론은 불가분의 관계입니다. 그러기에 변화일을 결정하는 방법이나 파동론은 상당부분 중복되는 부분이 많습니다. 예를 들어 시간론에서 사용되는 9, 17, 26 등의 기본수치는 고스란히 파동론에서도 사용되어야 합니다. 그러니 다소 중복되더라도 변화일과 파동을 같이 이야기하지 않을 수 없는 형편입니다.

　파동에 대한 이야기를 본격적으로 늘어놓기 전에 일단 파동(波動, wave)이란 무엇인지에 대한 정의부터 따져보기로 합니다. 사실 우리는 엘리어트 파동이론에 대해서는 들어본 바 있습니다. 또한 주식시장에서 5파동론, 9파동론 등을 주창하는 사람도 있습니다. 하지만 정작 파동이 무엇인지 그것의 구체적인 정의에 대해서는 개념적으로 어렴풋하게 알 따름이지 정확하게 정의를 내린 것은 드뭅니다.

　과학적인 의미로 말할 때 파동이란 공간이나 물체의 일부에서 일어난 상태의 주기적 변동이 어느 속도로 퍼져가는 현상을 말합니다. 예를 들어 수

면에 생긴 둥근 모양의 물결, 혹은 멀리서 들려 오는 종소리처럼 한 곳에서 생긴 떨림이 주위로 전해지는 현상이 바로 파동의 구체적인 사례가 됩니다. 마찬가지로 주식의 경우도 1) 주가의 주기적인 변동이, 2) 어느 속도로 퍼져가는 현상으로 정의할 수 있겠지요. 상승 파동이라면 결국 주가의 상승세가 퍼져가는 현상이 될 것이고, 하락 파동이라면 주가의 하락세가 퍼져나가는 현상이 될 것입니다.

이때 상승세라는 것은 무엇을 의미할까요? 길게 설명할 것도 없이 상승세란 주가가 지속적으로 올라가는 국면, 즉 주가가 점차적으로 비싸지는 일을 말합니다. 그런데 주가가 상승하려면 결국 매수하는 사람이 적극적이어야 하며, 또한 조금 비싸더라도 매수하려는 태도가 지속적으로 이어져야 합니다. 그래야 주가가 계속 상승할 수 있고, 상승세라고 말할 수 있습니다. 기술적 분석법 교과서에서는 상승세를 일컬어 저점이 지속적으로 올라서는 상황이라고 정의하고 있습니다. 저점에서 매수세력이 적극적으로 나서고, 그 적극성으로 인하여 저점이 지속적으로 상승하게 되는 것이 바로 상승세라는 말입니다. 파동의 경우도 같습니다. 이러한 매수세의 적극성으로 인하여 주가의 상승세가 시간의 경과에 따라 계속 퍼져나가게 됩니다. 물론 하락세라면 반대의 경우로 생각하면 됩니다.

이야기가 나온 김에 하나만 더 확실하게 따져보십시다. 추세가 이어진다는 것은 결국 기존의 추세와 같은 방향으로 주가가 움직이는 것을 의미하겠지요. 그러기에 반대로 이야기하여 추세가 무너진다는 것은 주가가 기존의 방향과는 다른 방향으로 움직이는 것을 뜻하게 됩니다. 예컨대 이제까지의 추세가 상승세였는데 그 추세가 무너졌다고 합시다. 그렇다면 이는 결국 앞으로 하락세가 전개될 것이라는 말이 됩니다.

그런데 우리는 어떻게 상승추세가 무너졌는지 여부를 확인할 수 있을까요? 역시 전통적인 기술적 분석 교과서에서는 추세선을 긋는 방법에 대하여 설명하고 있습니다. 예컨대 상승 추세일 경우는 저점을 서로 연결하는 직선을 그어서 상승추세선이라고 말하며 반대로 하락추세일 때에는 고점을 서로 연결하는 직선을 긋고 이를 하락추세선이라고 말합니다. 그리고 주가가 추세선을 상항돌파하거나 혹은 하향돌파할 때, 추세가 무너졌다고 표현합니다. 이 방법은 물론 옳습니다. 하지만 추세선은 사람에 따라 여러 가지로 그릴 수 있기에 정확하게 추세선이 무너졌는지 여부를 말하기 어려울 때도 있습니다.

그러나 추세의 정의를 안다면 보다 간단하고도 명료하게 추세가 무너졌

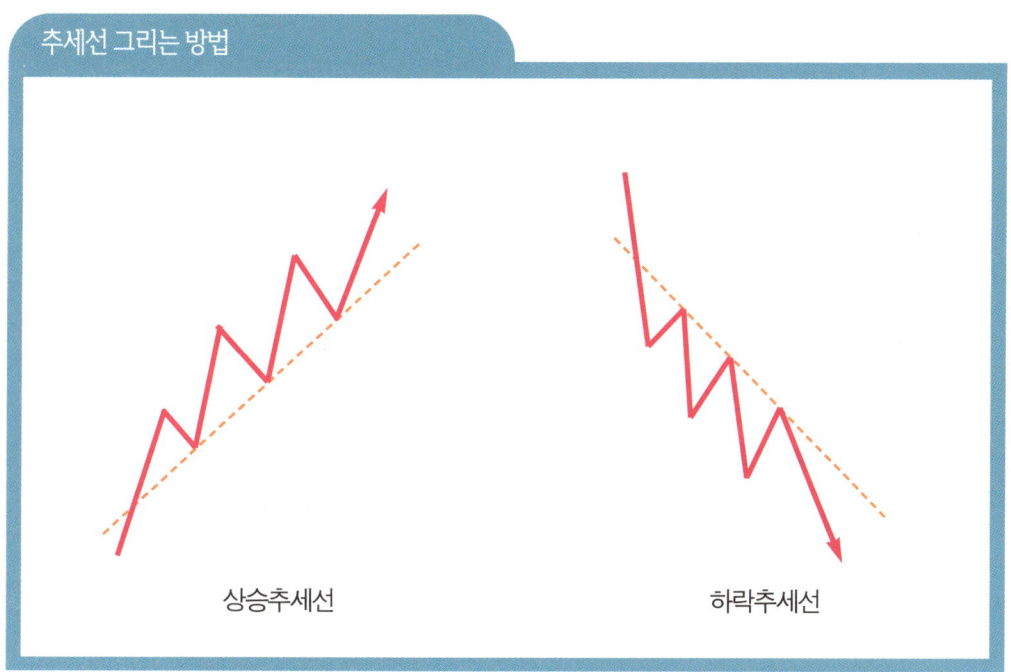

추세선 그리는 방법

상승추세선　　　　　　　　하락추세선

상승 추세의 경우는 저점을 연결하여, 하락 추세의 경우는 고점을 연결하여 각각 추세선을 그립니다.

음을 파악할 수 있게 됩니다. 상승 추세란 결국 저점이 지속적으로 상승하는 것을 의미한다고 하였습니다. 그러므로 상승 추세가 무너졌다는 것은 결국 저점이 지속적으로 상승하는 일을 멈추는 일이 됩니다. 따라서 상승 추세가 무너지는 시점이라면 주가가 직전 저점보다 더 아래로 내려서는 순간이 되겠지요.

　추세가 그렇다면 파동도 마찬가지로 설명할 수 있습니다. 어차피 파동이란 추세가 이어지는 것을 의미하므로 상승 파동이 무너지는 것은 직전 저점보다 주가가 더 내려서는 순간이 됩니다. 다 아는 이야기라구요? 뻔한 이야기를 길게 설명한다고 여러분들은 생각하실지 모르겠습니다. 하지만 이거야말로 일목균형표의 파동론에서 기본적으로, 또한 반드시 알아두어야 할 사항입니다. 하다 못해 현실에서 직전저점이 무너지는 상황을 접한다면 상승 파동이 무너지면 매도의 전략으로 시장에 대응해야 하기 때문입니다. 그걸 모르고 단순히 주가가 낮다는 이유로, 상승 파동이 무너질 때 덜컥 매수하였다가 이전에 큰 낭패를 당하였던 경험…. 여러분들 한두 차례는 다 겪었으리라 생각됩니다만…. 하여간 최소한 언제 상승파동이 무너지는지를 판단할 수 있어야 하지 않을까요?

　이제까지 우리는 파동을 이야기하고 있었습니다. 주가의 움직임과 관련하여 가장 널리 알려진 파동이론이라면 역시 엘리어트 파동이론일 것입니다. 그런데 엘리어트 파동이론은 다소 복잡하고 어렵습니다. 하지만 우리가 이제 다루려고 하는 일목균형표의 파동론은 엘리어트 파동이론과는 달리 그다지 복잡하지도 않고, 어렵지도 않습니다. 어렵지도 않고 쉽다니 기대되지 않으십니까? 다음 장으로 넘어가 봅시다.

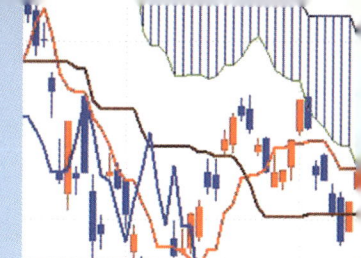

기본 파동

일목균형표에서 말하는 파동은 기본파동과 중간파동으로 나누어집니다. 기본파동이란 결국 하나의 시세 흐름을 이루어나가는 골격파동을 말하는데 주로 N파동이 됩니다. 그리고 N파동으로 발전되기 직전 단계로서 I파동과 V파동이 있으며, 또한 중간파동으로서는 Y파동, P파동이 있습니다.

일목균형표를 만든 일목산인은 일본인이지만 그는 파동의 이름을 알파벳을 이용하여 명명하고 있습니다. 그런데 파동의 모양이 절묘하게도 알파벳과 잘 어울립니다. 즉 파동의 이름은 바로 파동의 모양을 본떠서 지은 것이라는 말입니다. 예를 들어 I파동은 그림처럼 하나의 죽 이어진 상승파동, 혹은 하나의 하락파동을 말합니다. 영어 알파벳의 I자 모양과 흡사합니다. 그리고 V파동은 I파동이 두 개 연달아 이어진 것으로 이해하면 됩니다. 즉 하나의 상승파동과 하나의 하락파동이 서로 연결된 꼴이 바로 V파동이라는 말입니다.

일목균형표에서는 N파동을 파동을 형성하는 기본파동으로 간주하고 있습니다. 그러기에 I파동이나 V파동은 결국 N파동으로 전개되기 위한 전 단계라고 생각합니다. 엘리어트 파동이론에 의하면 하나의 파동은 반드시 5개의 파동이거나(충격파동일 경우) 혹은 3개의 파동(조정파동의 경우)으로 구성되어야 한다고 규정하는 등 나름대로 엄격한 규칙이 있습니다. 그러나 일목균형표에서의 파동은 이처럼 엄격한 원칙이 적용되지 않습니다. 기본적인 파동은 결국 N파동이며, 같은 방향의 추세가 이어지는 한 이론적으로는 무한정한 숫자의 파동이 이어져도 무방합니다. 다시 말하여 N파동을 기본으로 하여 같은 방향으로 전개되는 파동이 몇 개라도 더 연이어 나타나도 무방하다는 말입니다.

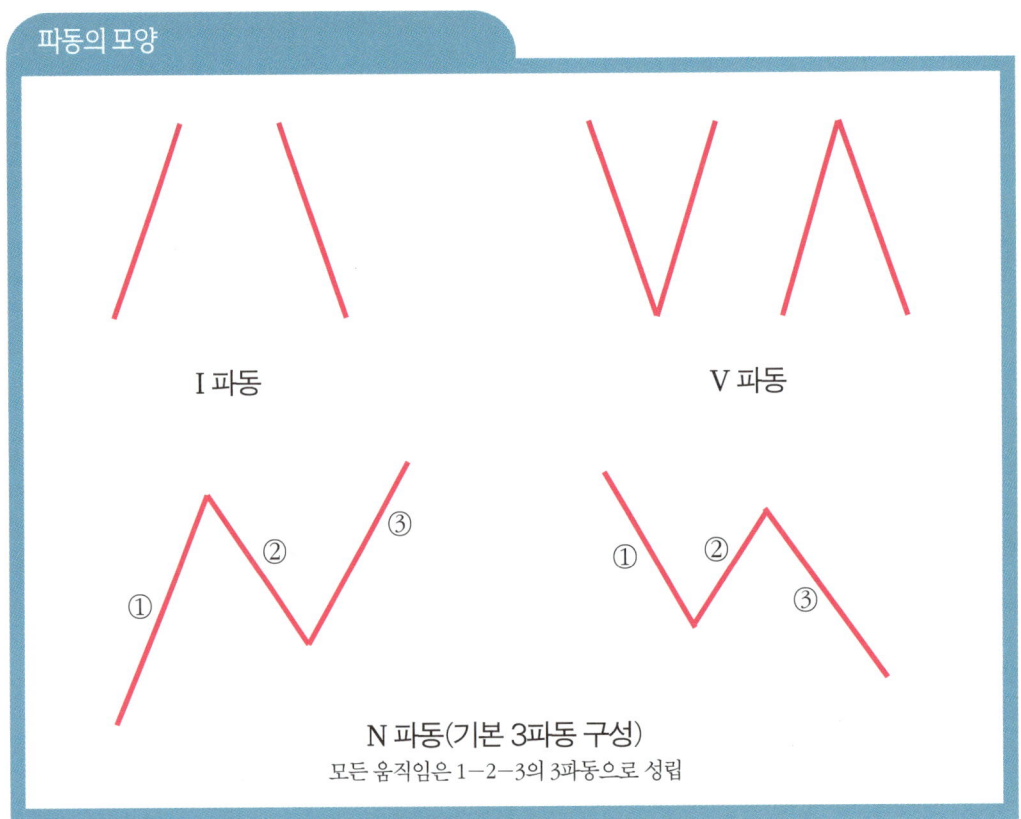

그런데 일목산인은 파동과 변화일과의 관계를 설명하면서 가장 이상적인 파동을 상정하고 있습니다. 앞서 시간론을 다룰 때 우리는 9일을 절(節)이라고 지칭했습니다. 그리고 3절이 모여서 기(期)를 구성하며 더 나아가 3기가 순(巡)을 만들고, 또한 3순이 환(環)을 만든다는 것을 살펴본 바 있습니다. 물론 더 연장한다면 3환이 모여서 순환(巡環)이 됩니다.

이때 일목산인은 시간론과 파동론이 서로 일치하는 가장 이상적인 파동을 상정하였습니다. 즉 I파동의 기간이 9일이 되고, 각각의 I파동과 또 하나의 I파동으로 구성되는 V파동의 기간은 17일, 마지막으로 N파동의 길이는 26일이 되는 파동이 바로 이상적인 파동입니다. 더 나아가 N파동이 기계적으로 차례대로 이어지고 또한 각각의 파동을 구성하는 기간도 절(節)-기(期)-순(巡)-환(環)의 순서대로 나타나는 것이 이상적인 파동입니다.

물론 현실적으로 이런 파동이 나타날 수는 없습니다. 기계적으로 정확하게 시간과 파동이 맞아 떨어지는 경우는 상상 속에서나 가능한 일이지 현실적으로는 거의 불가능합니다. 하지만 이런 이상적인 파동을 상상하는 것과 현실에서 나타난 파동을 서로 비교해 본다면 현실에서의 파동이 어떤 모습으로 전개될지 정확하게 파악할 수 있습니다. 그러나 규칙적인 파동이 완전히 불가능한 것은 아닙니다. 일목산인은 현실적으로 어떤 일수와 가격폭에 있어서 I, V, N파동을 반복할지라도 결국은 예상한 일수가 된다고 말하고 있습니다. 현실적으로 다소 엇갈릴 수도 있겠지만 결국은 정형으로 회귀한다는 말입니다. 즉 도중에 이상적인 파동과 맞지 않겠지만 길게 본다면 이상형과 일치하게 된다고 일목산인은 말합니다.

어쨌든 N파동이 일목균형표의 파동을 구성하는 기본파동인 동시에 그것이 하나의 단위가 됩니다. 시간론으로 말한다면 다음의 그림과 같은 일수와 파동관계로 나타납니다. 이것이 바로 파동론의 출발점입니다.

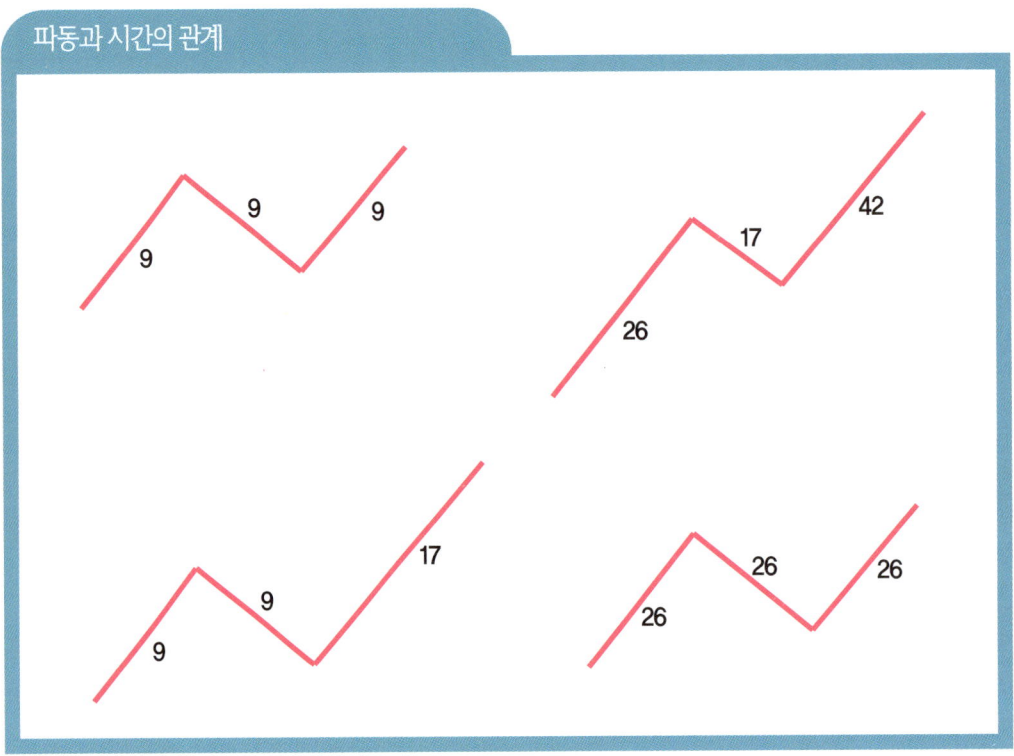

이상적인 N파동은 이처럼 시간과의 관계에서 각 파동이 기본수치를 구성합니다.

그런데 여기서 잠시 우리가 앞에서 다루었던 대등수치를 상기하고자 합니다. 대등수치라면 과거의 주가움직임에서 걸린 기간과 앞으로의 주가움직임에서 걸리는 시간이 서로 대등하게 나타나는 것을 의미합니다. 즉 과거의 주가움직임이 미래의 주가움직임에 영향을 미치는 셈입니다.

이때 단순히 시간뿐만 아니라 파동으로서도 대등수치를 발견할 수 있습니다. 파동에는 I파동, V파동, N파동이 있으니 이들이 서로 대등하게 나타난다면 결국 I=I, I=V, I=N, V=N, V=V, 그리고 N=N의 6가지 형태가 있습니다.

파동과 대등수치

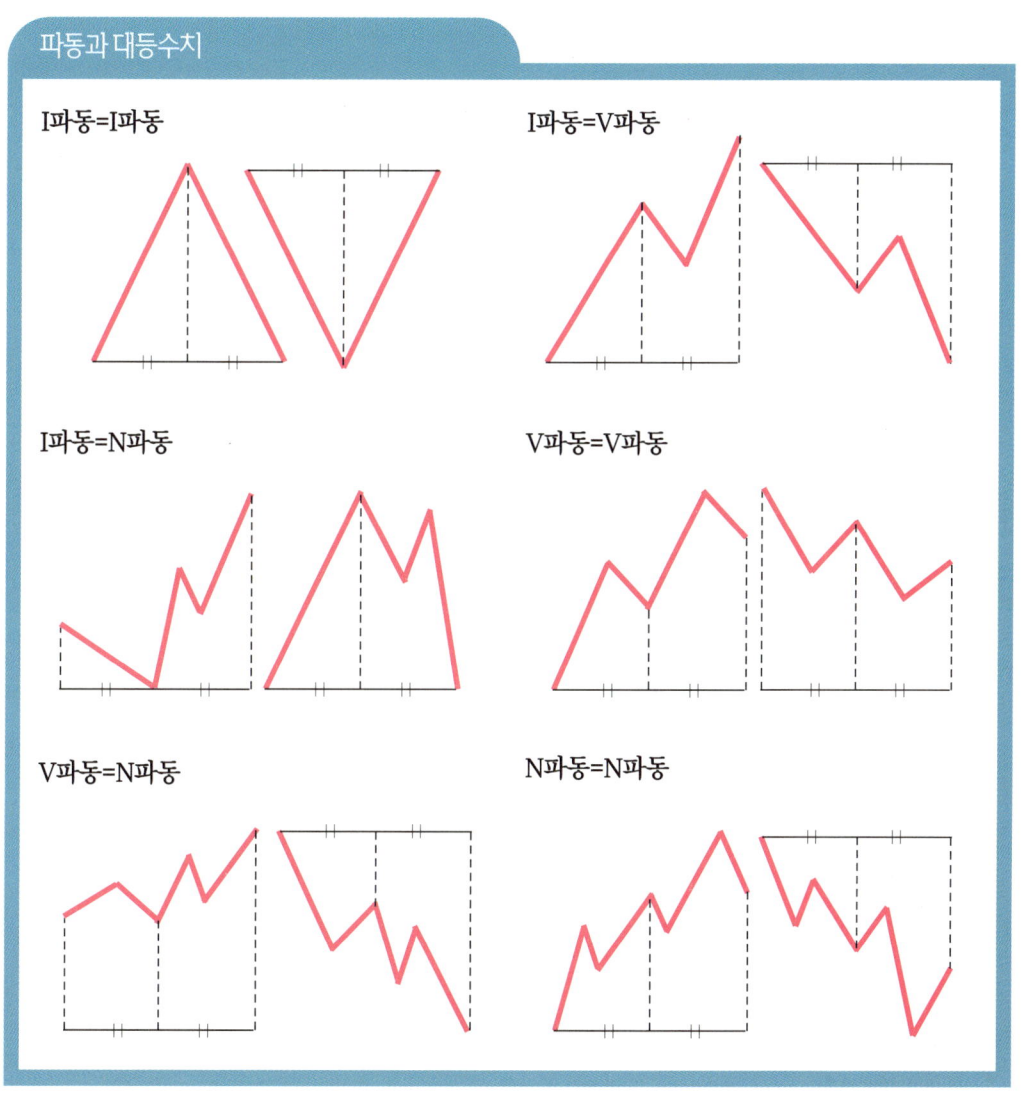

이제 파동의 개념까지 알게 되었으니 대등수치를 발견하는 일은 더욱더 용이하게 되었습니다. 특히 대등수치를 발견하는 것은 무엇보다도 변화일을 따지기 위해서 대단히 중요합니다. 대등수치는 기본수치와 아울러 시세가 움직여 가는 하나의 매듭을 만들어냅니다. 대등수치에 해당되는 날이 변화일이 되고, 변화일을 전후하여 추세가 전환되는 경우가 많습니다. 혹은 변화일을 전후하여 추세가 전환되지 않고 오히려 추세가 가속화될 수도 있고 연장될 수도 있습니다.

그러나 어떤 경우이건 변화일을 아는 것과 모르는 것에는 하늘과 땅만큼의 차이가 있습니다. 앞에서 변화일을 전후하는 거래 혹은 변곡점을 전후로 하는 거래방법에서 다룬 바도 있습니다만 변화일을 전후로 하는 거래에서 기대되는 수익은 대단히 큽니다. 변화일 혹은 변곡점에서 추세가 전환될 것이라고 가정하여 기존의 방향과 다른 방향의 포지션을 설정하는 일 – 여기에는 물론 위험이 따릅니다 – 을 설명하였는데 만일 기대대로 추세가 전환된다면 수익은 크게 얻을 수 있습니다. 또한 추세가 전환되지 않았을 경우 추세가 전환될 것으로 가정하고 설정하였던 포지션을 얼른 청산하는 것이 옳습니다. 당연히 이 거래에서는 손실을 입습니다. 하지만 그럴 경우에도 포지션을 청산한 후 반대 거래할 수 있고, 그 거래에서 당초 손절한 것보다 많은 수익을 얻을 수 있습니다.

이처럼 변화일이나 변곡점을 정확히 파악할 수 있다면 약간의 위험을 감수하더라도 기대되는 수익은 대단히 크게 마련입니다. 그런데 변화일 혹은 변곡점이 어디인지 알 수 없다면 모든 일은 불가능합니다. 우리가 감수하려는 약간의 위험조차도 그게 어느 정도의 크기인지 알 수도 없고, 앞으로의 방향도 예측할 수 없습니다.

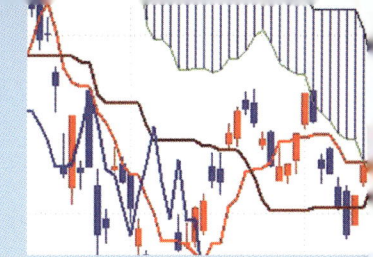

24 중간 파동

일목균형표에 있어 기본적인 파동은 N파동이며 그것을 기본골격으로 하여 같은 방향으로 파동이 연이어 이어지는 꼴로 추세가 전개됩니다. 그런데 파동이 항상 보기좋게 N파동 혹은 I파동이거나 V파동의 형태로 나타나는 것은 아닙니다. 기본적인 틀에서 벗어나 예외적인 모습으로 전개되는 경우도 많습니다. 일목산인은 이런 파동을 예외적인 파동이라고 말하고 있는데 대표적인 것으로는 Y파동과 P파동이 있습니다. 역시 영어 알파벳의 모습과 파동의 모습이 서로 닮았습니다.

첫째로 P파동은 다음과 같이 생겼습니다. 즉 처음에는 주가의 움직임이 활발하였으나 점차 시간이 지날수록 주가움직임이 축소되는 꼴로 나타나는 것이 P파동입니다. 축소파동이면서 중간파동인 셈입니다.

여기서 중간파동이라는 것을 굳이 강조하는 것은 사실 나중에 나올 파동 숫자의 계산에 대단히 중요하기 때문입니다. 미리 조금만 설명하겠습니다. 일목균형표의 파동 개수는 원칙적으로 전혀 제한이 없습니다. 하지만 파동의 숫자는 항상 홀수이므로 7개 이상이 되면 추세가 거의 막바지에 이른 것으로 판단해야 합니다. 그런데 P파동 같이 중간파동에서 나타나는 파동을 일일이 각각 숫자로 계산하면 궁극적인 목표치에 이르기도 전에 파동의 개수가 훨씬 더 많이 나타나게 되는 잘못을 범하게 됩니다. 그걸 막고자 굳이 P파동은 중간파동이라고 강조하는 것입니다. 즉 P파동은 파동의 개수를 세는 데는 들어가지 않습니다.

또한 P파동의 속에 자그마한 P파동이 또 생기는 경우도 없지 않습니다. 이를 PP파동이라고 말합니다. P파동이건 혹은 PP파동이건 모두 엘리어트 파동이론에서 말하는 삼각형과 동일하게 해석하면 됩니다. 엘리어트의 파동이론을 모르는 사람일지라도 상관없습니다. P파동은 기술적 분석의 패턴분석법에 나오는 삼각형(triangle)이라고 간주하면 됩니다.

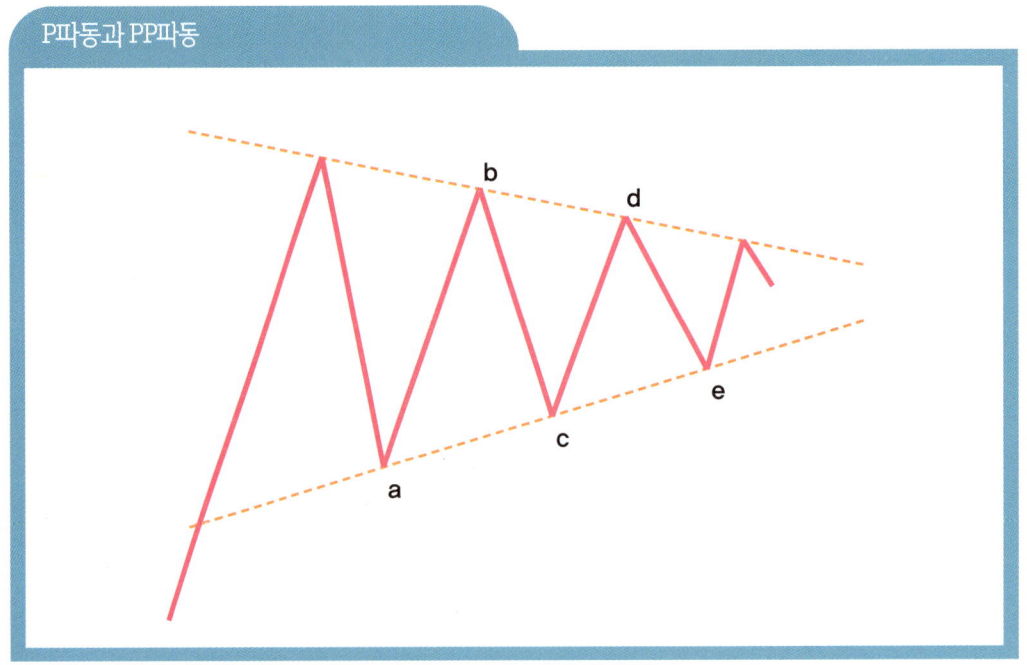

P파동과 PP파동

이때 a, b, c까지는 N파동을 구성하는 과정이므로 문제될 것이 없습니다. 그런데 c점이 더 하락하지 못한데다 이어지는 상승세가 d에서 멈춘 때에는 d까지가 바로 P파동이 됩니다. 그리고 다시 하락움직임이 e점에서 멈춘다면 이를 PP파동이라고 말할 수 있습니다. 이 파동은 그 다음에 어디로 진행할지가 대단히 중요한데, 후행스팬이나 구름대 혹은 기준선, 전환선 등 일목균형표를 구성하는 괘선들과 종합하여 연구, 분석한다면 그 방향과 가격폭까지도 구할 수 있습니다(가격목표치를 계산하는 방법에 대하여서는 다음에 자세히 다룹니다). 하여간 단순하게 P파동은 삼각형이라는 정도만 알아두어도 충분합니다.

그런데 P파동보다도 더 복잡하며 파동의 예외가 되는 것이 바로 Y파동입니다. N파동과 비교할 때 Y파동이 나타나는 빈도수는 그리 많지 않지만 그래도 전혀 나타나지 않는 것은 아니므로 알아둘 필요가 있습니다. 특히 지수의 일목균형표에서는 그리 자주 나타나지 않지만 각 종목의 경우에는 Y파동의 출현 빈도가 현저히 높습니다.

P파동은 시간이 지날수록 주가의 움직임이 좁아지는 축소형 파동이었으나 Y파동은 시간이 지날수록 주가의 움직임이 활발해지는 확장형 파동입니다. 다음 Y파동 그림에서 a, b, c까지는 P파동이고 d까지는 PP파동으로 간주하면 되므로 그리 문제될 것은 없습니다. 또한 e에 도달하더라도 b−c−d−e까지를 하나의 N파동으로 생각할 수 있으므로 마찬가지로 큰 문제는 아닙니다. 하지만 이후 주가가 반등하여 e에서 f까지 치솟을 때 다소 복잡합니다. 즉 f에 도달하면서 주가는 이전의 고점이었던 b, d를 상향돌파하고 있습니다. 더구나 이전에 e점은 직전 저점이었던 c, a를 하향돌파했습니다. 결국 이렇게 되면 이를 Y파동이라고 간주하여야 합니다.

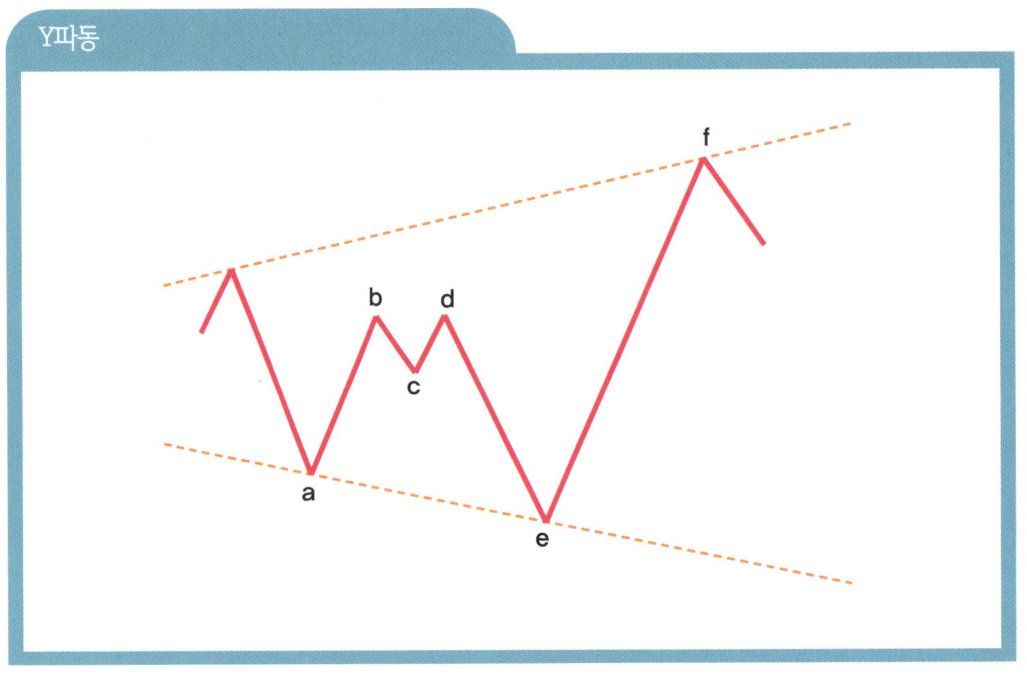

 다시 말하여 Y파동은 시간이 지날수록 고점은 직전 고점을 상향돌파하는 식으로 전개되고, 동시에 저점은 직전 저점을 하향돌파는 모습이 됩니다. 이처럼 시간이 지날수록 고점은 고점대로 경신되고, 저점은 저점대로 경신되는 식이라면 시장이 전반적으로 흥분상태에 빠져든 상황이라고 해석할 수 있습니다. 따라서 일단 오름세가 전개되면 우르르 앞뒤 가리지 않고 폭등하게 되므로 전 고점을 상향돌파하게 되며 또한 그러다가 일단 내림세로 전개되면 지극히 불안한 나머지 앞뒤 가리지 않고 매도세가 우위를 점하게 되고 그러면 결국 저점은 전 저점을 하회하는 꼴이 되고 맙니다.
 전통적인 기술적 분석법에 따르면, 패턴분석상 Y파동은 확장형 삼각형(expanding triangle)으로 간주할 수 있습니다. 그런데 확장형 삼각형도 추세가 반전될 때 나타나는 패턴으로서 시장이 지극히 불안한 상태에 있음을

시사하는 증거로 사용됩니다. 통상적으로 Y파동은 상승추세의 막바지에 주로 나타나는데 이런 파동이 출현한 이후 추세가 전환되는 경우가 대단히 많다는 사실을 유의할 필요가 있습니다.

또한 Y파동이 나타난 다음에 Y파동이 한 번 더 나타날 수 있습니다. 이렇게 되면 주가는 큰폭으로 상승하거나 혹은 큰폭으로 하락하며 때로는 최고시세 혹은 최저시세를 만드는 경우도 있습니다.

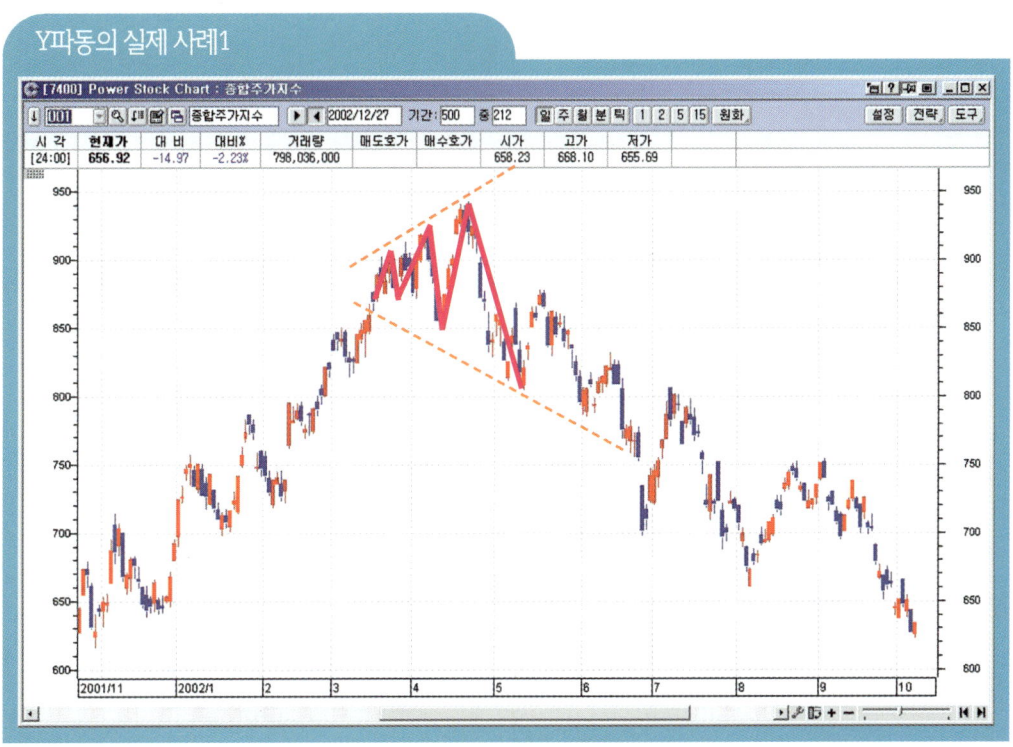

Y파동의 실제 사례1

마지막으로 또 다른 예외가 삼존(三尊)파동입니다. 이 파동은 우리가 패턴분석에서 익히 잘 알고 있는 헤드 앤 쇼울더(head and shoulder)패턴과 같다고 생각하면 큰 무리가 없습니다.

지난 2002년 4월, 2000년1월의 경우에서 알 수 있듯이 Y파동을 형성하면 대체로 꼭지를 만들고 하락세로 바뀌게 됩니다.

    시세는 어떤 시기에는 상승하고 또 어떤 시기에는 하락하게 되는데, 삼존의 전형적인 형태는 상승-하락-상승-하락이 그림에서처럼 규칙적으로 반복되는 꼴입니다. 이 그림을 단순화하면 삼각형 꼴로 만들 수 있습니다. 그리고 파동을 자세히 살피면 a-b-c-d로 이어지는 파동은 N파동을 구성합니다. 또한 c-d파동과 1-2파동은 각각 V파동이라고 말할 수 있습니다. 따라서 삼존파동은 중간파동과 기본파동이 나란히 나타나는 특수한 꼴인 셈입니다.

삼존파동

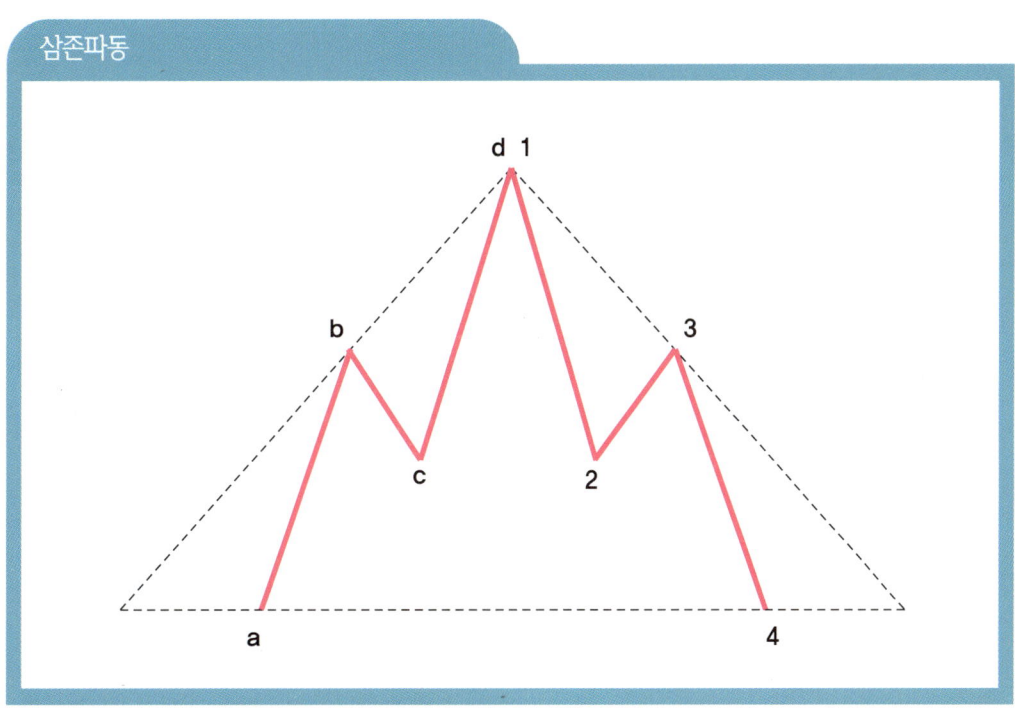

실제 사례에 나타난 V, N, Y, P파동

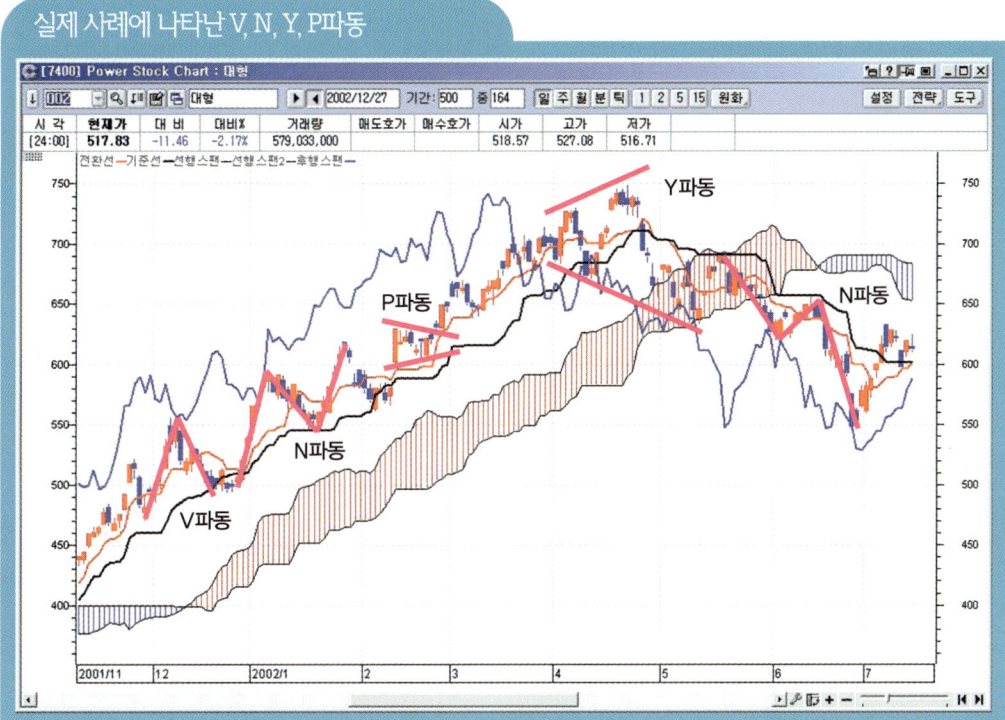

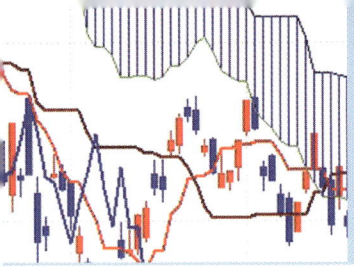

파동의 인식

　기본파동인 N파동을 중심으로 파동을 인식하는 방법에 대하여 알아보기로 합니다. 일목균형표에서는 원칙적으로 파동의 숫자에는 제한이 없습니다. 그러므로 같은 방향으로 파동이 움직이는 한 파동은 무한정 나타날 수도 있습니다. 이때 이제까지 진행되어 오던 파동이 더 지속될 것인지는 기존에 만들어지고 이는 고점이나 저점을 돌파하는지 여부에 따라 결정됩니다. 아울러 파동을 판단하고 앞으로의 주가움직임이 파동론에 의거하여 어떻게 나타날 것인지 미리 예측해 보는 데에도(이를 파동을 인식한다고 말합니다) 역시 저점이나 고점이 돌파되는지의 여부가 대단히 중요합니다. 구체적으로 사례를 통하여 설명을 계속합니다.

　상승파동이라고 한다면 고점이 지속적으로 경신되는 경우를 말합니다. 물론 기술적 분석 교과서에서는 상승추세란 저점이 지속적으로 올라서는 것을 말한다고 정의하고 있습니다. 하지만 파동의 경우는 다소 다릅니다. 파동이란 기존의 움직임이 계속 퍼져나가는 것을 의미합니다. 따라서 상승파동이려면 기존의 고점이 지속적으로 경신되어져야 합니다.

고점이 경신된다는 것은 무엇을 의미할까요. 기존의 고점은 이를테면 저항선의 역할을 합니다. 주가가 특정한 수준에서 고점을 만들었다면 결국 그 수준에서 강력한 매물압박을 받았기 때문입니다. 그렇지 않았다면 주가는 더 올라설 수 있었을 것입니다. 그러므로 추가적인 상승세가 이어지고 그것이 상승파동으로서의 역할을 하려면 고점에 포진하고 있는 매물벽, 즉 저항선을 돌파하여야 합니다. 그리고 고점이 경신된다는 것은 저항선이 지속적으로 돌파된다는 사실을 의미합니다. 당연히 매수세가 적극적이고 강력하였기 때문인데, 이것이 바로 상승파동입니다.

파동의 인식

직전 저점이었던 A점이 무너졌기에 A-B-C-D의 상승 N파동으로 인식하면 안됩니다. 하락파동으로 인식하는 것이 올바릅니다.

반대로 하락파동은 저점이 지속적으로 경신되는 것으로 이해할 수 있습니다. 앞선 상승파동의 경우와는 정반대로 저점이 만들어졌다는 것은 결국 그 수준에서 매수세가 나타났고, 그것이 지지선으로서의 역할을 했다는 것입니다. 그런데 그 저점이 지속적으로 낮아진다는 것은 지지선에서의 매수세력이 강력하지 못하고 오히려 매도세력에 압도당하고 있음을 의미합니다. 이것이 바로 하락파동입니다.

요약해 보면 상승파동의 고점은 지속적으로 높아지고 반면에 하락파동의 저점은 지속적으로 낮아지게 됩니다.

구체적인 사례를 생각합니다. 앞의 그림처럼 주가가 움직이고 있다고 합시다. 주가는 A에서 출발하여 B-C-D의 순서로 올라섰고 그런 연후에 E 수준까지 하락하였습니다. 이때 A-B-C-D 파동은 N파동으로 인식할 수 있습니다. 그런데 A-B-C-D에 이어 주가가 지속적으로 상승하였다면 아무런 문제없이 지금을 상승파동이라고 인식하고 또한 N파동이라고 생각할 수 있지만 그렇지 못하고 주가가 큰폭으로 하락하여 전 저점이었던 A점을 밑돌게 된 것이 문제입니다.

앞서 우리는 상승파동은 고점이 지속적으로 경신되는 현상으로, 그리고 하락파동은 저점이 지속적으로 경신되는 현상으로 이해한 바 있습니다. 그러기에 지금의 경우는 저점이었던 A수준 이하로 주가가 하락하면서 저점이 경신된 상태이고 결국 하락파동이라고 말하지 않을 수 없습니다. 그러면 A-B-C-D로 이어지는 상승파동은 어떻게 된 것일까요? 이럴 경우 우리는 두 가지 방법으로 해석할 수 있습니다.

첫 번째의 방법은 시간으로 분류하는 방법입니다. 무슨 말이냐면 파동이 구성되는 기간을 중심으로 단기파동-중기파동-장기파동 등으로 세분한다는 것이지요. 일목균형표에서는 단기파동-중기파동-장기파동을 각각 소세-중세-대세라고 말하고 있기도 합니다. 하여간 A-B-C-D의 상승 N파동을 형성한 기간은 D에서 E까지의 기간과 엇비슷합니다. 즉 A-B-C-D를 소규모 단기파동으로 간주한다는 말입니다. 그리고 A-D까지의 기간과 D-E 기간을 통털어 V파동으로 인식하면 됩니다. 결국 A-B-C-D의 N파동은 소세파동으로서 상승파동이었고, A-D-E파동은 중세파동으로 V파동으로 인식하면 됩니다. 물론 소세파동은 상승파동이었지만 중세파동은 하락파동으로 나타납니다.

두 번째의 방법은 시간을 고려하지 않고 상승파동이 파탄, 즉 붕괴되었다

전 저점이 경신되었으니 결국 하락파동으로 인식해야 합니다. 실제로 그 이후 하락파동이 더 이어졌습니다.

고 인식할 수도 있습니다. 즉 A-B-C-D로 이어지는 상승파동이 잘 진행되는 듯하였으나 이후 주가가 하락하여 저점인 A점을 밑돌게 되었고 결국 상승파동이 더 이상 효력을 발휘하지 못하고 파탄(破綻, 붕괴)되고 하락추세로 전환된 것으로 이해하는 방법입니다. 어떤 방법을 택하건 결국 중요한 것은 저점을 무너뜨리는 순간부터 파동은 상승파동이 아니라 하락파동으로 바뀌게 된다는 사실입니다.

파동의 인식에 대한 설명을 조금만 더 계속하겠습니다. 그림에서 알 수 있듯이 A-B-C-D점을 거치면서 하락하던 주가가 일단 E점에서 저점을 만들고 일단 상승세로 돌아섰습니다. 그런데 그 이후의 주가움직임이 어떻게 되느냐에 따라 파동의 인식도 또 달라집니다. 대단히 중요합니다. 물론 E점에서 상승세로 돌아선 주가의 움직임으로 우리가 예상할 수 있는 것은 두 가지 경우일 수밖에 없습니다. 오르거나 내리거나 둘 중의 하나입니다. 다시 말하여 지속적으로 상승하는 경우이거나 혹은 어느 수준에서 상승세를 멈추고 다시 하락하는 경우일 것입니다.

첫째, 만약 E점에서 저점을 만든 이후 주가가 지속적으로 상승하여 기존의 고점인 D점을 상향돌파하였다면 어떻게 해석해야 할까요? 앞서 저점을 하회하면서 주가가 하락하였으니 하락파동이라고 생각하였는데 다시 고점이 경신되었으니 다시 상승파동이라고 간주하여야 할까요?

다소 어려울지 모르겠는데 정답은 Y파동입니다. Y파동이라면 저점은 저점대로 낮아지고, 고점은 고점대로 높아지는 의미하는 것으로 우리는 이미 알고 있습니다. 다시 한 번 강조하는데, Y파동이 되기 위해서는 반드시 주가가 지속적으로 상승하여 기존의 고점인 D점을 상향돌파해야 합니다. 그저 조금 더 상승세가 강력한 정도로는 Y파동이라고 말할 수 없습니다.

그런데 냉정하게 말한다면 Y파동은 대세상승의 막바지, 즉 꼭지점을 형성하는 경우에나 나타납니다. 지금처럼 하락파동이 이어지는 와중에 Y파동이 갑자기 나타나기는 사실상 어렵습니다. 지금이야 고점이 다시 경신되는 경우를 가정하여 이야기하고 있으나 현실적으로는 상승세가 이어져서 D점을 경신하고 Y파동으로 전개되는 경우는 거의 나타나지 않습니다.

결국 두 번째의 경우가 가장 현실적입니다. 그림에도 표시하였듯 E점에서 일단 저점을 만들고 주가가 상승하기는 했지만 전 고점이었던 D점을 돌파하지 못하고 도중에 F점 정도에서 상승세가 멈추고 다시 하락하는 경우입니다. 이럴 때라면 앞으로 어떤 파동이 전개될 것이라고 생각해야 할까요?

상승파동은 고점이 경신되는 것, 그리고 하락파동은 저점이 경신되는 것이라는 정의에서 미루어 볼 때, 고점을 경신하지 못하였으니 지금의 파동은 하락파동으로 전개될 가능성이 대단히 높습니다. 다시 말하여 F점까지의 상승세가 일단락되고 다시 주가는 하락하고 있는데 이번의 하락세는 전 저점이었던 E점을 하회할 것이라고 판단해야 합니다.

결국 파동론에서 우리가 얻을 수 있는 것은 기본파동인 N파동을 조합해 나가면서 고점이 경신되는지 아니면 저점이 경신되는지 여부를 따지면 향후의 주가가 어떤 식으로 움직여 나갈 것인지 미리 예측할 수 있다는 사실입니다. 또한 파동을 기간으로 분류하여 소세-중세-대세로 나누어서 생각할 수도 있다고 설명하였습니다. 그런즉 대세파동과 중, 소세 파동의 방향이 서로 다르게 나타나는 경우도 있습니다. 예컨대 대세는 하락파동이지만 단기적으로는 상승파동이 나타날 것이라는 식으로 예측하는 일도 가능해집니다.

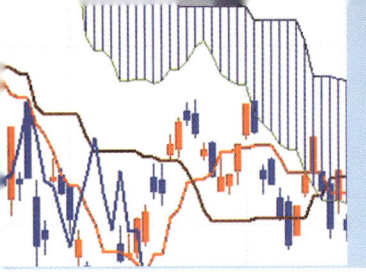

파동의 파탄과 S파동

파동이 파탄(破綻)된다는 것은 파동이 무너진다는 것을 뜻합니다. 다시 말하여 기존의 파동이 다른 파동으로 전환되는 것을 뜻합니다. 파동이 파탄되면 이제는 기존의 파동과 다른 방향으로 파동이 전개됩니다. 앞서 설명한 대로 상승파동의 경우는 기존의 저점이 붕괴되는 현상으로 파동이 파탄되는 것을 확인할 수 있습니다. 물론 하락파동의 경우는 기존의 고점이 돌파되는 것으로 확인됩니다. 파동이 파탄되었다고 말합니다만 혹은 역전되었다고도 말합니다. 하여간 그때부터는 새로운 파동이 출발하는 것으로 인식합니다.

이번에는 좀더 구체적으로 들어가 파동이 역전되는 경우를 어떻게 인식하는지를 따져보겠습니다. 또한 반대로 파동이 역전되지 않고 기존의 추세가 더욱 강화되는 경우를 어떻게 구분하는지 따져보도록 합니다.

그림처럼 상승파동이 전개되고 있다고 합시다. 전 고점인 B점, D점 등을 각각 상향돌파하였으므로 그때까지는 상승파동입니다. 그런데 이후 상승세가 F점에서 한계를 나타내고 결국 주가는 하락세로 바뀌었다고 가정합시다. 하지만 F점에서 주가가 하락하더라도 그것이 단순한 조정인지 아니면 하락파동으로 바뀌는 첫 번째 단계인지는 확정적으로 말할 수 없습니다.

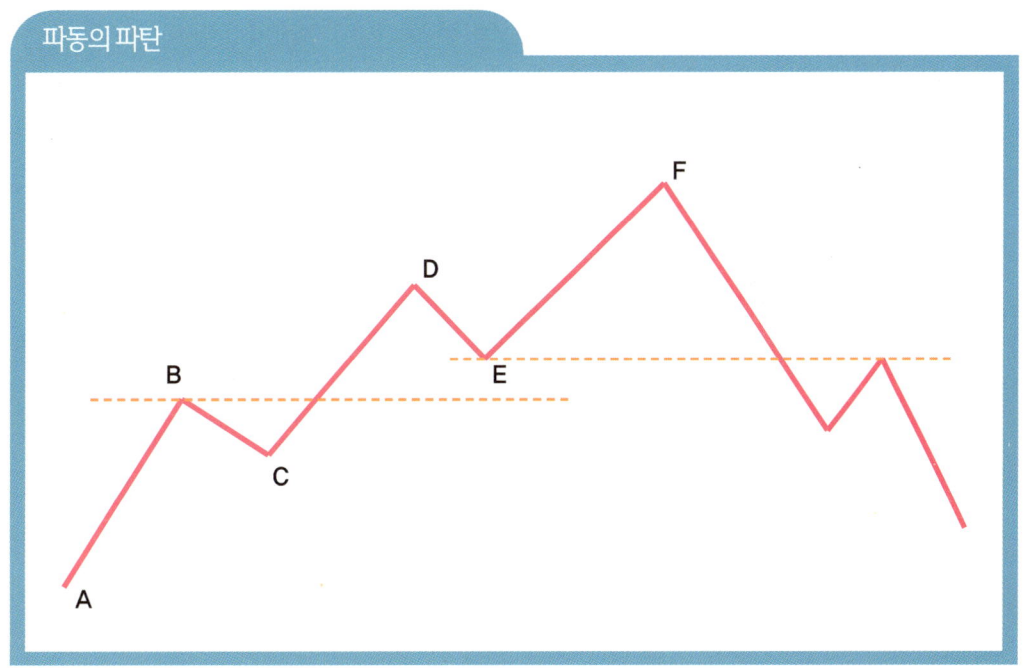

파동의 파탄

물론 나중에 다룰 가격론에 의하여 구해지는 가격목표를 달성하였을 때 파동이 역전되는 경우가 많으니 가격론까지 우리가 다 알게 되면 파동의 역전도 인식하기 훨씬 용이해집니다. 지금으로서는 여기까지 알고 있는 우리의 지식을 총동원하여 파동의 파탄을 인식하는 방식을 따져봅니다. 주가가 하락하여 결국 전 저점인 E점을 하향돌파할 때, 비로소 우리는 상승파동이 파탄되었고(역전되었고) 앞으로는 하락파동으로 전개될 것이라고 인식할 수 있습니다.

그런데 상승파동이 하락파동으로 역전될 경우 나타나는 특징의 하나는 일단 전 저점이었던 E점을 무너뜨린 이후에는 주가가 좀처럼 E점을 다시 회복할 수 없다는 사실입니다. 즉 E점이 지금부터는 저항선으로 작용한다는 말입니다.

전통적인 기술적 분석법에서도 마찬가지로 설명하고 있습니다. 지지선과 저항선의 역전현상이라는 것이 바로 그것입니다. 즉 이제까지 지지선이었던 수준이 일단 붕괴되고 나면 그때부터는 저항선으로 작용하고, 이전까지 저항선이었던 수준이 일단 돌파되면 그 이후부터는 지지선으로 작용한다는 말입니다. 생각해보면 간단히 그 이유를 알 수 있습니다. 이제까지 지지선(그림의 경우는 E점이 됩니다)이었다면 그 수준에서 강력한 매수세가 나타났다는 것을 의미합니다. 매수세가 나타나지 않았다면 지지선도 되지 못하였을 것이고 주가는 훨씬 더 아래쪽에서 저점을 만들었을 것입니다.

그런데 그 지지선이 어떤 이유에서건 붕괴되었다면 당시 지지선이 지켜질 것을 기대하고 매수하였던 세력들은 당장 손해를 입은 상태가 되고 맙니다. 그러기에 지지선이 일단 무너진 다음에 주가가 다소간 회복하여 지지선 근처에 이르면 당시 지지선 근처에서 매수하였다가 본전이 되기를 학수고대하고 있는 매수세력이 얼른 매물을 내놓을 것이고, 그러기에 주가는 좀처럼 이전에 지지선이었던 수준을 다시 상향돌파할 수 없게 됩니다. 바로 지지선이 저항선이 되어버리는 것이지요. 저항선의 경우도 마찬가지로 설명할 수 있습니다. 결국 이런 이유로 인하여 기존의 저점이 무너진다면 결국 상승파동이 파탄되는 것이고, 일단 무너진 저점은 오히려 하락파동에 있어 저항선으로 작용하게 됩니다.

하지만 상승파동에서 주가가 고점에서 약간 밀려난다고 하여 그것이 당장 상승파동의 파탄을 의미하는 것은 분명히 아닙니다. 상승파동이 파탄되려면 기존의 저점이 무너지는 일부터 선행되어야 하며 동시에 전 저점이 이번에는 저항선으로 작용한다는 사실도 확인할 수 있어야 합니다. 그리고 현실적으로 말한다면 추세란 결국 관성과 같아서 한번 만들어진 파동은 같은 방향으로 계속 이어나가려는 속성을 가집니다. 파동의 파탄을 인식하는 일은 신중하여야 합니다.

오히려 파동이 파탄되지 않고 기존의 파동이 지속되는 경우가 더 많습니다. 다음 S파동의 그림을 봅시다. 주가가 B점에서 조정을 받았지만 C점에서 저점을 만들고 상승하였습니다. 그리고 C점에서 상승한 주가는 결국 기존의 고점이었던 B점을 상향돌파하였으니 분명히 지금은 상승파동입니다. 그런데 D점에서 고점을 만들고는 주가가 다시 조정을 받습니다. 이때 D점에서 주가가 조정을 받을 때 기존의 저점인 C점을 무너뜨려야만 비로소 파동은 파탄되는 것이지만 그림에서는 아예 기존의 고점인 B점 수준 이하로 내려서지도 못

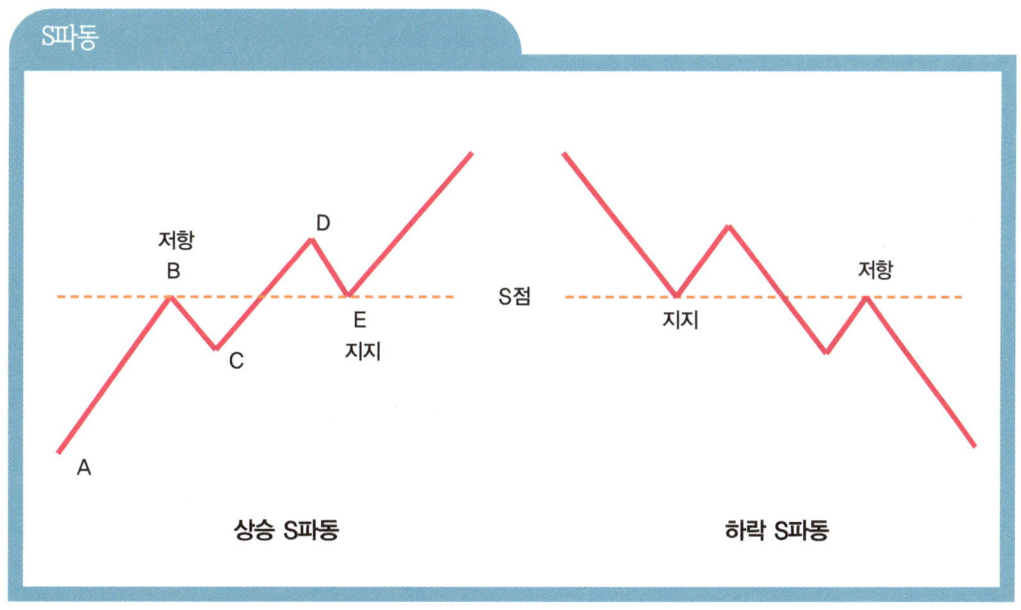

기존의 추세가 더욱 강화되는 현상으로 인식됩니다.

합니다. 다시 말하여 B점이 오히려 지지선으로 작용하고 있는 상태입니다.

이를 일목균형표에서는 S파동이라고 말하는데, 추세가 더욱 강화되는 현상으로 인식합니다. S파동에서 절호의 매수 시기는 기존의 고점 수준인 B점 언저리까지 주가가 하락하였을 때가 되겠지요. 앞서 우리는 지지선과 저항선의 역전현상에 대하여 설명하였습니다. 그런데 S파동의 경우도 역시 지지선과 저항선의 역전현상으로 설명할 수 있습니다.

다시 말하여 기존의 고점인 B점은 고점이었기에 저항선으로 작용하였습니다. 그 수준이 저항선이라는 것은 거기서 고점을 만들었기 때문입니다. 매물이 그 수준에서 쏟아져 나왔기에 주가는 거기서 고점을 형성하고 일단 조정을 받았던 것입니다. 하지만 이후 C점에서 출발한 상승파동에 의하여 B점은 상향돌파되었으며 그때부터는 역할이 바뀌었습니다. 오히려 D점에서의 조정이 B점 이하로 내려가지 않으면서 이제까지 저항선이었던 B점이 지금부터는 지지선으로 작용하였던 셈입니다.

상승파동이 파탄되는 경우는 지지선이 저항선으로 역할이 바뀌지만 상승파동이 파탄되지 않고 S파동으로 전개되는 경우, 즉 상승파동이 더욱더 강화되는 경우는 저항선이 오히려 지지선으로 역할을 바꾼다는 사실에 유의하십시오.

그리고 이제까지는 설명의 편의를 위하여 상승파동의 경우만을 예로 들었는데 하락파동의 경우는 상승파동의 역으로 생각하면 됩니다. 다시 말하여 하락파동이 파탄되는 경우는 저항선이 지지선으로 역할이 바뀌며, 또한 하락파동이 파탄되지 않고 S파동으로 전개되는 경우, 즉 하락파동이 더욱더 강화되는 경우는 지지선이 오히려 저항선으로 역할을 바꾸게 됩니다.

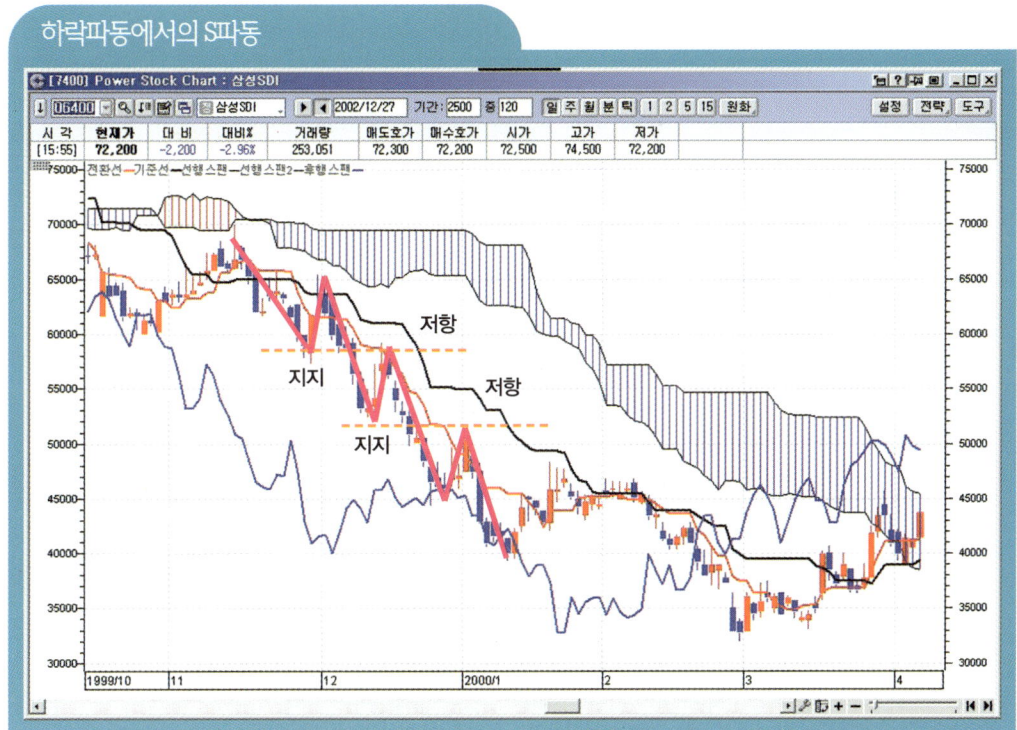

지지선이 저항선으로 작용하면서 기존의 파동이 더욱 강화됩니다.

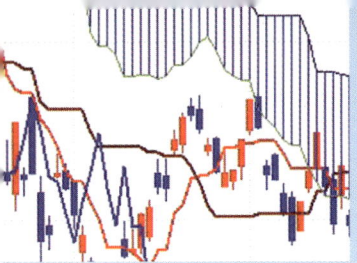

추세 전환

    일목균형표에서 상승파동이 파탄되어 하락파동으로 바뀌는 경우, 혹은 하락파동이 파탄되어 상승파동으로 바뀌는 경우. 이렇게 되기 직전에 나타나는 파동을 첨단파동(尖端波動)이라고 말합니다. 첨단이라는 말은 일반적으로 유행의 첨단 혹은 첨단 과학에서 사용되듯이 높은 수준, 혹은 시대의 흐름이나 유행 따위의 맨 앞장을 의미하는 것으로 인식됩니다. 하지만 여기서는 그런 용도로 사용된 것이 아닙니다. 여기서 말하는 첨단이라는 것은 한자의 뜻 그대로 물건의 뾰족한 끝을 뜻합니다. 한자의 첨(尖)은 뾰족하다, 끝이 날카롭다(sharp, acute, keen) 라는 뜻을 가지고 있으며 또한 단(端)은 끝, 날카로운 끝, 시작, 봉우리(end, extreme, head, beginning) 등을 의미합니다. 결국 여기서 사용된 첨단파동은 상승파동이나 혹은 하락파동의 막바지 파동이 되는 셈입니다.

    상승파동의 예를 들어서 설명하겠습니다. 파동이 전환되려면 일단은 주가가 하락파동을 만들다 어디선가 저점을 만들고 상승세로 돌아서야 합니다. 하지만 주가가 반등한다고 하여 그때가 바닥인지, 즉 당시가 첨단파동인지는 아직 확실치 않습니다. 반등하는 정도에서 그치지 아니하고 주가가 더 상승하여 직전의 고점을 상향돌파하여야 합니다. 즉 직전의 고점을 상향돌파하고, 이제까지 이어지던 하락파동이 파탄되면 비로소 상승파동이라고 말할 수 있습니다.

이때 파탄된 하락파동의 마지막 파동이 뾰족한 첨단파동이 되는 것입니다.

첨단파동이려면, 즉 추세가 첨단파동을 고비로 하여 전환되려면 그 이후의 파동에서 일관된 움직임이 나타나야 합니다. 예를 들어 직전 고점이 지금부터는 지지선으로 작용하여 S파동의 성격을 보인다거나 하는 식이어야 한다는 말입니다. 그리고 추세가 전환되는 경우라면 당연히 우리는 매수하거나 매도해야 할 것입니다. 상승파동이 파탄되어 하락파동으로 바뀌었다고 판단되면 즉각 매도하여야 할 것이고 반대로 하락파동에서 상승파동으로 전환되었다면 우리는 즉각 매수에 뛰어들어야 한다는 것은 두말할 나위가 없습니다.

단, 상승파동이건 하락파동이건 파동이 파탄나는 경우는 당연히 매수, 매도의 시기이긴 합니다만 그걸 확인하고 거래에 임하기에는 현실적으로 상당히 늦다는 점은 인정하지 않을 수 없습니다.

남들보다도 일찍 매수하거나 매도하고, 더구나 그 매매가 정확하기를 바라는 것은 누구나 다 바라는 일입니다. 우리 모두는 보다 낮은 수준에서 매수하고, 보다 높은 가격에서 매도하고 싶어합니다. 바닥에서 매수하고 꼭지에서 매도하면 얼마나 짜릿할까요. 앞서 우리는 일목균형표를 구성하는 괘선들, 즉 기준선이나 전환선 혹은 선행스팬, 후행스팬 등의 움직임으로 매매시기를 결정하는 방법에 대하여 배웠습니다. 복습하는 셈치고 다시 다루어 볼까요?

추세가 상승세로 바뀌려면 일단 주가가 전환선을 돌파하고, 그리고 기준선과 전환선이 호전되며 그런 연후에 주가가 구름대를 상향돌파하며 또한 후행스팬이 26일전의 주가를 상향돌파하게 됩니다. 그러기에 우리는 주가가 전환선을 상향돌파하는 시기나 혹은 기준선과 전환선이 서로 호전되는 시기를 매수 시기로 간주합니다. 또한 그보다 더 이른 시간에 매수타이밍을 잡기 위한 방법도 있습니다. 잘못된 신호를 나타낼 다소간의 위험은 따르지만 주가가 전환선을 타고 넘어 가면서 동시에 전환선이 상승세로 돌아서는 시기를 예비계산으로 구할 수 있습니다. 그리고 우리는 전환선이 상승하는 시기를 매수타이밍으로 간주하기도 합니다. 이제 기억나시지요?

 그런데 저는 지금 일목균형표를 구성하는 괘선을 토대로 주가의 움직임을 예상하고 매수, 매도 타이밍을 정하는 방식이 아니라 주가움직임을 파동으로 해석하는 방법을 이야기하고 있습니다. 물론 궁극적인 목표는 같습니다. 어느 수준에서 매수 시기를 선택할 것인가, 매도 시기를 잡을 것인가를 판단하려는 것입니다. 최대한 일찍, 그리고 최대한으로 싸게 살 수 있는 시기는 어디이며, 최대한 상승세의 막바지에 그리고 최대한 비싸게, 팔 수 있는 시기 또한 언제인지 우리는 알고 싶습니다. 이것이 바닥이나 천정을 찾으려는 이유가 되겠지요.

 전통적인 기술적 분석법에서는 주가의 움직임이 이중천정형(double top)이나 이중바닥형(double bottom) 같은 패턴을 만들어 낼 경우, 이를 추세전환의 확증으로 간주합니다. 거기에다 주가와 오실레이터(예컨대 RSI, stochastics 등)와의 관계에서 서로 괴리현상(divergence)까지 나타난다면 명백한 추세전환의 확증으로 받아들일 수 있습니다. 그런데 이와 비슷한 형태로 일목균형표에서도 추세전환의 확증으로 간주하는 것이 있습니다. 바로 준비구성선과 중요주목선이 그것들입니다.

 준비구성선이나 중요주목선은 이중천정형이나 이중바닥형의 형태로 전개됩니다. 일목균형표에서는 아시다시피 시간을 중시합니다. 특히 바닥과 천정을 형성하는 시간 또한 대단히 중요하게 생각합니다. 주가가 일단 바닥을 만들고 26일 이내에 전 저점을 하향돌파하지 않으면 주가가 상승세로 전환할 가능성이 대단히 높다고 말합니다. 이때 전 저점과 새롭게 만들어진 저점 사이의 기간을 준비구성선이라고 말합니다. 그 기간이 26일 이내여야 한다는 것이지요. 준비구성선이란 결국 이중바닥형의 형태가 되는데 이를 준비구성선이라고 말하는 것은 결국 주가가 바닥을 만들고 새롭게 상승추세로 전환하기 위하여 준비하는 기간을 뜻하게 됩니다. 그 기간이 26일 이

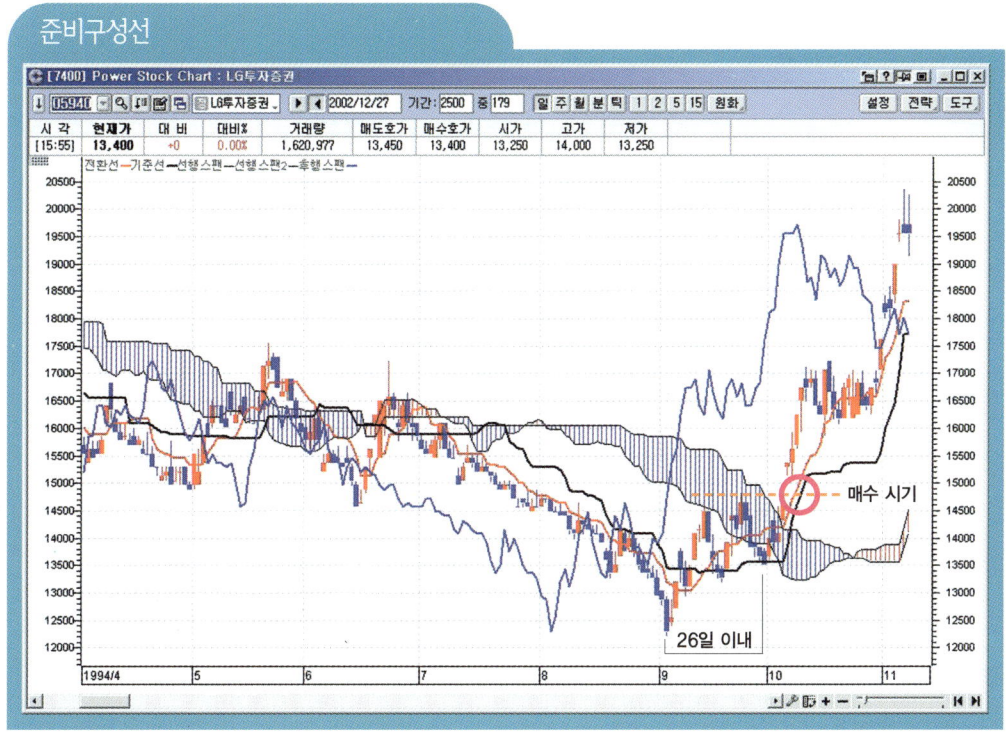

준비구성선

이중바닥형의 형태로 나타납니다. 바닥에서 일차적으로 주가가 반등하고 다시 하락할지라도 26일 이내에 전 저점을 무너뜨리지 않으면 매수 시기로 판단합니다.

내여야 할 것입니다. 물론 26일 이내에 주가가 전 저점을 무너뜨리게 된다면 준비구성선이 아니라 하락추세가 계속 진행되는 것으로 간주하여야 합니다.

반면 중요주목선은 이중천정형의 형태로서 꼭지를 만들고 추세가 상승세에서 하락세로 전환될 때에 나타나는 현상입니다. 준비구성선의 경우와는 반대로 일목균형표에서는 천정을 만들고 26일 이내에 전 고점을 경신하지 못하면 주가가 하락세로 전환할 가능성이 대단히 높다고 생각합니다. 이때 전 고점과 새롭게 만들어진 고점과의 기간을 중요주목선이라고 말합니다.

준비구성선의 경우는 하락세에서 상승세로 돌아서기 위하여 준비하는 기간을 의미한다면 중요 주목선의 경우는 상승세에서 하락세로 돌아설지 모르니 유의하여 주목하라는 의미로 명명한 것은 아닐까하는 생각을 얼핏 해 보았습니다. 물론 그리 중요한 이야기는 아닙니다.

준비구성선을 살피면서 우리는 매수의 시기를 저울질해야 할 것이고 반면 중요주목선이 나타나는 경우라면 매도의 시기를 노려야 할 것입니다. 여기서도 앞서 다룬 바 있는 지지선-저항선의 역전공식이 사용됩니다. 예컨대 매수의 시기는 직전 고점이 상향돌파되는 시기로 잡습니다. 고점이 형성되었다는 것은 그 수준에서 저항선이 만들어졌음을 의미하는데 그 수준이 상향돌파되었기에 이제는 저항선이 지지선이 될 것으로 판단할 수 있습니다. 당연히 그 시기에 즉각 매수하여야 합니다. 반대의 경우 매도 시기는 직전 저점이 무너졌을 때로 인식합니다. 직전의 저점이 무너지게 된다면 이제까지 지지선으로 작용하던 수준이 저항선으로 작용하며 주가의 상승을 막게 될 것입니다. 그러기에 즉각 매도하는 것이 옳습니다. 이는 중요주목선이나 준비구성선에도 당연히 적용됩니다.

중요주목선

이중천정형의 형태로 나타납니다. 꼭지에서 일차적으로 주가가 하락하고 다시 반등하는데, 이때 26일 이내에 전 고점을 넘어서지 않으면 매도 시기로 판단합니다.

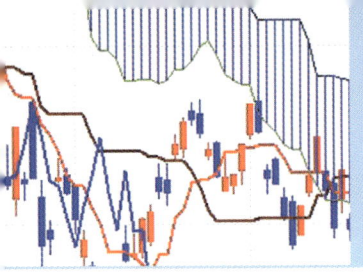

파동수 세는 법

　냉정하게 말할 때, 예를 들어 상승파동의 경우, 저점이 붕괴되는 것을 보고 '상승파동이 파탄되었다'고 인식하고 비로소 매도하려는 것은 대단히 뒤늦은 시점이 됩니다. 주가가 한창 고점을 만들고 상승할 때에는 가만히 있다가 주가가 하락하여 저점을 무너뜨린 다음에야 비로소 매도하는 셈이 되므로 고점에서의 매도 기회도 놓쳤고, 뒤늦은 매도이기도 하지요. 물론 그때라도 매도하는 것이 그나마 올바른 선택이긴 합니다.

　하지만 정작 매도 시기를 놓친 것보다 더 최악의 상황도 있습니다. 상승파동을 진행하고 있는 가운데 앞으로 주가가 더 올라갈 것이라고 생각하여 매수했는데 하필이면 그때가 꼭지점일 경우입니다. 그래서 여기서는 파동의 막바지에 이르는 시기를 판단하는 방법에 대하여 알아보기로 합니다.

　파동이 막바지에 이르렀다는 것을 판단하기 위해서는 역시 가격론과 시간론 등 일목균형표의 다른 이론들을 모두 종합적으로 살펴야 합니다. 예를 들어 시간론 상으로 조만간 변화일에 도달할 것으로 예측되는데다 동시에 가격론상으로(아직 가격론은 다루지 않았습니다) 가격목표를 달성하였다면 지금 나타나고 있는 파동이 거의 막바지이고 조만간 파동이 역전될 가능성이 높다고 판단해야 하겠지요.

그런데 단순하게 파동의 숫자를 계산하여 파동이 막바지에 이르렀는지 판단하는 방법이 있습니다. 물론 다시 강조합니다만 정확하게 판단하려면 가격론, 시간론 등을 종합하여야 합니다. 지금은 단순계산이라는 사실을 명심하십시오. 이를테면 간편법입니다.

이론적으로 말한다면 일목균형표에서 파동의 숫자에는 제한이 없습니다. 엘리어트 파동이론에 의하면 충격파동의 숫자는 5개, 그리고 조정파동은 3개로 한정되어야 하지만 일목균형표에서는 같은 방향으로 움직이기만 하면 파동의 숫자가 어떻게 되거나 상관 없습니다. 다만 이론적으로 그렇다는 이야기이지 현실적으로 무한정 파동이 진행될 수야 없겠지요.

일단 일목균형표에서는 N파동을 기본으로 합니다. 결국 파동의 숫자는 홀수가 되어야 합니다. 예를 들어 파동의 숫자는 3개이거나 5개 혹은 7개, 9개, 11개 등으로 나타납니다. 그런데 일목균형표의 시간론에서 가장 기본수치로 중시하는 숫자가 바로 9입니다. 마찬가지로 파동의 숫자에 있어서도 9개 파동이 한계가 되는 경우가 많습니다. 물론 파동의 숫자가 반드시 9개 파동에서 한계가 있는 것은 아닙니다.

앞서 설명하였듯 파동의 숫자는 9개뿐만 아니라 11개든 15개든 같은 방향이라면 무한정 이어질 수도 있습니다. 그러나 현실적으로 파동의 숫자가 9개를 넘어선다면 설사 그 이후에 상승파동이 더 이어지고 그래서 서둘러 일찍 매도하는 일이 있더라도 상승파동이 막바지에 이르렀다고 간주하는 것이 안전합니다. 또한 상승파동의 숫자가 9개 정도를 한계로 한다면 파동의 숫자가 7개 이상에 이르렀을 때에는 함부로 추가 매수하는 일은 삼가야 하겠지요.

파동 숫자

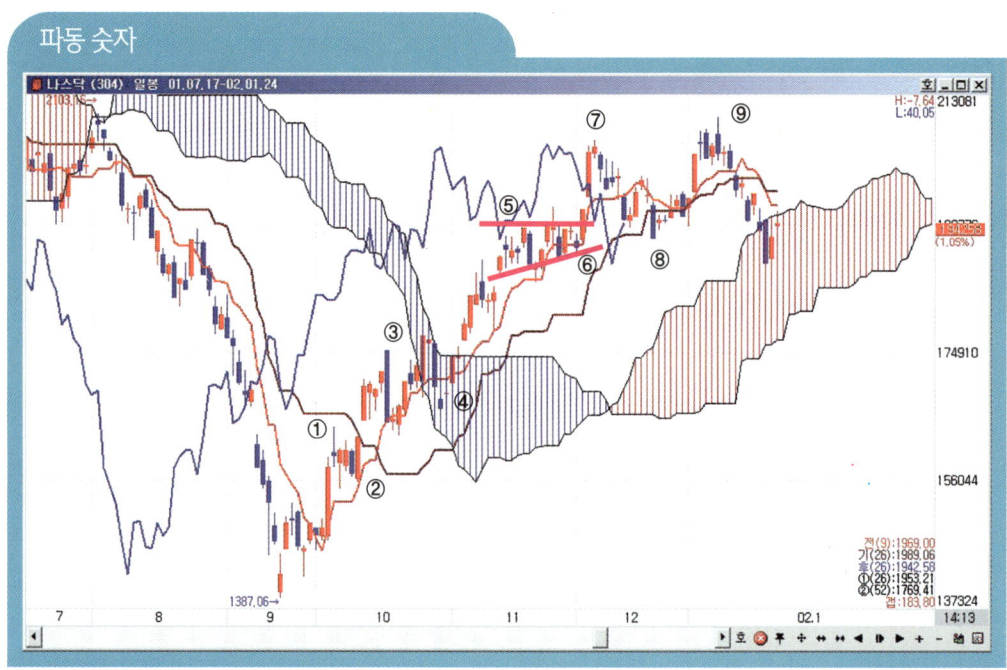

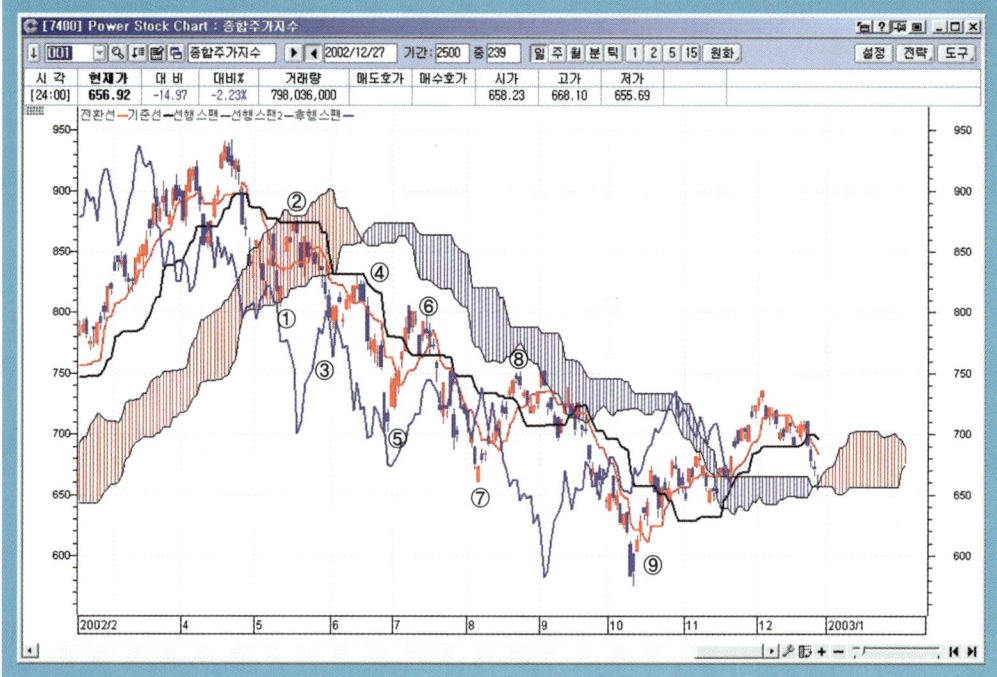

파동의 숫자에 있어서도 9개 파동이 한계가 되는 경우가 많습니다.

자… 그런데 여기서 중요한 문제를 생각해보고자 합니다. 파동의 숫자를 말할 때 현실적으로 9개가 최대가 되는 경우가 많다고 말하지만 정작 중요한 것은 파동의 숫자를 어떻게 세느냐에 대한 것입니다. 예컨대 파동이론으로서 엘리어트 파동이론이 잘 알려져 있는데 일반인들에게는 엘리어트 파동이론이 다소 어렵다고 인식됩니다. 그 이유는 파동을 계산하는 일(엘리어트 파동이론에서는 이를 '파동을 카운트한다' 라고 말합니다)이 어렵기 때문이 아닐까 합니다. 즉 파동을 인식하고 지금이 몇 번째 파동인지를 판단하기 어렵기 때문에 전체적으로 엘리어트 파동이론이 어렵게 느껴지는 것입니다. 그렇게 된 결정적인 이유는 엘리어트 그 자신도 파동이 무엇인지에 대하여 정확한 정의를 내리지 않은 채 파동이론을 전개하였기 때문입니다.

마찬가지로 일목균형표에 있어서도 파동의 숫자가 9개를 최대한으로 한다는 말만 하고 정작 어떻게 파동의 숫자를 세는지에 대한 설명을 빠트린다면 일목균형표도 어려운 이론이 될 수밖에 없습니다. 하지만 일목균형표에서 파동은 엘리어트의 파동이론과는 달리 복잡하지 않습니다. 파동의 숫자를 세는 법은 의외로 간단합니다. 상승파동이건 하락파동이건 저점과 고점을 잇는 주가움직임을 각각 하나의 파동으로 간주하면 됩니다.

그런데 현실적으로 보아 파동의 숫자를 계산하기에 다소 애매한 경우가 없지는 않습니다. 고점과 저점을 어디부터 어디까지로 보아야 할 것인가 하는 문제, 그리고 파동의 크기에 따라서 과연 파동이라고 인식하여야 할 것인가 하는 문제도 있습니다. 그러나 이런 기준을 세워두면 쉽습니다.

첫째, 주가의 움직임을 가지고 파동을 계산하기에는 다소 혼란이 있기에 후행스팬을 기준으로 파동의 숫자를 계산하는 것이 쉽습니다.

둘째, 파동을 단순화하여 계산하는 것이 좋습니다. 파동을 단순화한다는 것은 잔파동을 직선화하여 간주한다는 말입니다. 상승파동이 진행되고 있는 도중에 나타나는 작은 파동은 무시합니다. 상승파동이 진행되고 있을 때 나타나는 파동의 경우, 전 고점을 경신하지 못하고 하락하였다가 다시 상승하였다면 무시해도 됩니다. 상승파동이란 전 고점을 지속적으로 경신하는 것으로 정의한 바 있기에 전 고점을 경신하지 못하고 주저앉아버린 작은 파동을 온전한 상승파동으로 간주하여 파동에 포함할 수 없다는 말입니다.

셋째로, 기본파동 위주로 계산하고 중간파동은 파동의 개수에 포함하지 않습니다. 예를 들어 Y파동이나 P파동은 중간파동입니다. 따라서 이것들은 파동의 숫자로 간주하지 않습니다. Y파동이나 P파동을 일일이 파동으로 간주하지 않는 것은 '잔파동은 무시한다'는 원칙으로도 설명할 수 있습니다. 만일 잔파동까지 일일이 파동으로 간주한다면 파동의 숫자는 대체로 9개가 최대한이 된다는 경험법칙은 도무지 적용할 수 없습니다.

6th CLASS

가격론(價格論)

가격론이란
가격목표치 또는 도달 목표를 미리 계산하는 방식을 말합니다.
상승세에서 주가가 얼마나 오를 지,
하락세에서 얼마나 떨어질 지 등과 같은 계산법을 알아봅니다.

SMALL TALK

S·M·A·L·L T·A·L·K

이·유·있·는·한·마·디

본전 생각

제 친구의 씁쓸한 이야기를 하고자 합니다. 이 친구는 고등학교를 졸업하고는 부모님을 따라 바로 미국으로 이민을 떠났습니다. 초기에 영어도 서툴렀고 그래서 고생을 무지무지하게 했다고 합니다. 그러면서 영어도 익숙해졌고, 이민생활이 점차 안정되었습니다. 고생 끝에 낙이 온다고 집도 사게 되었고, 결혼도 하였으며 좋은 직장도 얻었습니다.

하지만 라스베가스에 회사 동료들과 같이 간 것이 화근이었습니다. 모두들 심심풀이로 카지노에 들렀습니다. 그런데 운명의 조화인지 이 친구가 그만 잭팟을 터뜨렸던 것입니다. 상금은 무려 40만 달러! 우리나라 돈으로도 40만 달러는 5억 원이나 되는 어마어마하게 큰 돈입니다. 그래서 이 친구는 즉시 카지노를 빠져 나와서 공항으로 향하였습니다. 40만 달러를 땄으니 마음 변하기 전에 얼른 집으로 가야겠다고 생각한 것이었지요. 그러기에는 비행기가 제일 빠른 길이었습니다.

아무런 예약 없이 무작정 공항으로 달려갔던 것이라 당장 탈 수 있는 비행기편은 없었고, 공항에서 두 시간 정도 기다려야 하였습니다. 그런데 공항에도 카지노가 있었습니다. 그냥 신문이나 보고 시간을 때웠으면 아무 탈이 없었을텐데, 친구는 심심했던지 그야말로 심심풀이로 카지노를 시작했지요.

그런데 세상에! 시작한 지 1시간여 만에 10만 달러가 날아갔습니다. 친구는 당연히 약이 올랐습니다. 본전은 40만 달러였는데 그 1/4을 순식간에 날리다니…. 그래서 본격적으로 붙었습니다. 물론 결과는 우리가 짐작할 수 있습니다. 비행기를 기다리는 동안 이 친구는 앞서 땄던 40만 달러를 몽땅 다 날렸습니다. 여기에서 그쳤다면 만사 일장춘몽, 한때의 해프닝 정도로 생각하면서 끝났을 것인데 그게 아니었습니다. 친구는 잠시나마 손에 쥐었던 40만 달러의 본전 생각이 간절하였습니다. 이 이야기의 결말은 너무나 씁쓸합니다. 그날 이후, 친구는 주말만 되면 차를 몰고 라스베가스로 향했습니다. 노름에 미쳐버렸고, 결국 집도 팔고, 회사에서 쫓겨나고, 아내에게 이혼 당하고…. 결국 폐인이 되고 말았습니다.

본전생각. 본전만 되면 그만 둬야지. 누구나가 자신이 매수한 주식의 가격이 매수 단가에 미치지 못하고 아래쪽에서 헤맬 때는 이런 생각을 합니다. 하지만 막상 매수 단가를 넘어서서 주가가 움직이면 이번에는 앞서 한 결심을 잊어버리고 얼마라도 수익을 얻어야 판다고 또 굳게 결심합니다.

그런데 주가가 다시 본전 이하로 곤두박질 치기라도 하면 이번에는 어떻게 합니까? 가슴을 치고, 후회하고, 이번에는 기필코 본전이면 판다라고 굳게 결심합니다. 또 주가가 상승하면 금새 잊어버릴 결심을 또 합니다. 주가가 10,000원일 때 주식을 매도하였다고 합시다. 그리고 주식을 판 이후에 주가가 5,000원이 되었다면 당초 그 주식을 매수한 가격이 20,000원이든, 15,000원이든, 7,000원이든 상관없이 아주 잘 매도한 것이 됩니다.

　매도한 이후에 주가가 어떻게 움직였는가가 매도 결정을 잘 내렸는지 잘못 내렸는지를 판가름하지 당초 그 주식을 얼마에 샀는지, 본전은 얼마인지는 아무런 판단 근거가 되지 못합니다. 시장에서는 오늘도 수많은 거래가 일어나고 있습니다. 아무도 여러분 개개인의 본전을 생각해주지 않으며 주가도 여러분들의 본전과는 상관없이 움직이고 있습니다. 오직 본전이 얼마라고 생각하는 것은 여러분뿐입니다. 주가는 그것과는 상관없이 형성됩니다. 주가에 아무 영향력도 없는 본전을 일일이 기억하고 있어보았자 아무 소용없습니다. 본전생각에서 헤어나는 것이 주식에서 성공하는 비결입니다.

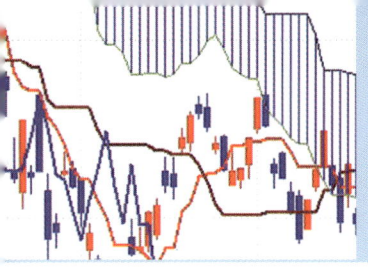

기본적인 가격목표

일목균형표는 이제까지 우리가 다루어왔던 시간론과 파동론에 이어 가격론이라는 논의까지 결합되어야 비로소 완성품이 됩니다. 제가 시간론을 설명할 때 혹시 여러분들은 시간론이 가장 중요한 것처럼 생각되었고, 파동론을 이야기할 때는 또한 파동론이 가장 중요한 것처럼 느껴졌을지 모르겠습니다. 그러기에 행여나 이제는 또 가격론이 가장 중요하다고 오해할지도 모르는 일. 그러나 일목균형표는 시간론─파동론─가격론의 세 기둥위에 단단히 자리잡고 있습니다. 어느 한쪽도 덜 중요하지 않고, 더 중요하지도 않습니다. 오히려 어느 한쪽을 강조하다보면 나머지를 간과하게 되고 그러면 시장을 보는 눈이 흐려질 위험도 있습니다.

하여간 이제 가격론에 대하여 이야기하고자 합니다. 일목균형표에서 가격론이라는 것은 한마디로 말해서 가격목표치 혹은 도달목표를 미리 계산해보는 방식을 말합니다. 우리는 사실 주식에 투자하면서 바닥에 매수하거나 혹은 꼭지에서 매도하는 짜릿한 감흥을 맛보고 싶어합니다. 물론 누구나 그런 꿈을 꾸고 있지만 동시에 그 꿈은 거의 실현 불가능하다는 사실도 잘

압니다. 서투르게 바닥이나 꼭지를 미리 예측하였다가 낭패를 본 경험을 누구나가 한 번쯤은 다 가지고 있으리라 믿어집니다.

그런데 일목균형표에서는 아주 간단한 방식으로 이번의 상승세에서 주가가 얼마나 올라갈지 등을 목표치로 삼아 계산하는 방법을 제시하고 있습니다. 가격목표를 구하는 일이 뭔가 거창하고 복잡해야 그럴듯하게 보이겠습니다만 일목균형표의 가격론은 매우 간결합니다.

기본적으로 일목균형표에서 가격목표를 구하는 방법에는 4가지가 있습니다. 일목산인은 파동을 이름지을 때에도 N파동이며 S파동, V파동 등 알파벳을 즐겨 사용하였는데, 가격목표치에도 각각 영어 알파벳를 이용하여 명명하고 있습니다. 가격목표치에는 V목표, N목표, E목표 그리고 NT목표치가 있습니다.

첫 번째 V목표치. 이는 상승추세의 경우, 조정을 받은 만큼 그 수준에서 다시 되돌아 상승한다는 생각에서 비롯된 목표치입니다. 이는 용수철을 생각하면 쉽게 이해할 수 있습니다. 용수철을 깊숙이 누르면 그만큼 나중에 탁 하고 튀어 오릅니다. 살짝 누르면 살짝 튀어 오르고 강하게 누르면 강하게 튀어 오르 듯 주가도 마찬가지입니다.

앞서 우리는 파동론을 살폈는데, 그때 V파동이라는 것을 배운 바 있습니다. V파동은 상승파동 하나와 하락파동 하나가 서로 결합된 꼴입니다. V목표치는 하락한 만큼 상승하는 원리를 토대로 하고 있습니다. 그러기에 V자 모양과 흡사합니다. 일목산인이 알파벳 중에서 굳이 V를 택한 이유를 알 수 있을 것입니다. 물론 하락파동일 때에도 V목표를 구할 수 있습니다. 앞으로 제가 따로 설명하지 않는다면 모든 경우, 상승파동일 때나 하락파동일 때나 원리는 같다고 생각하면 됩니다.

V목표치를 계산하는 공식은 그림에 있는 것처럼 B+(B−C)입니다.

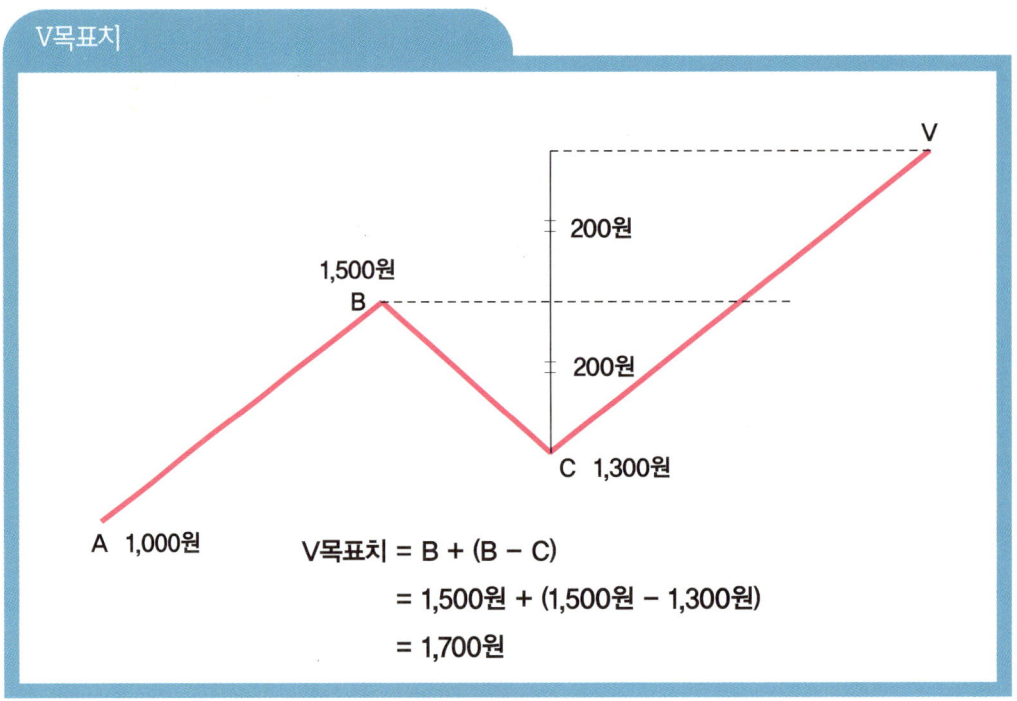

조정을 받은 만큼 다시 되돌아 상승한다는 생각에서 비롯된 목표치

　두 번째 N목표치가 있습니다. N목표치는 초반에 강하게 출발한 주가는 일단 조정을 받은 다음에 다시 초반 상승폭만큼 더 올라간다는 생각에서 비롯되었습니다. 물론 하락파동의 경우는 거꾸로 생각하면 됩니다. 영어 알파벳 N자와 마찬가지로 주가는 일단 상승하고, 그리고 조정을 받은 이후 다시금 상승하게 되는데, 이때 초반에 얼마나 강력하게 상승하는지가 나중에 가격도달 목표를 좌우하게 됩니다.

　N목표치를 계산하는 공식은 그림에 있는 것처럼 C+(B−A)입니다.

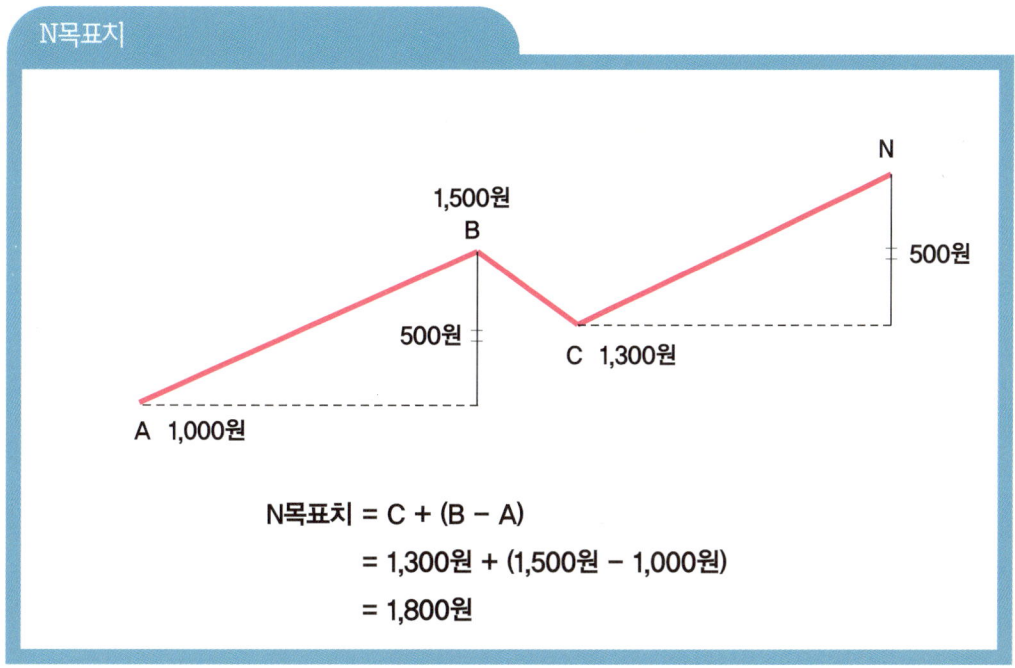

초반에 얼마나 강력하게 상승하는지가 가격도달 목표를 좌우합니다.

　　이번에는 E목표치를 생각해 봅니다. 일목산인은 이를 두 배만큼 치솟는다 하여 이층배(二層倍)라고 말합니다. 앞선 N목표치의 경우, 초반의 상승폭이 강력할수록 가격목표치도 상승하게 되어 있습니다. 그러나 N목표에서는 C점, 즉 조정의 마무리 단계부터 다시 가격목표를 산정합니다. 예컨대 1,000원에서 출발하여(A점), 500원 상승, 이후 1,500원에 이르렀다가(B점), 200원의 조정을 받아 1,300원 수준(C점)에서 반등하기 시작하였다면 N목표는 1,300원에다 초반의 상승폭 500원을 더하여 결정됩니다. 결국 초반의 상승세가 강력했더라도 이후 나타나는 조정의 폭이 깊어지면 상대적으로 가격목표치는 낮아집니다. 다시 말해 B점 1,500원에서 300원의 조정이 아니라 400원 조정을 받았다면 N목표치는 1,100+500=1,600원이 됩니다.

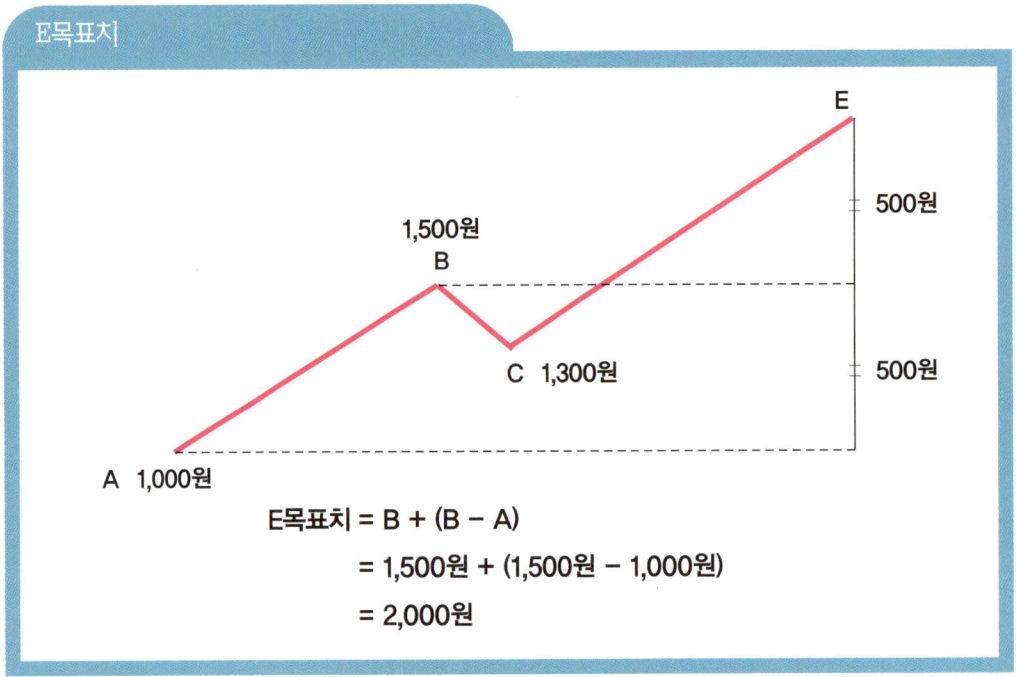

조정은 무시하고 초반의 상승폭이 그대로 이어진다고 생각합니다.

그러나 E목표치는 조정이 얼마건 상관하지 않습니다. 조정은 무시하고 초반의 상승폭이 그대로 이어진다고 생각합니다. 다시 말하여 주가가 1,000원에서 출발하여(A점), 1,500원까지 상승하였다가(B점) 이후 조정을 받았다고 합시다. N목표치를 구할 때에는 B점에서 얼마나 조정을 받았는지 따져보아야 합니다만 E목표치의 경우는 상관 없습니다. 초반의 상승폭 500원이 다시 되풀이된다고 생각하는지라 그냥 1,500원(B점)에서 다시 500원 오른 값 즉 2,000원을 E목표치로 설정합니다.

E목표치를 계산하는 공식은 그림에 있는 것처럼 B+(B−A)입니다.

조정이 얼마나 나타나건 상관없이 초반의 상승폭의 두 배만큼 주가가 치솟는다는 것은 결국 강력한 상승파동이라는 말이 됩니다. 그런데 주가가 급등하는 경우에는 단순히 2배가 아니라 3배, 혹은 4배 이상으로 치솟는 경우도 있습니다. 이럴 경우를 각각 3층배 혹은 4층배라고 말하는데 가격목표치를 공식으로 만들면, 예컨대 4층배 목표치는 B+(B−A)×4로 쓸 수 있겠지요.

마지막으로 NT목표치가 있습니다. 이는 출발점 A에서부터 B점까지의 상승폭이 아니라, 거기서 한 발자국 더 나아가 조정을 거친 C점까지의 상승폭이 얼마나 되는지를 따지는 방법입니다. 이것은 V가격목표로는 너무 상승폭이 작고, 또한 N목표나 혹은 E목표로는 목표치가 너무 높을 경우, 그 중간쯤으로 생각할 수 있는 목표치입니다. 그런데 이 목표치는 애시당초 N

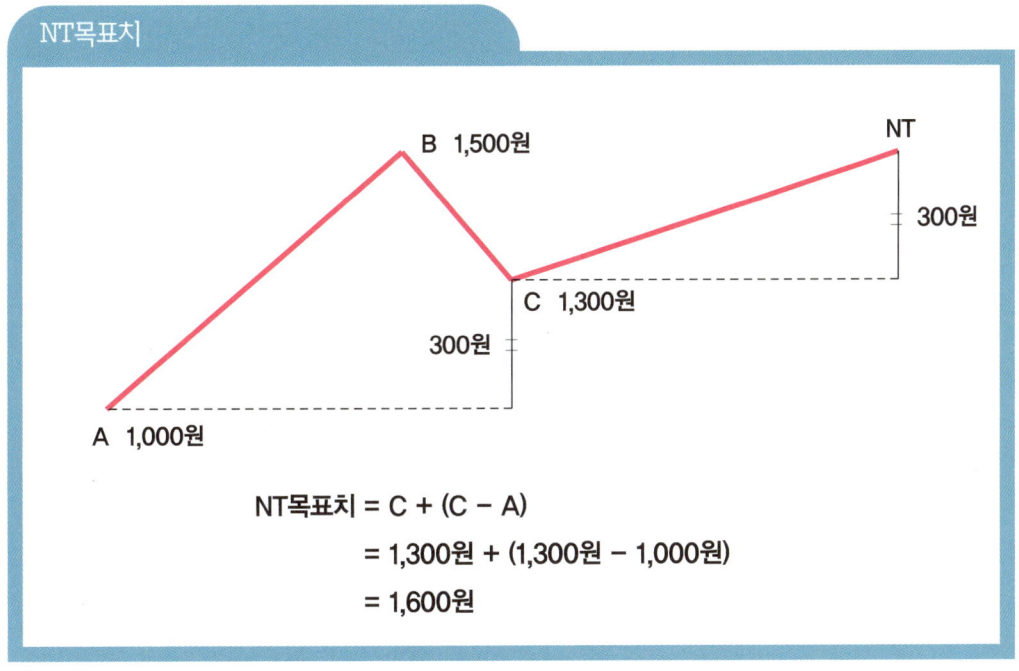

다른 목표를 적용하기에는 부적절할 때 사용되는 중간값 목표입니다

목표, E목표, V목표 등을 적용하기에 부적절할 때 사용하는 중간값이라서 그런지 목표치로는 잘 사용되지 않습니다. 실제로 NT목표를 구해보면 오히려 현실성이 떨어지는 경우도 많습니다.

　NT목표치를 계산하는 공식은 그림에 있는 것처럼 C+(C−A)로 구해집니다.

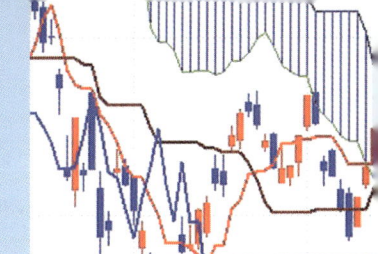

중간 파동의 가격목표

우리는 앞서 파동론에서 일목균형표에서 사용되는 파동으로 기본파동 I, V, N파동과 함께 중간파동으로서 P파동과 Y파동도 다룬 바 있습니다. P파동은 시간이 지날수록 주가의 움직임이 점차 축소되는 것을 말하고 Y파동은 거꾸로 시간이 지날수록 주가의 움직임이 활발해져 확대되는 것을 말합니다.

그런데 P파동이나 Y파동의 경우도 역시 가격목표를 계산할 수 있습니다.

P파동의 경우는 시간이 지날수록 가격 움직임이 축소되어 삼각형의 수렴형의 꼴로 진행됩니다. 그러기에 그림에서처럼 가격목표를 구합니다. 즉 A점에서 주가가 상승하기 시작하여 B점까지 치솟아 최고치를 만들고 C점에 이르렀다고 가정합시다. 이럴 경우 P파동의 다음 꼭지점이 되는 P점은 A점과 C점과의 차이만큼을 최고치 B점에서 차감한 수준이 됩니다.

이를 공식으로 쓴다면 $P = B - (C - A)$가 되겠지요.

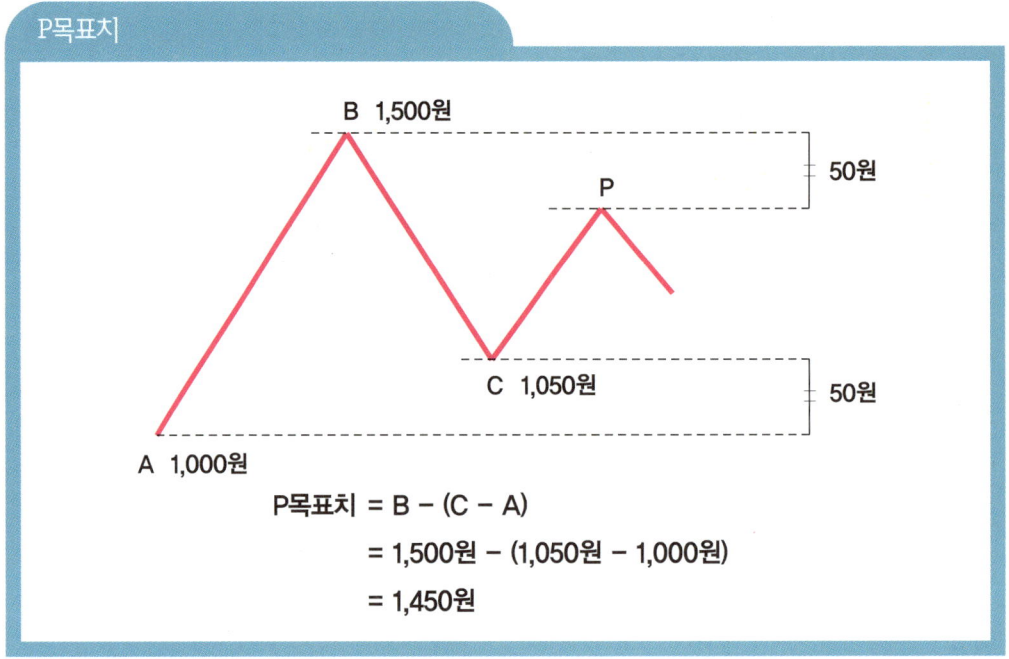

B-(C-A)로 구해집니다.

   그리고 Y파동은 P파동과는 반대로 시간이 지날수록 가격 움직임이 활발해져서 확장되는 꼴로 진행됩니다. 그러기에 그림에서처럼 가격목표를 구합니다. 즉 A점에서 주가가 상승하기 시작하여 B점까지 치솟아 최고점을 만들고 다시 하락하여 C점에서 최저치를 만들었다고 합시다. 이럴 경우 Y파동의 최고점이 되는 Y점은 A점과 C점과의 차이만큼을 최고치 B점에다 더한 수준이 됩니다.

   이를 공식으로 쓴다면 $Y=B+(A-C)$가 됩니다. 결국 직전의 고점과 저점간의 차이를 다음 파동에서 더해나가는 식으로 목표치를 구해나갑니다.

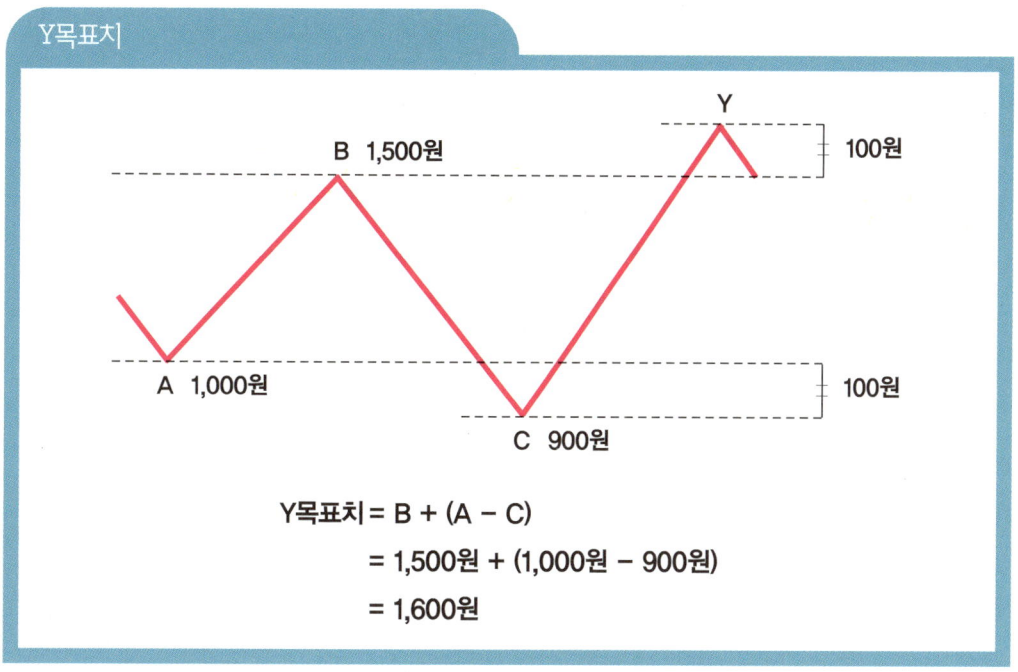

B+(A−C)로 구해집니다.

사실을 말한다면 P파동이나 Y파동의 목표치는 계산할 수는 있지만 실제로는 잘 사용되지 않습니다. 냉정하게 말하여 P파동이나 Y파동이라는 것은 결과적으로 알 수 있는 일이지 당시로서는 파동이 Y파동인지 P파동으로 진행될지 여부를 알 수 없기 때문입니다.

대부분의 경우 우리는 N목표치, V목표치 그리고 E목표치를 위주로 사용합니다. 물론 가격목표가 만사형통인 것도 아닙니다. 반드시 시간론과의 관계에서 가격목표를 따져야 한다는 사실을 재차 강조하고자 합니다. 시간론으로 변화일이 될 때, 즉 기본수치나 대등수치에 해당되는 날로서 변화의 가능성이 클 때, 동시에 가격목표치로 구한 수준과 현재의 주가가 일치한다면 추세전환의 가능성이 대단히 높다고 판단해야 한다는 뜻입니다.

일목산인은 예측은 하되 예상은 하지 말라고 말합니다. 그리고 일목균형표 원전에는 '자기가 매매하고 있으면 희망론에 사로잡히기 쉽고 그로 인하여 시세의 현재성을 크게 잘못 보기 쉽다' 는 말도 나옵니다. 여기서 예상(豫想)이라는 것은 결국, 미리(豫) 생각한다(想)는 뜻이 되는데, 앞으로의 주가 움직임이 이러 이러하게 될 것이라고 상상해버린다는 의미를 강하게 품고 있습니다. 자의적으로 시세의 움직임을 생각하게 되고, 희망적으로 보게 된다는 말입니다. 당연히 시장의 움직임을 읽는 데 객관성을 상실하게 되므로 올바른 결과를 낳을 수 없습니다.

반면 예측(豫測)은 미리(豫) 측정(測)해 두는 것을 뜻합니다. 마음속에서 자의적으로, 주관적으로 생각하는 것이 아니라 객관적인 근거를 가지고 미리 재어보는 일입니다. 따라서 예측하게 된다면 시세의 메커니즘 상 앞으로의 주가움직임이 어떻게 될 것인지, 그리고 확률적으로 가장 가능성이 높은 시나리오가 무엇일지 미리 작성할 수 있습니다. 그러므로 예측하였던 방향과 실제의 주가움직임이 다르게 나타난다면 수정하면 됩니다.

그러나 측정하려면 근거가 없이는 곤란합니다. 일목균형표는 바로 측정할 수 있는 근거를 제공하는 셈입니다. 우리가 가격론에서 N목표치니 V목표치니 하는 것들을 배웠습니다만 결국 이런 것들이 미리 측정하는 수단인 것입니다.

엉뚱한 이야기(사실은 구체적으로 가격목표 구하는 방법을 배우는 것보다 예상하지 말라는 교훈을 얻는 일이 더 중요할지도 모릅니다)가 되었는데, 가격목표를 구하는 일로 다시 돌아갑니다.

앞서 우리는 파동론에서 S파동이라는 것을 배웠습니다. 기억을 되살리기 위하여 복습한다면, S파동이란 지지선이 저항선으로 역할이 바뀌는 대표적인 경우로서 알파벳의 S자 모양처럼 상승한 이후 조정양상이던 주가가 전

고점에서 지지를 받는 모습을 말합니다. 이제 기억나시지요? S파동은 파동이 더욱더 강화되는 경우로도 설명할 수 있습니다.

그런데 가격목표라는 관점에서 생각한다면 S목표치를 구할 수도 있습니다. 뭐 굳이 공식으로 쓸 것도 없습니다. 그림에서처럼 A−B−C로 전개되던 주가의 움직임에서 주가가 일단 D점에서 최고치를 만들고 조정양상으로 접어들었다고 합시다. 이때 S가격목표치, 다시 말하여 상승파동이 계속 유지되고 강화되려면 주가가 조정을 받더라도 전 고점이었던 B점 이하로 내려가서는 안됩니다. 이때 전 고점인 B점을 S가격목표라고 말할 수 있습니다.

그런데 S가격목표는 이른바 계산하는 가격목표치로서의 의미는 별로 없습니다. 굳이 계산할 것도 없이 그냥 전 고점이 어디에 위치하고 있는지만 살피면 되기 때문입니다. 하지만 그 의미는 계산하는 데 있기보다는 그 수준에서 과연 조정이 멈추고 주가가 다시금 상승세로 돌아서는지, 즉 S가격 수준이 지지선으로서의 역할을 하는지에 있습니다. 상승추세(물론 하락추세의 경우는 거꾸로 생각하면 됩니다)가 강력하게 전개되려면 S가격 수준이 지지되는 것이 대단히 중요합니다.

이때 주가가 조정을 받으면서 S가격을 넘어 더 하락한다손치더라도 상승추세가 덜 강력해질 뿐이지 추세 자체가 무너지는 것은 아닙니다. 상승파동이 파탄되지는 않는다는 말입니다. 하지만 전 고점 B수준, 즉 S가격목표를 지나는 것은 어느 정도 용인될 수 있으나 전 저점이었던 C점마저 무너뜨리는 경우는 사정이 다릅니다. 이때는 전 저점이 붕괴되는 일이므로 파동이 파탄되는 결과를 낳으며, 동시에 그럴 경우는 새롭게 하락파동이 시작되었다고 간주해야 합니다.

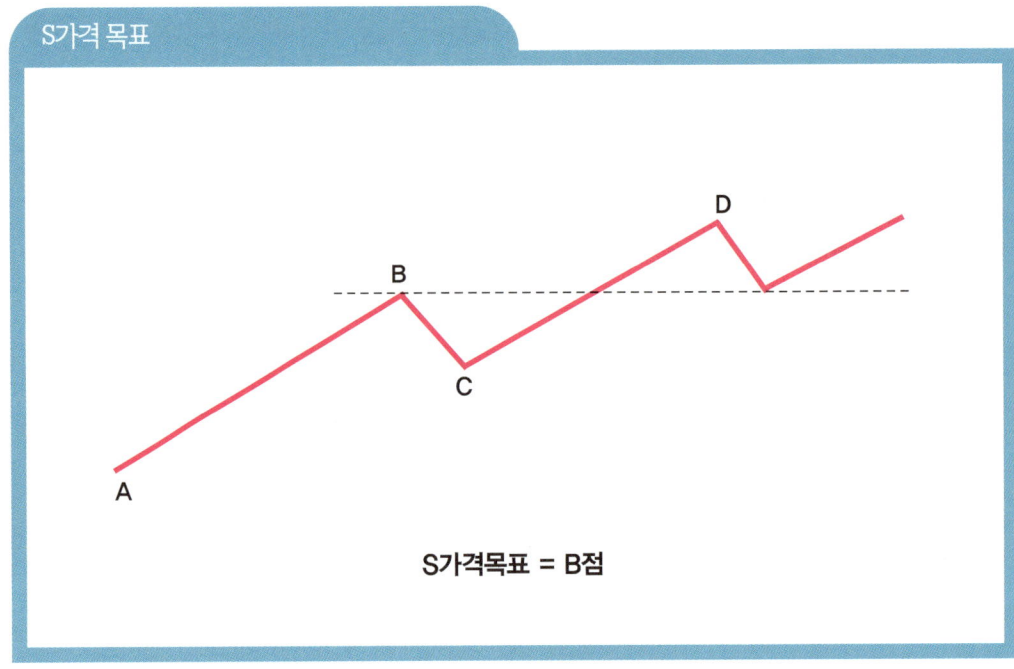

S가격은 계산하는 목표로서는 의미가 없습니다. 그저 전고점이 바로 S가격목표치가 됩니다. 중요한 것은 전고점이 지지선으로서의 역할을 다하는지 여부에 있습니다.

　　마지막으로 가격목표 중에 배반치(背反値)라는 것도 있습니다. 이는 다소 희귀한 경우로서 실전에는 자주 등장하지 않습니다만 일목산인은 이런 움직임까지 소개하고 있습니다. 배반치라는 것은 아래 그림처럼 역 헤드 앤 쇼울더(혹은 역 삼존형) 패턴이 나타날 때 사용됩니다. A, B점을 지나 C점에서 바닥을 만들고 일단 상승한 주가가 다시 조정을 받을 때, A-B간의 상승폭만큼 고점 D점에서 조정을 받는다고 생각합니다. 즉 A-B간의 폭이나 D-E간의 폭이 서로 같아집니다. 그리고 E점에서 바닥을 만들고 주가가 상승한다면 완벽한 헤드 앤 쇼울더 패턴이 만들어집니다. 그러므로 D점에서 A-B간의 폭만큼 차감한 하락 목표치가 바로 배반치가 됩니다.

배반치

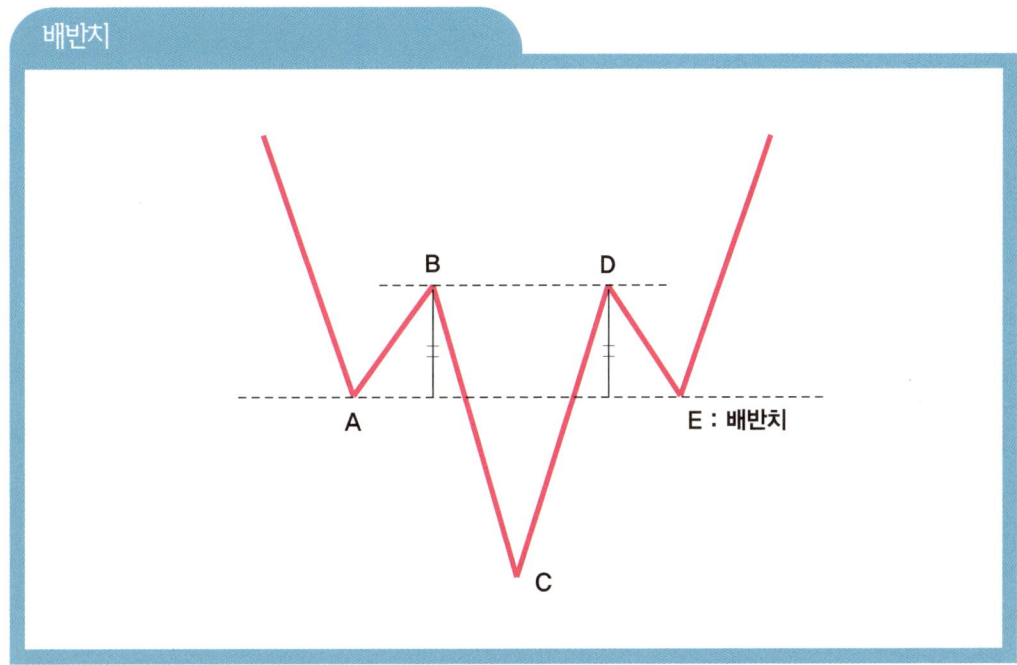

실전에는 자주 등장하지 않습니다. 헤드 앤 쇼울더 패턴이 나타날 때 사용됩니다.

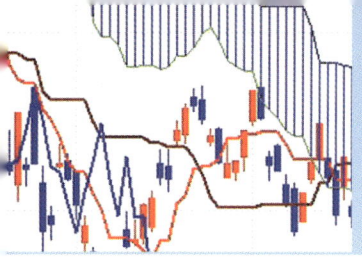

기본가격 목표와 응용가격 목표

　기본적인 가격목표치로 우리는 V목표, N목표 그리고 E목표 등을 살펴 본 바 있고, 아울러 중간적인 가격목표치이면서 현실적으로는 잘 사용되지 않는 NT목표치에 대하여서도 알아본 바 있습니다. 그런데 문제는 종종 이런 가격목표치간에 차이가 너무 많이 난다는 데에 있습니다. 예컨대 지금의 주가는 10,000원이로되 V계산법으로는 20,000원이 목표가격으로 산출되는데, N계산법으로는 30,000원이, 그리고 E계산법으로는 목표가격이 40,000원으로 계산된다면(실제로는 이렇게 차이가 엄청나게 나는 경우는 드뭅니다만) 어느 목표치를 염두에 두어야할지 난감해집니다.

　이럴 때 응용 목표치로서 중간값이 사용됩니다. 복잡하게 생각할 것은 없습니다. 응용 계산법이라고 하여 다시 골치 아픈 계산과정을 거치는 것도 아닙니다. NT계산법으로 구해지는 목표치는 이미 중간값의 성격을 가지고 있으므로 제외합니다. 그리고는 나머지 V, E, N계산법으로 산출된 목표치에서 최고, 최저치의 중간값을 택하면 됩니다. 앞선 예의 경우라면 V계산법으로 구해지는 20,000원(최저치)과 E계산법으로 구해지는 40,000원(최고치)의 중간값 30,000원이 응용 계산치가 됩니다. 더구나 이 응용 계산치는 N목표치로 구해지는 30,000원과 일치하는지라 더더욱 목표가격으로서의 가치가 커집니다.

그런데 응용가격으로는 단순히 중간값만이 있는게 아닙니다. 그 외에도 습성가격, 한정가격이라는 다소 골치아픈 응용가격목표가 있습니다. 물론 제가 골치 아프다고 말하고는 있으나 그렇지도 않습니다. 알고 보면 지극히 간단합니다. 이름이 다소 어려워 보이는 정도일 따름입니다.

우선 습성가격이란 문자 그대로 주가의 습성(習性), 즉 버릇을 의미합니다. 주가의 버릇이라는 것은 다른게 아닙니다. 오랜 기간의 주가움직임을 살피면 주가는 과거에 오른 만큼 하락하는 버릇이 있고 혹은 과거에 내린 만큼 오르는 습성을 가집니다. 따라서 특정한 시점에서 가격목표를 설정할 때, 단순히 기계적으로 E가격이나 V, 혹은 N가격 등 가격목표를 산출하는 것은 그리 현명한 일이 아닙니다. 현실에서 주가는 계산으로 구해지는 목표치와 다를 경우가 많습니다. 현실은 현실이지 수학공식처럼 후다닥 계산되는 이상은 아니기 때문입니다.

물론 기본계산으로 구해지는 목표치를 무시할 것은 아닙니다. 기본계산은 말 그대로 기본적인 목표치이므로 우선은 기본 목표치를 기초로 가격목표치를 설정합니다. 그러나 현실적으로 가격목표를 세워나갈 때에는 기본수치를 염두에 두고 응용가격목표를 반드시 감안하여야 합니다. 즉 기본 계산으로 구해지는 가격목표치들이 서로 차이가 크게 날 때에는 최고, 최저치의 중간값을 목표로 설정하는 경우를 생각해야 하며, 또한 과거 주가움직임을 살펴 주가의 버릇이 어떻게 되는지도 동시에 따져야 합니다.

또한 응용가격에는 습성가격 외에도 한정가격이라는 것이 있습니다. 그런데 용어는 다소 복잡하지만 일목산인이 가격론에서 가격목표를 설정하면서 우리에게 말하고자 하는 바는 같습니다. 한정가격이란 역시 문자 그대로 한정된 목표를 말합니다. 주가는 오르기도 하고, 내리기도 하지만 어떤 특정한 반등(혹은 반락)폭을 벗어나지 못한다는 말입니다. 구체적으로 설명할까요?

기본가격목표치중에서 V가격은 조정받은 만큼 반등하는(물론 하락파동의 경우는 그 반대) 특성을 이용하여 목표치를 구합니다. 그리고 E가격은 직전 상승파동의 길이만큼 다시 상승하는 특성을 이용합니다. 결국 한정가격이란 V목표치에서는 직전의 조정폭 그리고 E목표치는 직전의 상승파동 길이만큼으로 구해집니다. 그것이 바로 한정가격입니다. 다시 말하여 습성가격은 과거 주가의 버릇을 감안하는 것이고, 한정가격은 반등폭에는 한계가 있다는 개념입니다. 서로 엇비슷한데 미묘한 차이가 있습니다.

그런데 반드시 가격론은 시간론, 파동론 등과 종합해야 유용성이 커집니다. 일단 가격목표를 설정합니다만 거기에다 시간의 흐름, 변화일, 구름대, 파동 등을 고려하여야만 그만큼 가격목표가 정확해집니다. 예를 들어 현재의 주가가 가격목표에 엇비슷하게 근접한 상태인데 거기에다 당장 변화일이 닥친다면 가격목표치를 고비로 추세가 전환될 가능성이 커집니다.

또는 이렇게도 설명할 수도 있습니다. 예컨대 현재의 주가가 기본 목표치중의 하나와 일치한다고 합시다. 그런데 주가가 구름대의 저항을 받을 상황이라면 구름대가 저항선으로 작용한다는 사실과 가격목표를 달성하였다는 점을 서로 감안하여 곧 추세 전환될 가능성이 높다고 판단할 수 있습니다.

어떤 경우이건 가격목표는 그것 하나만으로 독립되어 생각하기보다는 다른 요소들이나 파동론 등을 종합적으로 판단하여야 합니다. 예컨대 주가의 버릇, 구름, 전환선 등의 패선 등 과거의 반등폭 등을 모두 감안하여야 올바른 가격목표를 산출할 수 있습니다.

7th CLASS

형보론(型譜論)

형보론은
주가가 만들어 가는 모양을 분석하는 이론입니다.
즉 차트상의 특정한 모양을 말합니다.

이·유·있·는·한·마·디

T.G.I.F.

T.G.I.F.는 이 글을 읽기 전에 기본적으로 알고 있어야 할 상식입니다. 이 말은 패밀리 레스토랑에 의해 브랜드화 되었지만, 원래는 '하느님 감사합니다. 오늘 금요일이네요(Thanks God, It's Friday)'라는 뜻으로 내일부터 이틀 놀게 되어 즐겁다는 의미로 미국인들이 금요일이면 흔히 쓰는 인사말입니다. 우리나라도 본격적인 주5일 근무제로 접어들면서 이제 T.G.I.F.라는 인사말이 어색하지 않게 되었습니다. 자 본격적인 이야기를 지금부터 시작하겠습니다.

영자씨는 요즘 회사에 다니랴 저녁에는 영어학원에 다니랴 여념이 없습니다. 구조조정이다 뭐다하며 겁을 주는 형편인지라 무엇보다도 실력을 기르는 일이 급선무라 저녁에 친구들과 만나 수다떠는 즐거움도 포기하고 매일같이 영어학원에서 영어회화를 배우기로 하였던 것입니다. 그렇지만 업무상 외국인과 직접 만날 일이 없어, 애써 닦아온 영어회화 실력을 발휘할 기회가 없던 차였습니다.

그러던 어느 날, 출근하면서 엘리베이터를 탔는데, 마침 아무도 없고 외국인 남자 하나만 있는 것이 아닙니까? 그래서 기회는 지금이다, 실력을 한번 발휘해보자라고 생각하여 어제 학원에서 배운 간단한 인사말을 그 외국인 남자에게 건넸습니다. 웃으면서,

"T.G.I.F. (티-지-아이-에프)"

그러자 그 외국인 남자는 웃으면서 "S.H.I.T. (에스-에이치-아이-티)"라고 하는 것이 아닙니까?

'아니 이 남자가 왠 욕이야'라고 영자씨는 생각하였지만, 혹시 이 남자가 자기 말을 잘못 들었나 싶어서 다시 또렷한 발음으로 말했습니다.

"T-G-I-F!"

그러자 그 남자도 지지 않고 또다시, "S-H-I-T!"라고 하는 것이 아닙니까?

내 발음이 정말 나쁜가하고 영자씨는 좀 위축되었지만, 그래도 그렇지 외국인 남자에게 욕을 먹을 수는 없을 것 같아서 다시 한 번 천천히, 그리고 또박또박 말하였습니다.

"T-G-I-F!"

하지만 여전히 외국인은 싱글싱글 웃으며 "S-H-I-T!"라고 하는 것이 아닙니까? 영자씨는 더 이상 참을 수 없었습니다. 그래서 따졌지요. "여보세요. 당신은 T.G.I.F가 Thanks God It's Friday를 의미하는 줄 모르는 거에요?" (이렇게 길고 어려운 말을 영자씨가 어떻게 하였는지는 의문이로되 하여간)

그러자 외국인 남자는 히죽 웃으며 이렇게 말하는 것이었습니다.

"Sorry-Honey-It's-Thursday"

오늘은 목요일. 영어 테스트한다고 함부로 T.G.I.F를 쓰지 맙시다.

어렴풋이 아는 것은 차라리 모르는 것보다 못합니다.

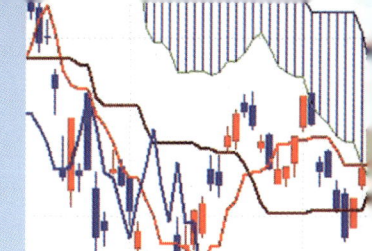

형보론의 개념

　형보(型譜)라는 단어는 일목산인이 처음으로 사용하였다고 말하여도 과언이 아닙니다. 왜냐하면 그가 《나의 최상의 형보(わが最上の型譜)》라는 책을 쓸 때 단순히 '형(型)'이라고 쓰기보다 형보라고 쓰는 편이 어감이 더 좋을 것 같아서 그렇게 하였다고 말하고 있기 때문입니다. 실제로 형보라는 단어가 이전부터 있던 것도 아닌 만큼 일목산인이 처음으로 사용하였다고 말하더라도 틀린 말은 아닙니다. 하여간 형보라는 단어가 의미하는 바는 바로 패턴(pattern), 즉 차트에서 반복되어 나타나는 특정한 모양입니다. 형(型)은 모양을 의미하고 보(譜)는 부호를 의미합니다. 결국 종합할 때 형보란 차트 상의 모양을 뜻하는 셈입니다.

　사실 형보론은 일목균형표와는 독립된 개념으로 성립된 것입니다. 일목산인도 형보론에서만큼은 일목균형표라는 책 제목을 달지 않고 《나의 최상의 형보(わが最上の型譜)》라는 제목을 달았을 정도로 일목균형표와는 다른 것으로 취급하였던 바 있습니다. 하지만 결국은 형보론도 그 자체로 독립적으로 고찰하기보다는 일목균형표와 종합하여 판단하는 것이 더 효과적일

수밖에 없습니다. 일목균형표가 시장의 균형을 보여주는 표이고, 형보라는 것도 따지고 보면 결국 시장의 균형이 작용하여 만들어지는 것이기 때문입니다.

형보론은 근본적으로 주가가 만들어 가는 모양을 분석하는 이론입니다. 그런데 개념의 출발점은 양(陽)이 극(極)에 달하면 음(陰)으로 바뀌며, 음(陰)이 극(極)에 달하면 양(陽)으로 바뀐다는 인식입니다. 양이 극하다는 말은 주가의 상승세, 즉 양의 국면이 너무 지나치다라는 뜻이 됩니다. 그리고 이런 과도한 상승세가 지나치면, 결국은 주가가 하락할 수밖에 없다는 의미를 가지고 있습니다. 마치 전통적인 기술적 분석법에서 오실레이터 등을 이용, 주가가 과매수 국면에 이르렀는지를 따지고 그럴 경우라면 조만간 상승추세가 하락추세로 전환될 것이라고 판단하는 것과 같습니다.

그런데 형보론에서는 오실레이터가 아니라 차트에 나타나는 주가의 모양을 살핍니다. 우리가 알고 있는 전통적인 기술적 분석법에서도 차트에 나타나는 주가의 모양을 살피는 기법이 있습니다. 바로 패턴분석법이 그것입니다. 패턴분석법에 의하면 예컨대 주가가 헤드 앤 쇼울더 혹은 이중천정형의 모습을 보이는 경우를 찾아냅니다. 그리고 차트에서 특정한 패턴을 찾아낸다면 그 이후의 주가움직임을 예측할 수 있습니다.

동양적인 방법으로 패턴분석법이라고 말할 수 있는 것으로 사께다(酒田)가 개발한 5법(法)이 잘 알려져 있습니다. 사케다의 5법이라는 것은 서양이론에서 말하는 헤드 앤 쇼울더 패턴과 같은 3산(3山)과 3천(川) 그리고 양선이나 음선이 나란히 세 개 나타나는 3병(兵), 그리고 서양의 갭이론과 유사한 3공(空) 등으로 구성됩니다. 이처럼 3산, 3천, 3병, 3공 등은 모두 차트상으로 나타나는 특정한 모양을 뜻합니다. 바로 형보가 의미하는 바, 즉 차트상의 특정한 모양을 말합니다.

일목산인도 사케다의 5법을 접하고는 자신이 연구한 방법과 상당부분 유사하다는 것을 발견하여 놀랐다고 말하고 있습니다. 그런데 일목산인은 사케다의 5법에서 많은 부분을 차용하고는 있습니다만 실제로 그는 사케다의 5법에서 사용되는 원칙보다 더 엄격한 원칙을 쓰고 있습니다. 그것을 하나씩 살핍니다.

우선 일목균형표의 형보론에서는 연(連)이라는 개념을 사용합니다. 연이라는 것은 말 그대로 이어지다, 혹은 연속된다는 뜻입니다. 차트상으로 같은 색깔의 양선 혹은 음선이 연달아 나타나는 것을 말합니다. 사케다의 5법에서도 같은 양선이나 음선이 연달아 나타나는 것을 중시하고는 있는데, 이를 일컬어 적삼병(赤三兵) 혹은 흑삼병(黑三兵)이라고 하여 3일간 연속된 양선(적삼병)이나 3일간 연속된 음선(흑삼병)을 중시합니다. 실제로 주가가 오랫동안 하락하거나 혹은 보합국면을 만든 이후에 연속으로 3일간 양선이 나타나면 그것은 매수신호로 사용될 수 있습니다. 연속으로 3일간 양선이 출현하였다는 것은 시장에서의 매수심리가 연달아 주가를 끌어올릴 정도로 성숙하였음을 의미하기 때문입니다. 그러기에 사케다 5법에서 말하는 적삼병이 나타나면 결국 시장에서의 투자심리가 전환되었고, 따라서 추세가 전환되는 신호탄으로 인식합니다.

하지만 일목균형표의 형보론에서는 음선이건 양선이 연달아 나타나는 것을 중시하긴 합니다만 사케다의 5법에서와는 달리 연속으로 5일간 양선 혹은 음선이 나타날 때 비로소 그 의미를 부여합니다. 다시 말하여 3일간 연속으로 나타나는 적삼병이나 흑삼병으로 추세전환의 기준으로 삼는 것이 아니라 그보다 한층 강화된 조건, 즉 흑오병(일목산인은 이런 용어를 쓰지 않았습니다만) 혹은 적오병이 되어야 유의한다는 말입니다.

이처럼 3일이 아니라 5일간 연속으로 같은 모양이 나타나야 비로소 추세

전환의 신호탄으로 보는 것에는 이유가 있습니다. 사케다의 방법에서처럼 적삼병 혹은 흑삼병이 출현할 때를 추세전환으로 본다면 종종 속임수에 걸려드는 때가 많기 때문입니다. 시세판단에 능한 사람일지라도 단순히 3일간의 움직임만으로는 속을 때가 많습니다. 하지만 5일로 기준을 강화한다면 속임수에 걸려들 위험은 대단히 낮아집니다.

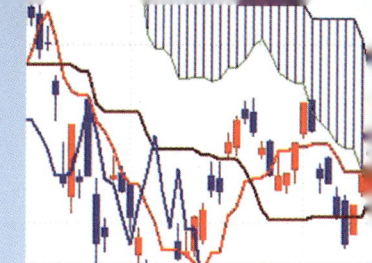

33

양련과 음련

음선이거나 양선이 같은 종류로 연달아 나타나는 경우를 연(連)이라고 말한다고 하였기에 양련(陽連)이나 음련(陰連)이라는 용어가 의미하는 바는 쉽사리 알아차릴 수 있습니다. 두말 할 것도 없이 양련이란 양선이 연속으로 이어지는 것을 뜻하며 음련은 음선이 연속되는 것을 의미합니다. 그런데 일목균형표에서는 사케다의 방법과는 달리 최소한 5개의 양선이나 음선이 연속되어야만 비로소 유의성을 가지게 됩니다. 따라서 일목균형표에서는 비로소 5양련 혹은 5음련부터 주의 깊게 살핍니다.

그리고 같은 종류의 양선이 이어질 때에 반드시 5개로 한정되지는 않습니다. 양선이 6개, 7개, 8개 등으로 연이어 나타날 수 있습니다. 물론 5양련보다 더 강력한 것이 6양련일 수밖에 없으며, 그보다 더 강력한 상승세는 7양련이라는 것은 굳이 설명할 필요가 없습니다.

또한 양선이나 음선이 연속으로 나타나는, 즉 양련 혹은 음련의 형태로 형성되는 경우도 있습니다만 간간이 양선 가운데 음선이 하나 정도 끼어 드는 경우도 있습니다. 예를 들어 양선이 연달아 5개 나타났는데 중간에 음선 하나가 끼어 있는 것이 그런 경우입니다. 이때 일목균형표에서는 양선이 연속으로 이어지는 도중에 음선 1개가 출현하는 것을 일컬어 개재(介在)라고 표현합니다. 물론 음선이 연속으로 이어지다가 도중에 양선이 하나 끼어 있는 것도 역시 개재입니다.

양선 5개가 이어지는 도중에 음선 하나가 개재되어 있다면 이를 1음개재 5양련(1陰介在 5陽連)이라고 표현합니다. 5양련에 비해 하루 음선이 개재된 5양련은 상승세의 강도가 훨씬 못 미친다는 것은 두말할 나위도 없습니다.

하지만 중간에 마구잡이로 음선이나 양선이 뒤섞여 있을 경우는 개재라

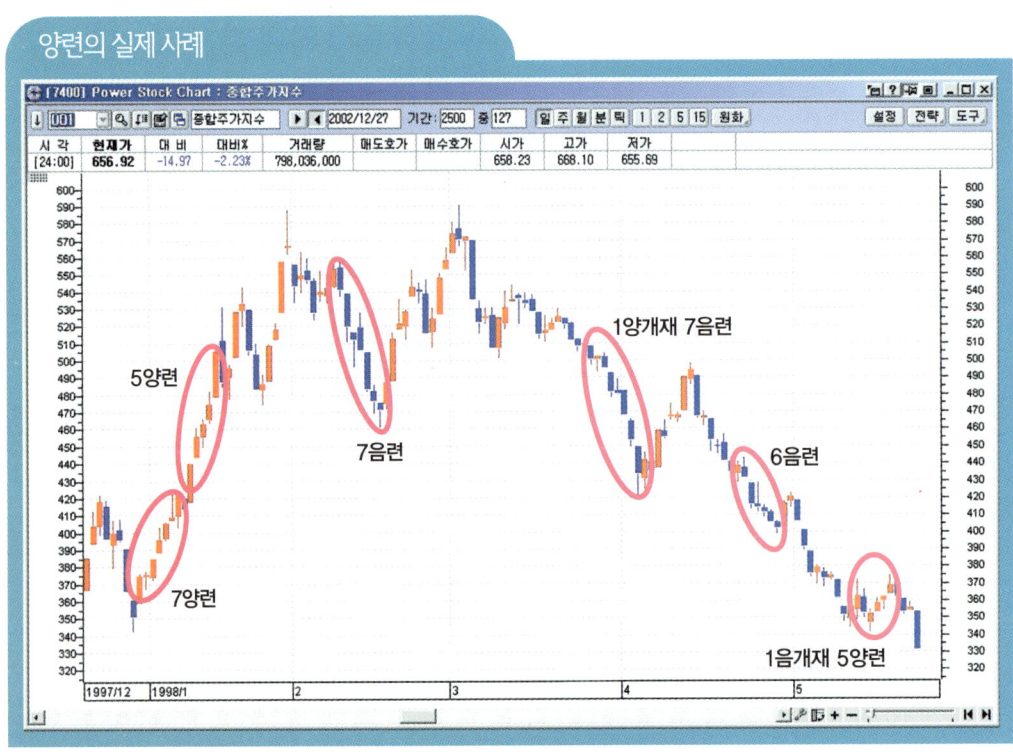

양련의 실제 사례

5양련, 5음련, 1음개재 5양련, 1양개재 5음련 등의 실제사례를 찾아볼 수 있습니다.

고 말하지 않습니다. 양선 5개가 연속으로 이어지는데 도중에 음선 1개가 개재된 경우는 나름대로 의미가 있습니다만 양선 5개가 연속으로 나타날 때, 도중에 음선 2개가 개재되었다면 그 의미는 훨씬 퇴색됩니다. 이런 경우는 일목균형표의 형보론에서는 거의 중요도를 상실합니다. 그리고 중간에 음선 2개가 개재되어 있으면서도 유용성으로서의 의미를 가지려면 중간에 끼어든 음선을 제외하고 최소한 7개 이상의 양선이 나타나야 합니다. 예컨대 2음개재 7양련은 의미가 있다는 뜻입니다. 그러기에 2음개재 5양련은 형보론에서는 아무 중요한 의미가 없습니다.

그런데 양련이나 혹은 음련을 세어나가는데 도중에 십자형(十字型)의 꼴, 즉 도지(doji)가 나타난다면 어떻게 할까요? 도지라는 것은 하루중의 시가와 종가의 수준이 서로 일치하는 것을 말합니다. 양선은 시가에 비하여 종가가 높은 것을 말하고 음선은 시가에 비하여 종가가 낮은 것을 의미하지만 도지의 경우는 시가와 종가가 같으니 이를 양선이라고 말하기에도 애매하고 그렇다고 음선이라고 주장할 수도 없습니다. 이때 일목균형표에서는 명쾌하게 문제를 해결하고 있습니다. 십자형, 즉 도지가 출현할 경우에는 전후 사정을 보아가며 양선 혹은 음선으로 간주합니다. 때에 따라서 도지는 양선으로 간주되기도 하고, 혹은 음선으로 계산되기도 한다는 뜻입니다.

예컨대 양선이 3일간 연속되고, 그런 연후에 도지가 나타났으며 다시 양선이 이어지고 있다면 도지를 양선으로 간주하여야 합니다. 물론 음선이 이어지는 가운데 나타나는 도지는 음선으로 간주됩니다. 그런데 양선이 이어지다가, 도지가 나타나고 그 이후로는 음선이 연속한다면 도지는 무엇이라고 판단하여야 할까요? 이때는 그 이후에 나타나는 음선과 같은 속성으로 간주, 음선이라고 간주하는 것이 옳습니다. 왜냐하면 도지가 출현된 이후 음선이 이어졌기에 이미 도지로 말미암아 음선의 기운이 출발하였다고 판단하는 편이 타당하기 때문입니다.

　마지막으로 형보론에는 순동(順動)이라는 개념이 있습니다. 역시 문자 그대로 순서(順)에 따라 움직이는(動) 것을 뜻하는데 구체적으로 설명한다면 매일매일의 고가와 저가가 순차적으로 오르거나 내리는 것을 말합니다. 예컨대 양선의 경우라면 어제의 고가에 비하여 오늘의 고가가 높고, 또한 어제의 저가에 비하여 오늘의 저가 역시 높게 결정되는 것이 순동입니다.

　그렇다면 불순동(不順動)은 저절로 그 의미를 해독할 수 있습니다. 비록 봉 자체의 색깔은 양선이거나 혹은 음선이고 그것이 연속으로 이어지기는 하지만 고가와 저가가 순차적으로 움직이지 않는 것이 불순동입니다.

　그러므로 이제까지 설명하였던 양련과 음련, 개재 그리고 순동과 불순동 등을 요약한다면 이렇게 말할 수 있습니다. 우선 첫 번째, 같은 양련이나 음련의 경우, 연속되는 날이 길수록 훨씬 강력한 주가움직임을 의미합니다. 예컨대 5양련보다 7양련이 훨씬 더 강력한 상승세라는 것은 두말할 것도 없습니다. 두 번째, 연속된 양련 도중에 음선 하나가 개재된 것에 비하여 개재되지 않은 것이 상승세가 훨씬 강력하다고 간주됩니다. 예컨대 1음개재 5양련에 비하여 단순한 5양련이 훨씬 더 강력한 상승세를 뜻합니다. 세 번째로 불순동에 비하여 순동으로 나타날 때 강력한 움직임이 이어집니다. 불순동 5양련에 비하여 순동 5양련이 훨씬 강력한 상승세를 시사한다는 말입니다.

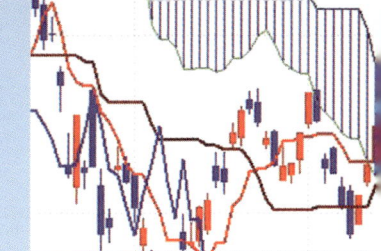

형보론의 이용법

사케다의 5법에서 말하는 적삼병이나 흑삼병은 모두 매수나 매도의 신호로 인식됩니다. 하지만 앞서 설명하였듯 3일간 같은 색깔의 양선이나 음선이 나타났을 때를 추세전환으로 간주할 경우 종종 속임수에 당할 우려가 있습니다. 그러기에 일목균형표의 형보론에서는 3개가 아니라 최소한 5개의 주가움직임이 같아야만 유의하여 봅니다. 최소한 5양련이나 5음련은 되어야 비로소 매매 신호로 간주한다는 말입니다. 또한 5양련보다 7양련이 더 강력하고, 불순동 5양련에 비하여 순동 5양련이 훨씬 더 강력한 추세전환의 신호로 간주되어야 합니다.

결국 형보를 살피는 목적도 추세의 전환을 살피려는 데에 있습니다. 그리고 복잡하게 따질 필요도 없이 단순하게 일봉의 개수를 세어서 양선이 연속하는지 혹은 음선이 연속하는지 유의하면 됩니다.

그런데 형보론의 첫머리에서 우리는 형보론의 기본적인 개념이 양이 극하면 음으로 바뀌고, 음이 극하면 양으로 바뀐다는데 있다는 점을 살핀 바 있습니다. 서양식 기술적 분석법에서 말하는 것처럼 상승추세가 과도하여 과매수 국면에 이르면 결국 하락추세로 전환하는 것처럼 양이 극할 경우는 결국 음으로 변화하는 법입니다. 또한 반대의 경우도 성립합니다. 음이 극할 때, 다시 말하여 하락세가 과도하면 결국 어느 순간에 하락세가 멈추고 상승세로 전환하게 되어 있습니다.

앞에서 설명하였듯 우리는 양선이 다섯 개 연속으로 나타나면 이를 중요한 추세전환의 신호로 인식합니다. 그런데 양선이 다섯 개 연속으로 나타난 것을 두고 양이 극하다는 쪽으로 해석한다면 되려 매도 신호로 간주하여야 하는 데에 문제가 있습니다. 사케다의 적삼병이나 흑삼병의 경우는 무조건 매수(적삼병의 경우) 혹은 매도(흑삼병의 경우) 신호로 인식합니다. 하지만 일목균형표의 경우는 5개의 양선이 나타나는 경우일지라도 이를 상승추세의 신호탄으로 간주하여 매수 신호로 인식할 수도 있고, 혹은 양이 극하여 음이 된다는 원리에서 매도 신호로 인식할 수도 있습니다.

같은 5양련이라도 어떤 경우에 매수 신호로 인식하고 또 어떤 경우에는 매도 신호로 인식할까요? 그러나 말은 이렇게 합니다만 현실에서 생각하면 매수 신호와 매도신호를 구분하는 것은 그리 어렵지 않습니다. 일단 일봉이 연속으로 같은 양선으로 나타난다면 주의를 기울여야 합니다. 당연히 추세전환의 신호이기 때문입니다. 하지만 양선이 연이어 나타나기 이전의 주가 움직임이 어떠하였는지를 살피면 쉽사리 그것이 매수 신호인지 혹은 매도 신호인지 구분할 수 있습니다.

우리는 학창시절부터 주입식, 암기 위주의 교육을 받아왔고, 기계적으로 공식화되는 것에 익숙합니다. 예컨대 적삼병이면 매수신호라고만 생각하지 5양련이 매수 신호일수도 있고 매도 신호일수도 있다면 어려워합니다. 그러나 대단히 쉽습니다. 예컨대 5양련의 경우(7양련도 되고, 1음개재 5양련이 되어도 무방합니다) 그것이 매수 신호로 인식되려면 5양련이 나타나기 이전의 추세가 하락세여야 합니다. 하락세가 계속 이어지다가 연속으로 5개의 양선이 나타났다면 매수세의 기운이 시장에 무르익었다고 해석할 수 있습니다. 당연히 매수 신호입니다. 하지만 상승세가 내내 이어지다가 연속으로 양선 5개가 이어졌다면 그것은 오히려 양이 극한 것으로 해석되어져야 합니다. 서양식 기술적 분석용어로 말한다면 시장은 이제 과열된 상태이고, 그러기에 5양련은 매도 신호로 간주되어야 합니다. 결국 앞뒤 사정을 살피면 쉽사리 그것이 매수 신호인지 매도 신호인지 판단할 수 있습니다.

5양련이 추세 상승의 출발점일 때

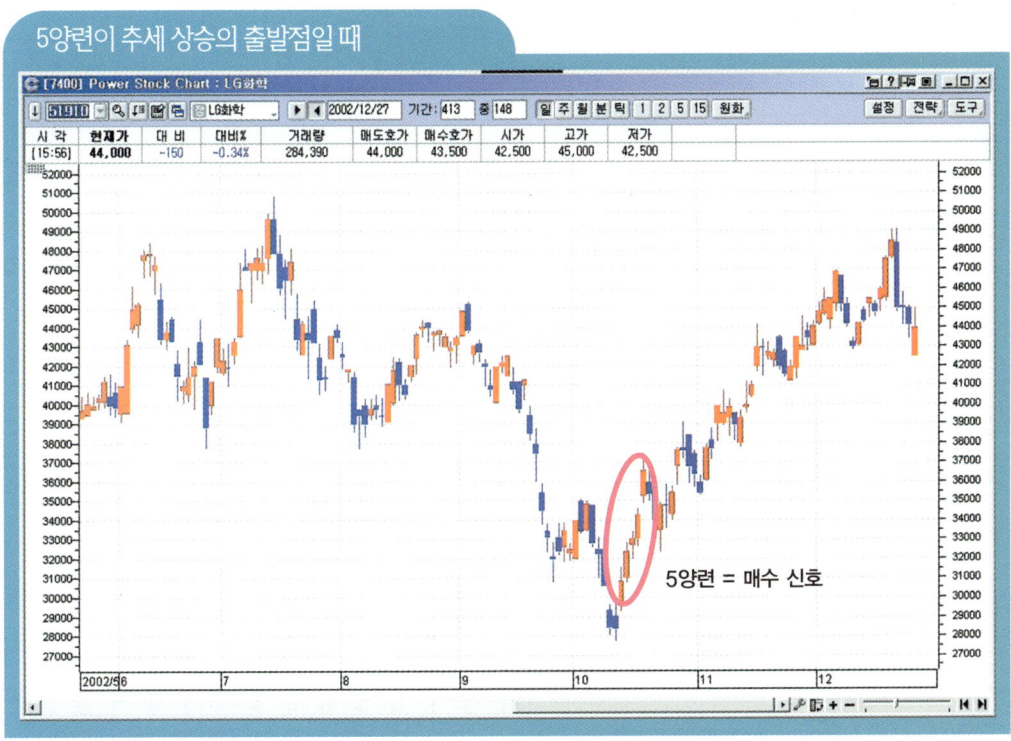

5양련 = 매수 신호

5양련이 나타나기 이전의 추세가 하락세였기에 5양련은 매수 신호로 인식됩니다.

5양련이 양극일 때

5양련이 나타나기 이전의 추세가 상승세. 그런즉 양이 극하면 음이 된다는 원리에 따라 5양련은 오히려 매도 신호로 인식됩니다.

5음련이 하락세의 출발점일 때

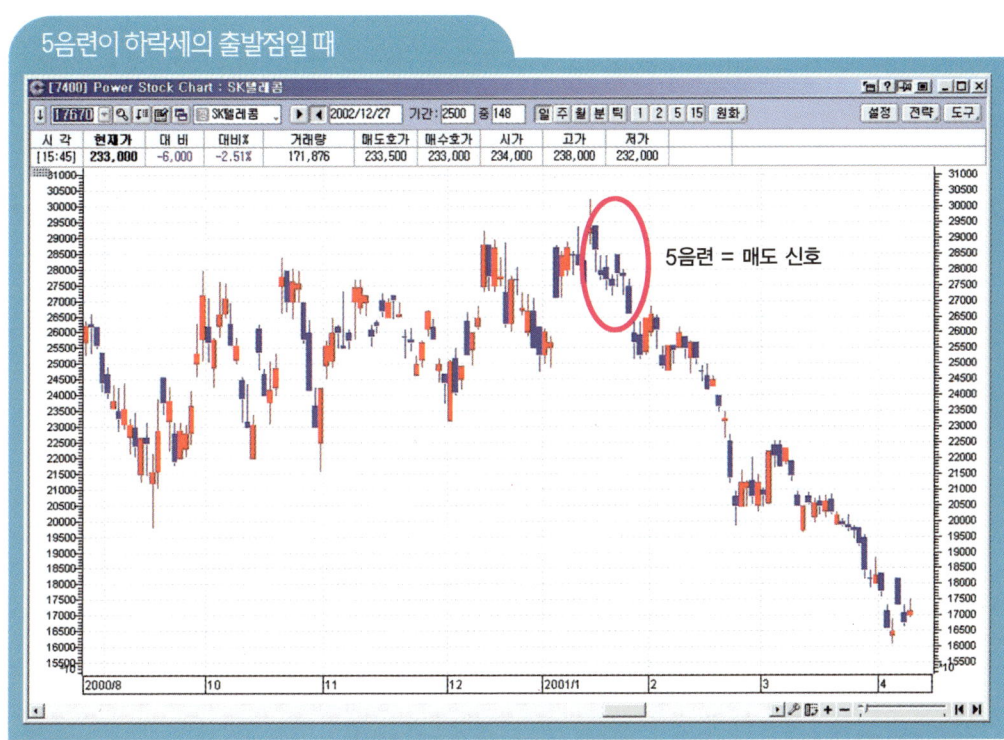

5음련이 나타나기 이전의 추세가 상승세였기에 5음련은 매도 신호로 인식됩니다.

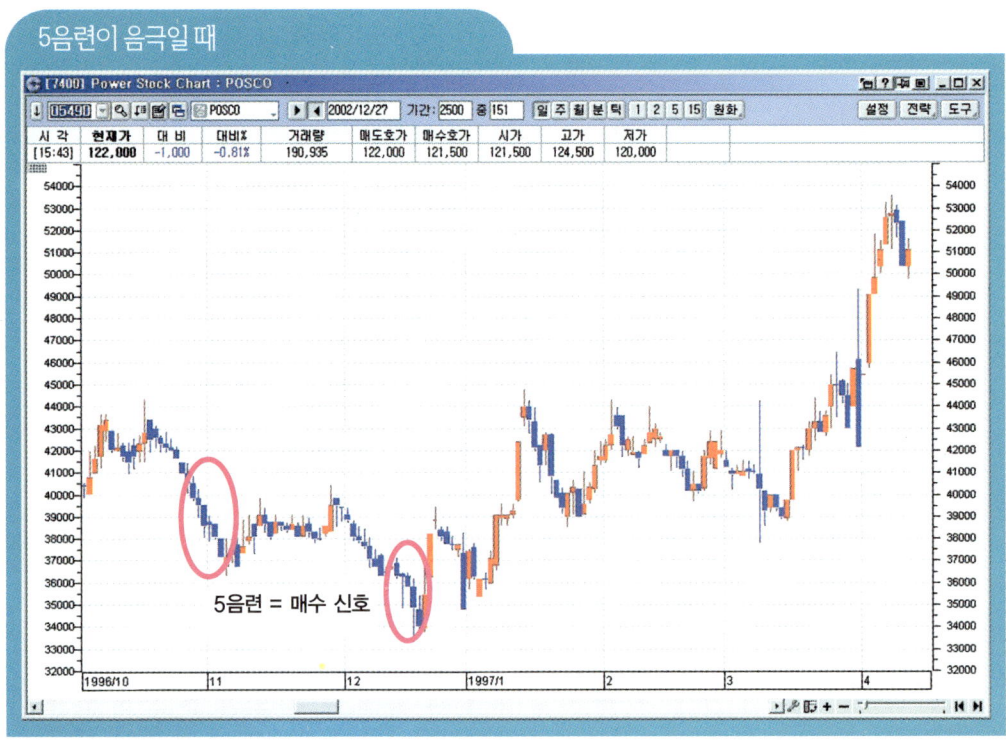

5음련이 나타나기 이전의 추세가 하락세. 그런즉 음이 극하면 양이 된다는 원리에 따라 5음련은 오히려 매수 신호로 인식됩니다.

    그리고 일목균형표의 형보론에서는 같은 양련이라고 할지라도 그 폭이 좁을 때 매수 신호로서 강력한 것으로 인식합니다. 폭이 좁다는 것은 아직까지 매수세가 모이고 있지 강력하게 분출되지 않은 상태이므로 조만간 큰 시세가 나타나는 신호로 인식할 수 있습니다. 하지만 상승세가 이어지다가 5양련 이상의 형보가 만들어지고, 특히 양선과 양선간의 폭이 넓어진다면 이는 대단히 강력한 매도 신호, 즉 추세전환의 신호가 됩니다. 양선의 폭이 넓다는 것은 주가의 상승폭이 크다는 것을 의미하고, 결국 이는 양이 극하다는 정도가 더욱더 심해지는 상황이 됩니다. 매도 신호로서의 유용성이 클 수밖에 없습니다. 따라서 매수 신호가 되려면 양선의 폭이 좁아야 하고, 매도 신호이려면 양선의 폭이 넓습니다. 다만 어느 정도가 되어야 폭이 넓은 것인지, 혹은 어느 정도가 되어야 폭이 좁은 것인지에 대한 정의는 없습니다. 일목균형표는 동양식 사고방식에 토대를 두고 있기에 가끔은 이처럼 다소 주관적인 판단을 요구하는 때도 있습니다.

아울러 매번 강조하는 것이로되 형보론은 그 자체로도 물론 의미를 가집니다만 역시 일목균형표의 여러 가지 다른 괘선들이나 다른 방법론과 결합될 때, 효과가 더 강력해집니다. 형보론과 가격론, 시간론, 파동론 등을 서로 종합적으로 판단한다면 훨씬 더 효과적이 됩니다. 예컨대 지금의 가격수준이 애초에 미리 계산된 가격목표를 달성한 상태이고, 시간론적으로 보아 지금이 변화일이며 동시에 형보론상으로 5양련을 만들며 양이 극한 상태라는 것을 시사하고 있다면 우리는 뒤돌아볼 것도 없이 매도 결정을 내릴 수 있습니다.

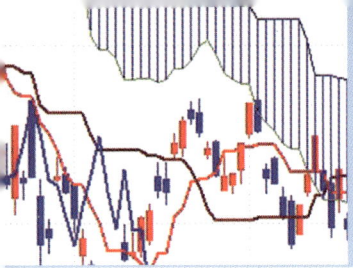

일목균형표 이용시 주의사항

　일목균형표를 이용하는 거래 방법에 대하여서는 이제까지 각 패선들을 설명하면서 부분적으로 이야기한 바 있습니다. 그런데 지금부터는 일목산인의 가르침, 즉 그의 책 일목균형표 완결편에 설명되어져 있는 바, 일목균형표를 이용하여 매매할 때의 주의점에 대하여 말하고자 합니다.

　일목산인은 거래법 중에서 가장 기본적이고도 중요한 것은 무엇보다도 후행스팬의 지시에 철저하게 따르는 일이라고 말하고 있습니다. 그는 변화일이 언제가 될지 판단하고 변화일에 따라 매매하는 것도 중요한 일이지만 특히 후행스팬이 전환되는 시기를 포착하여 매매타이밍으로 삼는 것이 대단히 중요하다고 지적하고 있습니다. 후행스팬이 전환된다는 것은 결국 후행스팬과 주가와의 관계에서 호전되거나 혹은 역전되는 것을 의미합니다. 앞에서 후행스팬을 설명할 때 이미 다루었던 내용입니다만 기억을 되살리기 위하여 복습의 의미로 다시 반복합니다. 후행스팬이 호전되었다는 것은 후행스팬이 과거 26일전의 주가보다 위쪽으로 올라섰음을 말합니다. 이를 일목산인은 매수의 타이밍이라고 말하고 있습니다. 반대로 후행스팬이 역전되었다는 것은 후행스팬이 과거 26일전의 주가보다 아래쪽으로 내려섰음을 말합니다. 매도 타이밍입니다.

또한 그는 매매의 시기를 설명하면서 아울러 상승시세와 하락시세의 차이에 대해서도 말하고 있습니다. 일목산인에 의하면 상승추세는 이를테면 노력시세입니다. 다소간 인위적이긴 하더라도 그때 그때 가격수준마다 나타나는 매도물량을 소화하면서 차곡차곡 고가를 갱신해 나가는 것이 상승세라고 설명하고 있습니다. 상승세일 때에는 일목균형표를 이용할 기회가 많습니다. 주가는 상승하고 눌림목에서 조정을 받고 재차 상승하는 식으로 전개됩니다. 즉 여러 개의 파동이 계속 반복되는데, 이를테면 상승하고 조정받고 다시 상승하면서 시간론 상으로 소요시간이 경과되며 동시에 목표가격에도 도달하게 됩니다. 그러기에 일목산인은 한마디로 말하여 상승시세는 쌓아 가는 것이라고 규정하고 있습니다. 노력에 따라 고가를 경신하는 것이 바로 쌓아 가는 과정이라는 뜻입니다.

반대로 하락시세는 상승시세에 의하여 오랜 기간 쌓여 온 것이 단번에 흔들려서 깨져 가는 것이라고 일목산인은 설명하고 있습니다. 쌓아 올라갈 때에는 항상 순서가 있고 그러기에 논리가 있습니다만 그것이 깨질 때에는 아무 것도 없습니다. 오로지 무너져 내릴 뿐이므로 순서도 없고 논리도 없습니다. 그저 우수수 추락할 따름입니다. 그게 하락세의 특징입니다. 그러므로 굳이 구분하여 상승세를 인위적이라고 한다면 하락세를 일컬어 자연적인 것이라고도 말할 수 있습니다.

그런데 일목산인은 시세로 큰 이익을 얻으려면 깨어진 시세에 편승하는 것이 제일 좋다고 말합니다. 시세가 상승 혹은 하락으로 움직일 때마다 일반 대중은 동요하기 쉽고 그러기에 주가가 크게 무너져 내리거나 하는 일이 벌어지기도 합니다. 그러나 어떤 시세의 움직임에도 동요하지 않을수록, 즉 일목산인이 말하는 바 부동묘지심(不動妙智心)을 가지면 큰 수익을 얻을 수 있습니다. 부동묘지심이라는 것은 고집(이를 일목산인은 강직심剛直心이라고 표현하고 있습니다)은 아닙니다. 오히려 유연하게 생각할 수 있어야 합니다. 시세의 작은 움직임에 유혹되지 않아야 하며, 자신의 성격에 맞고 이제까지의 연구결과에 합치되는 것을 선택할 때까지 자신의 길을 갈 수 있어야 합니다.

일목산인의 책에서 표현한대로 '부동묘지심을 가지고, 강직심이 아니라 유연심이고, 또한 시세의 작은 움직임에 유혹되지 않고 자신의 길을 걷는 것'이 중요합니다. 이를 다른 말로 풀이한다면 결국 자신만의 원칙을 고수하라는 뜻이 됩니다. 물론 자신의 원칙을 고수하기 위하여서는 무엇보다도 먼저 원칙을 수립하는 일이 선행되어야 할 것이며, 원칙을 수립하려면 자신만의 연구가 필요한 것은 당연한 이야기가 됩니다.

다시 매매방법으로 돌아갑니다. 일목산인은 시간을 매매의 결정방법으로 사용하는 것도 설명하고 있는데, 9일, 17일, 26일 되는 날 매수, 매도의 결정을 하여야 한다고 말하고 있습니다. 9일, 17일, 26일은 각각 기본수치로서 변화일이 되는 날이기도 하므로 그때를 매매의 타이밍으로 설정하는 것이지요. 그런데 이같은 매매결정을 하는 주식은 비교적 큰폭의 주가움직임이 나타난 주식으로 한정해야 합니다. 대형주일수록 기본수치에 따라 주가가 변화되는 경우가 많습니다.

그러면 언제 9일이나 17일 혹은 26일을 기준으로 매매하여야 할까요. 일목산인은 여기에 대하여 26일간, 즉 1기 이상 상승한 주식으로서 조정에 접어들 것으로 판단되는 경우이거나 혹은 지속적으로 26일 이상 하락하다가 반등이 기대되는 경우, 9일~17일 매매법을 사용할 수 있다고 말합니다. 또한 단순히 9일, 17일, 26일이라는 이유로 매매결정을 하기보다는 아울러 후행스팬의 움직임을 살피는 것이 대단히 중요합니다. 예를 들어 상승파동이 이어진 지 9일째라면 기본수치로서 변화일에 해당되는 날입니다. 그런데 그날 동시에 후행스팬이 매도의 신호로 바뀌면 즉각 이에 편승해야 한다는 것이지요.

특히 일목산인은 공매도의 경우(우리나라의 경우는 공매도는 원칙적으로 금지되어 있고, 대주의 경우만이 가능하지만 현실적으로 대주 또한 잘 실행되지 않습니다. 그러나 파생상품거래에 있어서 선물매도 혹은 풋옵션 매수 등으로 공매도의 성격을 띠는 것도 있으니 알아둘 필요가 반드시 있습니다)는 기본수치에 해당되는 날이 아니면 위험하다고 말하고 있습니다. 그러나 공매도의 경우라도 일목균형표상으로 기준선이 하락하고 더구나 후행스팬이 역전되는데다 변화일마저 일치한다면 이보다 더 좋은 매도 시기는 없다고 설명합니다.